浙江省高等学校德育统编教材

U0738411

马克思主义宗教观概论

主　编◎王来法

副主编◎邱高兴　陈　雷

顾　问◎陈荣富

ZHEJIANG UNIVERSITY PRESS
浙江大学出版社
·杭州·

图书在版编目（CIP）数据

马克思主义宗教观概论 / 王来法主编. —杭州：
浙江大学出版社，2016.6（2025.7 重印）
ISBN 978-7-308-15641-7

Ⅰ.①马… Ⅱ.①王… Ⅲ.①马克思主义－宗教学－
教材 Ⅳ.①A811.63

中国版本图书馆 CIP 数据核字（2016）第 043261 号

MAKESI ZHUYI ZONGJIAOGUAN GAILUN

马克思主义宗教观概论

主编　王来法

策　　划　黄娟琴　徐　霞
责任编辑　徐　霞(xuxia@zju.edu.cn)
责任校对　杨利军　王荣鑫
封面设计　春天书装
出版发行　浙江大学出版社
　　　　　（杭州市天目山路 148 号　邮政编码 310007）
　　　　　（网址：http://www.zjupress.com）
排　　版　杭州青翊图文设计有限公司
印　　刷　杭州杭新印务有限公司
开　　本　710mm×1000mm　1/16
印　　张　15.25
字　　数　258 千
版 印 次　2016 年 6 月第 1 版　2025 年 7 月第 10 次印刷
书　　号　ISBN 978-7-308-15641-7
定　　价　29.00 元

浙江大学出版社市场运营中心联系方式：0571 - 88925591；http://zjdxcbs.tmall.com

目　　录

绪论:为什么要进行马克思主义宗教观教育

2016 年 4 月 22 日至 23 日,全国宗教工作会议在北京召开。习近平在会上指出:要广泛宣传党关于宗教问题的理论和方针政策,宣传宗教相关法律法规,加强宗教方面宣传舆论引导。

在这本书里,我们将和大家一起学习马克思主义宗教观。宗教是一种历史文化现象,它是在一定的社会历史条件下产生的,随着这些条件的消失,它也会逐渐消亡。宗教作为一种社会意识形态,是随着社会形态的变化而变化的。随着现代化的发展,宗教开始了所谓的"世俗化"运动;随着全球化的发展,宗教开始了全球化的发展。宗教的世俗化、全球化和我国的改革开放一起,造成了我国的"宗教热"和"宗教乱象",从而使很多人包括许多青年学生陷入困惑。为了消除这种困惑,我们需要学习马克思主义宗教理论,运用马克思主义宗教观的立场、观点和方法,理性地理解宗教,理性地对待宗教。

一、宗教是一种历史文化现象

宗教是一种历史现象。在人类历史的大部分时间里,并没有宗教这种现象。人类的历史至少已经有上百万年,而宗教的历史最多只有数万年。按照马克思主义的观点,宗教的产生和存在有一定自然根源、社会根源、认识根源和心理根源,其中认识根源和心理根源依赖于自然根源和社会根源。这也是宗教研究界多数人的共识。因此,宗教既不可能是自古就有的,也不可能是永恒存在的,它不可能始终陪伴人类。当支配人的异己的自然力量和社会力量不复存在,当人不再受自然力量和社会力量压迫时,宗教就会逐渐地消亡。虽然这一结论目前还不能在实践中予以证实,但是我们必须承认,在一定条件下产生的现象也必然在一定条件下消亡。

宗教又是一种文化现象。宗教是人的一种意识以及由这种意识支配的行为体系,这些人或者组织成为一个共同体(如教会),或者是分散的、半组织状态的。涂尔干给宗教下过一个定义:"宗教是一种与既与众不同又不可冒犯的神圣事物有关的信仰和仪轨所组成的统一体系,这些信仰和仪轨将所有信奉它们的人结合在一个被称之为'教会'的道德共同体之内。"①

宗教可以分为制度化的宗教和非制度化的宗教。制度化的宗教具有组织化、制度化和合法化的特征。非制度化的宗教也叫民间信仰或分散信仰,它们处在分散的状态,甚至处在地下隐藏的状态。宗教和邪教不同,宗教信仰的是超验的神圣,而邪教信仰的是存在于现实当中的人。邪教属于所谓的"新宗教运动",有疑似宗教的外衣,实质上是由教主操纵的对抗现实社会的集体行动,它不仅具有反政府的特征,而且具有反社会、反人类的特征。严格地说起来,宗教和迷信也不同,迷信和超验的神圣无关,是对偶然的不可预测的具体事件的信仰。

一般认为,宗教有四个基本要素:宗教观念、宗教经验(或宗教情感)、宗教行为、宗教体制。在这四个要素中,最重要的是包括宗教观念和宗教经验在内的意识,是对某种"超自然力量"的信仰和崇拜,其次才是宗教行为和宗教体制。宗教行为是受宗教意识支配的,宗教的教条和仪轨是宗教观念的固化,而宗教组织是宗教观念的"附属物"。正因为如此,恩格斯把宗教定义为一种社会意识:"一切宗教都不过是支配着人们日常生活的外部力量在人们头脑中的幻想的反映,在这种反映中,人间的力量采取了超人间的力量的形式。"②这就是说,宗教和其他的社会意识形态一样,都是对社会存在的反映,虽然它和其他的社会意识形态不一样,把支配人的现实力量反映为某种超自然、超现实的力量。也正因为如此,我们说宗教是一种文化现象。

历史唯物主义认为,社会存在是社会意识产生的前提和基础,不同主体、不同水平、不同形式的社会意识都是社会存在的反映,因而社会存在的发展归根到底决定了社会意识的发展。按照这样的原则,马克思、恩格斯认为,宗教的形态,包括它的内容和形式,是由社会的形态决定的,也是随着社会形态的变化而变化的。这一观点是历史唯物主义在宗教发展史研究中的具体体现。

---

① [法]涂尔干.宗教生活的基本形式[M].渠东,等译.上海:上海人民出版社,1999:54.
② 马克思恩格斯选集:第3卷[M].北京:人民出版社,1995:354.

恩格斯曾经非常概略地提到过宗教的三种发展模式①:

(1) 自然宗教——多神教——一神教;

(2) 自发的宗教——人为的宗教(统治阶级有意识地利用的宗教);

(3) 部落宗教——民族宗教——世界宗教。

但是,不论采用哪一种模式,恩格斯都是运用社会现实生活的变化来说明宗教的变迁的。

这三种模式中的第三种是恩格斯的独立发现。关于这种模式,恩格斯是这样论述的:

> 古代一切宗教都是自发的部落宗教和后来的民族宗教,它们从各民族的社会和政治条件中产生,并和它们一起生长。宗教的这些基础一旦遭到破坏,沿袭的社会形式、继承的政治结构和民族独立一旦遭到毁灭,那末与之相应的宗教自然也就崩溃。本民族神可以容许异民族神和自己并立(这在古代是通常现象),但不能容许他们居于自己之上。东方的祭神仪式移植到罗马,只损害了罗马宗教,但不能阻止东方宗教的衰落。民族神一旦不能保护本民族的独立和自主,就会自取灭亡。②

> 这样在每一个民族中形成的神,都是民族的神,这些神的王国不越出它们所守护的民族领域,在这个界线以外,就由别的神无可争辩地统治了。只要这些民族存在,这些神也就继续活在人们的观念中;这些民族没落了,这些神也就随着灭亡。罗马世界帝国使得旧有的民族没落了……旧有的民族的神就灭亡了,甚至罗马的那些仅仅适合于罗马城的狭小圈子的神也灭亡了;罗马曾企图除本地的神以外还承认和供奉一切多少受崇敬的异教的神,这种企图清楚地表现了拿一种世界宗教来充实世界帝国的需要。但是一种新的世界宗教是不能这样用皇帝的敕令创造出来的。③

这也就是说,宗教是随着氏族—部落社会的形成而逐渐产生的,随着民族的形成,宗教也就发展成为各具特色的民族宗教,而世界帝国的形成则导致了

---

① 吕大吉,高师宁.马克思主义宗教理论研究[M].北京:中国社会科学出版社,2011:181-188.

② 马克思恩格斯全集:第19卷[M].北京:人民出版社,1963:333.

③ 马克思恩格斯选集:第4卷[M].北京:人民出版社,1995:254-255.

世界宗教的产生。任何一种世界宗教都是从部落宗教经过民族宗教发展而来的,当然这并不意味着任何一种部落宗教都能够发展成为世界宗教。事实上,在当今世界上,真正称得上世界宗教的只有基督教、佛教和伊斯兰教。

世界宗教的形成并不意味着民族宗教、部落宗教的消失。事实上,当今世界上,世界宗教是和各种各样的民族宗教甚至部落宗教并存的。世界宗教的形成也不意味着宗教的演变已经到了终点,从此不再变化。不然的话,宗教也就不成其为历史的文化现象了。

二、现代化与宗教的世俗化

恩格斯说过,在欧洲的中世纪,基督教是唯一的意识形态。科学完全被压制住了,而哲学成了基督教神学的婢女。正因为如此,在欧洲,宗教曾经是社会整合、道德建构和权利运作唯一的合法性来源。这种局面延续了上千年。

可是,随着现代化进程的开始,宗教一统天下的日子也渐渐走到了头。于是,宗教开始了所谓的世俗化运动。

(一)宗教世俗化及其原因

什么是宗教的世俗化? 目前学界没有统一的认识。美国学者拉里·席纳尔的分析被认为是最详尽也最有效的。他认为,世俗化这个概念包含六种含义:"第一,表示宗教的衰退,即宗教思想、宗教行为、宗教组织失去其原有的社会意义;第二,表示宗教团体的价值取向从彼岸世界转向此岸世界,即从内容到形式都去适应现代社会的市场经济;第三,表示宗教与现实社会的分离,宗教失去其原有的公共性质和社会职能,变成了纯私人事务;第四,表示宗教信仰和行为的改变,即在世俗化过程中,各种主义发挥了原先由宗教团体承担的职能,扮演了宗教代言人的角色;第五,表示世界逐渐摆脱了原有的神圣特征,即宗教的超自然成分减少,神秘性减退;第六,表示'神圣'社会向'世俗'社会转变,等等。"①

宗教世俗化的原因主要有两个方面:从外部环境看,这是现代化过程中人类认识能力提高、科学技术进步以及社会经济政治发展等多方面因素共同推动的;从内在需求看,这是宗教改革以及宗教在新环境下的生存和发展必然要求的。

---

① 戴康生,彭耀.宗教社会学[M].北京:社会科学文献出版社,2000:200.译文有改动。

(二)宗教世俗化的内容和过程

1.宗教的多项基本功能逐渐被世俗力量取代

在现代化的演化过程中,随着理性化和个体化的发展,宗教的许多基本功能被不断地"消解"。所谓宗教的世俗化(secularization),首先是指宗教在社会生活的各个方面逐渐丧失影响的过程,或者说是宗教不断趋向社会和文化边缘的过程,亦即社会日益疏远宗教的过程。这种意义上的宗教世俗化,实质上是世俗政权恢复对社会的控制、整合和管理功能的过程,也是民众恢复对自己生活的主导权的过程。它的最激进口号是尼采喊出的"上帝死了"。宗教世俗化是一个广泛而长期的历史过程。这个过程以资本主义生产关系的形成和发展为基础,随着资产阶级的形成和壮大而拉开序幕和不断演进。

这种意义上的宗教世俗化改变了宗教本身的结构,基督教参与的比率不断下降,而非基督教的信仰和占星术、巫术、轮回转世的比率不断上升。与此同时,西方基督教会的分裂、宗教改革运动严重地打击了宗教精英和宗教制度的权威和中心地位。这些都表明宗教制度和宗教世界观的基本影响逐渐消失。这种意义上的宗教世俗化主要表现在三个方面:教徒人数的不断减少;社会生活的凡俗化;宗教正统性的消解。

伴随着宗教世俗化的还有宗教的私人化。宗教信仰变成了个人自主选择的事情,任何人都不能在公共生活中随意传播宗教信仰。因此,在现代社会里,从某种意义上讲,宗教已经从以教会为制度基础的"有形宗教"变成了以个人虔诚为基础的"无形宗教",它的组织化、制度化程度大大降低了。

2.宗教在内容和形式上日益融入世俗社会

就在宗教对世俗社会的影响日益缩小的背景下,宗教为了自身的存在和对世俗社会的影响,也为适应社会现实的变化而改变自身,并努力融入世俗社会,这就是第二种意义上的宗教世俗化。它是从第一种意义上的宗教世俗化衍生出来的,是在前一种宗教世俗化的基础上发生和发展起来的,也是宗教对前一种世俗化的回应。可以说,两种意义上的宗教世俗化是同一个过程的两个方面,它们是相互补充的。

在宗教的世俗化运动中,特别值得一提的是欧洲的宗教改革运动。欧洲的宗教改革运动具有双重性:一方面,它是新兴资产阶级的社会政治运动,是新兴资产阶级为资本主义生产关系开辟道路的运动,是资产阶级反封建、反教会斗争的重要组成部分。另一方面,它又是宗教自身适应时代需要的世俗化运动。宗教改革运动的主要内容一是民族教会的独立,二是改变宗教教义。前者是基督教为了适应资产阶级建立国内统一市场而做出的改变,后者是为了反映资产阶级个人主义而做出的改变。新教的教义初步表达了自由、平等和民主思想,适应了资产阶级实现经济和政治统治的需求,也为建立廉价的民族教会奠定了理论基础。

随着市场经济的发展,宗教也开始了市场化运作。在宗教的市场上,各种宗教相互并存。每个潜在的宗教信徒,为了自己灵性生活的需要,会理性地选择宗教商品。而各种宗教必须精心设计营销和广告策略,以吸引潜在的顾客。在这样的宗教市场中,各种宗教之间必然发生激烈的竞争,这种竞争的直接结果一是各种宗教日益地迎合顾客的需求,从而日益适应社会生活的变化,二是宗教商品的数量不断增加,内容不断丰富,花样不断翻新。

这第二种意义上的宗教世俗化,实质上就是宗教在激烈的社会变迁中实现自身的转型,它的主要表现有以下四个方面:

第一,从宗教信仰的观念看,传统宗教强调的宗教来源、上帝存在、灵魂不灭、神灵信仰等观念,还有那种超世、出世意识以及否定世俗生活的主张,已经逐渐转变为入世、关注现世生活的观念。来世、天国、天堂、上帝等观念的神秘色彩已经逐渐淡化,没有以往的那种吸引力了。今天,无论传统宗教还是新兴宗教,都把关注的目光从天上转向了地上,从来世转向了今生。

第二,从宗教组织的参与活动看,宗教组织参与活动的范围大大扩展。除了宗教信仰,它还积极参与世俗社会的政治、经济、教育、文化等活动,深入社会生活的方方面面。正是在这种趋势下,2000 年在纽约联合国总部召开的"宗教与精神领袖世界和平大会"提出:为了促进和平,宗教需要遵循五条原则:①兼容,要兼容不要歧视;②交流,要交流不要排斥;③对话,要对话不要对抗;④共处,要共处不要冲突;⑤进步,要进步不要倒退。①

第三,从宗教信徒的宗教仪式看,信仰的行为方式日益灵活多样,不仅以通俗化的形式传播,而且尽量简化礼拜方式,可操作性强。佛教修行越来越流行简便易行的"晨昏三叩首,早晚一炷香",僧尼守戒方式、丧葬事务操办方式等也日益简化了。在我国的广大农村,基督教用漂亮的教堂、丰盛的饮食和动听的唱诗班歌声来吸引大人和孩子。

第四,从宗教信徒的生活方式看,信徒已经不再是那种坚守清规戒律的苦行僧,他们的生活条件已经大为改善。一些寺院配备了电视、电话、电脑等现代

---

① 　王晓朝.宗教十五讲[M].北京:北京大学出版社 2003:263.

通信工具,僧人开始做客电视节目,甚至报考国家公务员。许多教徒过着正常人的生活:上班、结婚、生儿育女。①

(三)宗教世俗化对宗教自身的影响

宗教世俗化的日益盛行,造成了"宗教热"。当然,造成"宗教热"的还有其他方面的原因。现代科学技术的发展并未给人类带来自由、幸福和安宁。相反地,在市场化、商品化的社会关系中形成的人与人之间的金钱关系,伴随着现代化进程的失业、吸毒、自杀等社会问题所造成的信仰危机、道德滑坡现象等,都促使人们把求助的目光转向超经验的力量、转向宗教。宗教的世俗化,加上宗教信仰需求的增强,就造成了"宗教热"。传统宗教的复兴,市民宗教、新宗教运动、大众宗教、宗教原教旨主义的勃兴,全球宗教信徒的增多,都是这种"宗教热"的明证。

当然,我们还必须看到,宗教世俗化在造成"宗教热"的同时,也造成了人们笃信程度的降低,不虔诚、徒有其表的信徒增多。有一种说法,美国90%的人都是基督教徒,但是其中真正的信徒只有10%。中国的信徒尤其如此。一份对农村青年宗教信仰状况的调查表明,许多教民并不重视圣诞节、复活节等宗教节日,他们一边做基督教民,一边初一、十五到佛教寺院和道教庙观里去上香烧纸。②

总之,宗教的世俗化及其趋势的增强使宗教自身发生了双重的变化。一方面,由于自觉地适应世俗社会,投其所好,宗教已经变得无所不在,日益深入现代社会的各个领域、人们生活的各个方面,从而维持甚至扩大了宗教的影响;另一方面,由于受世俗社会的影响,宗教已经丧失了自身独立的认知和价值追求,宗教信仰日益冷淡和衰退,宗教日益空壳化,内在的精神价值不断流失。

三、经济全球化与文化全球化

(一)伴随着现代化进程的是全球化运动

全球化是一个世界历史的转变过程。其基本特征是:在经济一体化的基础上形成一种世界范围内的内在的、不可分离的和日益加强的相互联系。换句话说,全球化就是从民族的或区域的历史向世界历史转化。

---

① 赵素锦,朱文杰.宗教世俗化的思考[J].广西青年干部学院学报,2006(4):70-72.
② 赵社民.农村青年宗教信仰状况调查:以河南省为例[J].当代青年研究,2004(6).

1492 年,哥伦布远航美洲,使东西两半球会合。自此,国家之间的边界逐渐被打破,全球化的过程开始了。接下来,欧洲签署了《威斯特伐利亚和约》,后来,丹麦和英国东印度公司开始筹建,它是今天的跨国公司的雏形。不过,世界贸易的真正腾飞,甚至其增长速度超过了国内生产总值的增长速度,却是发生在近现代的事情。到了 19 世纪中叶,马克思和恩格斯就已经宣称:"不断扩大产品销路的需要驱使资产阶级奔走于世界各地,它必须到处落户,到处创业,到处建立联系。"①

但是直到 20 世纪 90 年代,世界才真正进入全球化时代。全球化时代到来的标志性事件是 1989 年柏林墙的坍塌,1991 年苏联的瓦解,1993 年欧洲统一市场的形成,还有 1994 年纷纷出台建立信息高速公路的倡议。它们可以说是这样一种转折的分界线。伴随着上述事件的是,世界上人口最多、领土最广的国家——中国、印度和苏联各共和国几乎同时卷入经济全球化的大潮,至少在经济上,主动地开始按国际惯例办事,与国际惯例接轨了。

(二)全球化首先是经济的全球化

全球化的最大推动力是市场经济的发展。就其本质来说,市场的力量决不承认任何界限。只要有利可图,它就会像水银泻地那样无孔不入。正因为如此,所谓的全球化首先是经济的全球化,而经济的全球化首先是自由市场原则的胜利。一个真正的自由市场必须具备完全的流动性,即货物贸易的自由流动,服务贸易的自由流动,资本的自由流动,还有劳动力的自由流动。当然,即使在今天的美国,自由市场原则也没有完全实现。

伴随着经济全球化的是信息的全球化。近些年来,由于软件和计算机革命、全球互联网的发展以及移动通信的革新,海量的信息已经可以在瞬间传播到地球的任何一个角落。因此,海选、群发集会、博客、微信等交流和行动方式应运而生。任何一个普通百姓都可以向任何人发言,在一定意义上都成了可以自由表达自己意愿的主体。一旦全球信息高速公路建成,世界上每一个角落的每一个普通人几乎都可以即时获得他们所需要的任何信息。

自由市场的全球化和信息传播的全球化,这是全球化时代的最重要的标志。除此之外,全球化还有许多其他的标志:环境污染的全球化,人口爆炸以及随之而来的移民问题的全球化,核武器以及其他大规模毁灭性武器扩散造成的对全人类的威胁,恶性传染病、毒品买卖与犯罪活动的全球化⋯⋯甚至垃圾处

---

① 马克思恩格斯选集:第 1 卷[M].北京:人民出版社,1995:276.

理也成了全球性的问题。

(三)文化的全球化

经济全球化带来了文化的全球化,而信息全球化则加速了文化的全球化。这种文化全球化的潮流是谁也挡不住的。何况有更多的国家渴望融入全球化的时代潮流。这就使得各种文化,尤其经济强势国家或民族的文化迅速地到达世界的每一个角落。

目前的文化全球化主要表现在三个方面:首先,资本、技术、信息、商品和劳动力在全球范围内的迅速流动,迫使民族国家日益"与国际接轨",接受所谓的"国际规则"、"全球规则",从而不仅打破了民族国家的政治和经济壁垒,对民族国家的经济和政治制度产生极大的影响,而且打破了民族国家的文化壁垒,深刻地改变着民族国家的意识形态、思想观念和制度规则。其次,西方发达国家及其跨国公司在将资本、技术和产品带给发展中国家的同时,也将其价值、理念、文学、艺术,甚至生活方式带给了发展中国家。在西方文化面前,发展中国家历史悠久的民族文化变得相当脆弱,诸多民族文化传统顷刻间土崩瓦解。最后,经济、信息的全球化使得人类自身内在的相互联系变得空前紧密,威胁人类生存安全的生态破坏、环境污染、恐怖活动、资源短缺、人口爆炸、传染病、核扩散等问题已经超越民族国家的范围,成为名副其实的"全球问题",只有依靠人类的共同努力才能解决,由此产生了空前的"全球意识"。

从目前的情况来看,由于全球化主要是由西方发达国家推动和主导的,经济的全球化、信息的全球化都是从西方发达国家起源的,文化的全球化进程除了通常提到的互动性、渗透性、交融性、开放性等一般特征以外,还表现出以下一些引人注目的新特点:

第一,文化与经济日益"一体化"。文化的相对独立性日渐遭到削弱,文化和经济绑在一起,经济上的优势衍生出文化的优势,经济的强权衍生出文化的强权。似乎经济越发达,文化便越优秀。经济文化化,文化经济化,成了当前文化全球化的一个突出现象。

第二,文化交流日益演变为单方面文化输出。一方面,发达国家利用其先进的信息技术手段如因特网、多媒体和遍及全球的传播手段将西方文化渗透到世界各国,动摇发展中国家的思想意识、价值体系、民族文化和信仰;另一方面,发达国家又总是阻止有悖于它的价值观念的异类文化传播,同时采取各种手段贬低和丑化发展中国家的优秀文化。

第三,文化的功能日益膨胀,冲击社会生活的各个方面。西方文化在发展中国家的传播、扩散，不仅侵蚀着发展中国家的民族文化，而且潜移默化地影响着发展中国家的生活方式、消费方式、生产方式以及人们的心理状况。西方文化集教化功能、消费功能、审美功能、经济功能于一身，发挥着越来越大的社会作用。尤其是文化向心理层次的渗透，使得人们的潜在欲望、需要和心理受到西方文化的左右。因此，文化冲突在更大程度上变成了社会心理冲突。

当前，由于国家距离因素的降低和开放程度的增加，经济全球化在加速，信息全球化也在加速。它们的加速意味着文化全球化的加速。各种外来文化和各种中国本土文化之间更加剧烈的激荡是不可避免的。

（四）文化全球化对宗教的影响

宗教在各个国家和民族的文化中都占有重要的地位。许多民族全民信教，在欧洲的中世纪，基督教甚至可以说就是文化的全部。因此，文化全球化必然导致宗教在全球范围内的迅速传播。各种宗教随着人员的流动在全球传播不仅是文化全球化的必然结果，而且是文化全球化的一个重要方面。具体说来，宗教在全球范围内的传播主要有以下四个方面的含义：

第一，各种宗教势力不断地向原来宗教意识比较薄弱的民族和国家渗透。

第二，西方发达国家的宗教特别是基督教的各种教派向发展中国家推广和传播，尤其是向那些本土宗教势力不强的国家和地区推广和传播。

第三，各种宗教，包括各种世界宗教之间、民族宗教之间、世界宗教和民族宗教之间相互交融、相互影响和相互作用。

第四，外来的宗教与本土宗教相结合，与本土的现实生活相适应，形成形形色色的新教派、新兴宗教。

如上所述，西方发达国家在文化全球化中占据着主导地位。因此宗教传播最主要的内容是上述的第二个方面，而其首当其冲的对象就是中国大陆。

"中华归主"（the Christian Occupation of China）一直是西方传教士的梦想，而借助于宗教的传播实现对中国的统治或控制，也一直是西方国家政府的梦想。1840年以后，由于中国国力的逐渐衰弱，西方的传教士和资产阶级产生并努力地去实践这一梦想。西方的殖民扩张在政治、经济和军事上的征服，一直伴随着基督教的征服。对于西方殖民者而言，让其他民族文明化的过程，也就是让它们皈依基督教的过程。因此，基督教在近代成了西方资产阶级文化殖民和文化侵略的主要工具。全球化时代的到来，中国的改革开放，让西方的资产阶级看到了卷土重来的希望。因此，他们在向中国进行文化渗透的过程中，特别注重支持西方宗教对中国的渗透，把它当作改变中国颜色的浓墨重彩。

四、改革开放与当代中国的"宗教热"

与世界其他国家和地区相比,宗教在中国的势力并不是很强,影响也不是很大。中国的传统文化中,虽然中国本土的道教和来自印度的佛教也有重要的地位和影响,在中国封建社会历史的某些阶段甚至由于统治者的倡导占据过主导地位。但是,总的来说,中国传统文化的主体是儒家文化。儒家文化虽然也曾经被称作儒教,但是从总体上讲仍是一种世俗文化,其宗教色彩是不浓的。

五四新文化运动以及新中国成立后长期的无神论宣传,特别是经过"文化大革命"的冲击,中国的各种宗教中,除了少数民族中影响较大的伊斯兰教及民间信仰,其他宗教的势力和影响力都日益式微。根据大英百科全书,2003 年,在全世界 63 亿人口中,基督教徒约 20 亿,占全世界人口 32.8%;伊斯兰教徒约 12亿,占全世界人口 19.9%;佛教徒约 4 亿人,占全世界人口 5.9%;印度教徒约 8亿,占全世界人口 13.3%;地方原始宗教教徒占全世界人口 3.8%;新兴宗教徒占全世界人口 1.7%;其他宗教(包括犹太教、锡克教、道教、中国民间信仰等)教徒占全世界人口 7%;无宗教信仰者占全世界人口 15.6%。这其中的无宗教信仰者绝大多数都在中国大陆。

但是,改革开放以来,中国大陆的宗教情况发生了很大的改变。改革开放三十多年来,我国社会主义现代化事业的发展突飞猛进,取得了举世公认的巨大成就,经济总量达到世界第二,人民生活水平大幅提高,我国的国际地位空前提高。但是在看到成就的同时,我们也要看到在改革开放和现代化过程中出现的诸多问题。其中之一就是在我国这样一个原本宗教势力比较弱的国家里,也出现了一定程度的"宗教热",并且是泥沙俱下的现象。我们不妨称之为"宗教乱象"。

我国当前的"宗教乱象",从根源上讲,是由宗教的世俗化、西方发达国家对相对落后国家和地区的文化输出特别是宗教输出、我国的改革开放和现代化建设出现的各种问题共同造成的。

正如前面所说,宗教的世俗化以牺牲宗教的纯洁性为代价,通过商业化的运作深入社会生活的各个方面,进入千家万户,在一定程度上复兴了宗教运动,甚至造成了"宗教热"。以经济全球化为基础的西方发达国家的文化输出则使西方国家的宗教甚至邪教风行全球,特别是在原本宗教势力比较弱小的国家和地区得到较大的发展。换句话说,使"宗教热"从原本具有强大宗教传统的国家和地区传递到了那些原本宗教势力比较弱小的国家和地区。

　　实行对外开放以后,我国全方位地向世界打开了国门。一时间,西方文化包括宗教和宗教理论,随着西方的商品、资金、技术和管理知识,像潮水一样涌进中国大陆。当然,涌进来的不仅是西方发达国家的宗教和宗教理论,还有伊斯兰教的新教派和新理论等其他国家和地区的宗教和宗教理论。它们进来之后与中国原有的宗教和宗教理论结合,与中国的现实生活和文化传统结合,又造成了新的宗教和宗教理论变种,从而在一定程度上削弱了马克思主义宗教观的指导地位。国外宗教和宗教理论的涌入,促进了我国原有各种宗教、民间信仰、新兴宗教的快速恢复和发展,在很大程度造成了中国的"宗教热"和"宗教乱象"。

　　我国的改革重点迄今为止一直是经济体制改革,而它的目标是建立和完善社会主义市场经济体制,核心是使市场在资源配置中发挥决定性作用。社会主义市场经济体制从建立到完善是一个漫长的过程,在这个过程中,也可以说,在这种经济体制下,社会力量对人们的压迫感短时期内会增加。企业也好,个人也罢,虽然发展的机会和可能性大大增加了,但是会觉得更加不能确定和把握自己的命运,成长的必然性减少,而偶然性增加,从而增强人们对超验力量的渴望。改革开放促进了我国经济社会的发展,生产力水平大大提高了,自然力量对人们的压迫有所减轻,但是依然严重。由于我们在经济建设中未能很好地把握人与自然的关系,造成了生态环境的严重恶化。自然灾害频发,自然资源短缺,环境污染严重,等等,这些问题由于信息技术的革命而迅速地得到传播和渲染,增加了人们对自然的恐惧,这种恐惧也会增强人们对超经验力量的渴望。此外,改革开放会向人们打开更多的尚未认识的领域,也会增加人们的心理压力,这同样会增强人们对超经验力量的渴望。另外,改革开放虽然大大促进了物质财富的增长,但是也大大激发了人们的物质欲望。传统的价值观失落了,能够维系人心、安定社会的新价值观虽然已经提出,可是却远没有被深度地社会化。这也加深了人们心理上的茫然和焦虑,从而增强了对超经验力量的渴望。

　　总之,宗教的世俗化、西方国家的宗教输出,加上我国改革开放中出现的各种问题,一方面增加了宗教和宗教理论的供给,另一方面又增加了人们的宗教需求,这就在原本宗教势力较弱的我国大陆造成了一定程度的"宗教热"、"宗教乱象"。当前,佛教、道教、伊斯兰教、天主教、基督教在我国得到了很大程度上的恢复和发展,还有东正教、妈祖崇拜等民间信仰、少数民族宗教。此外还有所谓的"准宗教"以及打着宗教旗号招摇撞骗的邪教。各种宗教的兴盛形成了"宗教热",而它们和邪教、准宗教,还有各种迷信纵横交错、良莠不齐,构成了一幅当今中国的"宗教乱象"。于是,对宗教感兴趣的人多了,希望了解宗教的人多了;一些人成为宗教信徒,一些人越来越迷信,一些人甚至加入了邪教组织。

社会上的"宗教热"、"宗教乱象"同样也影响到了高校。在大学生群体中,虽然绝大多数学生都没有宗教信仰,但是,改革开放以来,对宗教感兴趣的人、对宗教比较认同的人、自以为是宗教信徒的人、真正有宗教信仰的人都有较大幅度的增加。如 2009 年浙江省做的一项高校学生宗教信仰情况的调查表明:自认为信仰宗教的学生占被调查学生数的 10.09%,经过甄别确认有宗教信仰的占 4.61%。其中信仰最多的是佛教,占 48.92%,其次是基督教,占 37.10%。综合各地的调查数据,大学生中自认为有宗教信仰的人高的可以达到百分之十几,低的也有 3%~4%。上述浙江的调查还表明,37.71% 的受访学生表示对宗教知识"很感兴趣"或"比较感兴趣"。特别值得注意的是,无论是社会人群还是高校学生,信仰基督教的人数是增长得最快的,这显然与西方国家强力输出西方宗教、我国沿海地区对外开放程度较高有关。

当前的情况是,我国的一般国民甚至大学生对于宗教的了解还是相当少的。上述浙江的调查表明,即使在那些自认为信仰宗教的大学生中,依然有一半以上的人连自己信仰的宗教教义和仪规都不熟悉,更不要说了解宗教的来龙去脉、社会功能和作用、我国的宗教政策和法规了。更多的人,面对传统宗教、新兴宗教、民间信仰、会道门、封建迷信、邪教的相互交错、扑朔迷离,更是一头雾水。他们不知道怎么看,也不知道怎么办。在这样的状态下,人是很容易走错路的,而一旦走上了错误的道路,跑得越快,就会离正确的人生目标越远。

五、学习马克思主义宗教观,科学理性地对待宗教现象

面对当前兴起的"宗教热"、"宗教乱象",教育者有义务向学生宣传马克思主义宗教观,帮助学生了解宗教的一般知识、了解当代中国宗教发展的情况、了解党和国家的宗教政策和法规,受教育者也有必要努力搞清楚这些问题,使自己能够理性地看待宗教、理性地对待宗教,自觉地执行党和国家的宗教政策和法规。

马克思主义宗教观,是马克思主义的创始人马克思和恩格斯,运用辩证唯物主义和历史唯物主义的基本原理,观察和分析宗教问题所得到的基本观点和理论。马克思主义宗教观主要涉及宗教的本质、宗教产生和发展的规律、宗教存在的根源和消亡的条件、宗教的功能和社会作用,以及马克思主义政党对待

宗教的基本态度和处理宗教问题的基本原则等问题。在这些问题上的基本观点，集中体现了马克思主义在宗教问题上的立场、观点和方法，是它的精髓。

马克思主义认为，宗教作为一种意识形态，是对社会存在的反映，这种反映采取了幻想的方式。宗教以超自然、超人间力量的形式反映支配着人们日常生活的外部力量，并把这种力量神圣化，使之成为主宰人们日常生活的支配力量，这是宗教之为宗教的根本，是一切宗教的基本特征和本质规定。

马克思主义主张在社会历史中探寻宗教的起源，认为宗教是在原始时代从人们关于他们自身的自然和周围的外部自然的原始观念中产生的。在原始时代，人们还完全不知道自己身体的构造，并且受梦中景象的影响，于是就产生一种观念：他们的思维和感觉不是他们身体的活动，而是一种独特的、寓于这个身体之中而在人死亡时就离开身体的灵魂的活动。由于十分相似的原因，通过自然力的人格化，产生了最初的神灵。宗教就是在原始人的灵魂不死和万物有灵观念基础上产生的。马克思主义认为，宗教的发展由社会发展所决定，宗教的发展规律取决于社会历史形态的发展演变；宗教在历史上经历了从"部落宗教"到"民族宗教"再到"世界宗教"的发展过程。

马克思主义认为，与其他任何社会历史现象一样，宗教也有其产生、发展和消亡的规律。宗教的存在有其自然根源、社会根源、认识根源和心理根源，即自然异己力量和社会异己力量对人们日常生活的支配以及人们对这种支配力量的不理解和依赖。所以宗教是否消亡，不取决于宗教自身，也不以人的意志为转移。阶级产生以后，支配人们日常生活的异己力量主要来源于阶级剥削和阶级压迫，来源于人与人之间及人与自然之间的关系的不合理、社会物质生活资料的不充分、社会未能实现有计划地使用生产资料等。阶级消灭、国家消亡之后，宗教仍然有可能继续存在。马克思主义认为，随着宗教存在根源的消失，宗教将会自然消亡，但这将是一个极其漫长而痛苦的自然历史过程，因而主张让宗教自然消亡，反对用行政手段人为地消灭宗教。

马克思主义认为，宗教的社会作用具有两重性，既有积极的一面，也有消极的一面。由于当时所处的社会环境、宗教状况和政治使命等原因，马克思、恩格斯和列宁对宗教的社会作用的论述主要集中在政治领域，尤其对宗教为当时的统治阶级服务时所起的消极作用进行了深刻分析和批判，他们认为在阶级社会，宗教为统治阶级利用和控制，是统治阶级用来维护其统治秩序的工具，对于被压迫人民而言，宗教具有精神麻醉作用。同时，他们对宗教在德国农民战争、早期资产阶级革命等一些反封建斗争中所起的积极作用也给予了一定程度的肯定。

马克思主义对待宗教的基本态度和原则主要包括：公民有信仰宗教和不信仰宗教的自由；信仰宗教和不信仰宗教的公民享有平等权利；国家实行政教分离、教育与宗教分离；各宗教在法律面前一律平等。

马克思、恩格斯和列宁还主张，处理宗教问题要服从并服务于党在一定时期的中心工作，要团结和争取信教群众，不要因信仰上的不同而把信教群众推到对立面。就国家而言，宗教是私人的事情，而对马克思主义政党来说，宗教不是私人的事情，党要坚持对人民群众进行无神论宣传教育，帮助他们树立科学的世界观，防止宗教对党员思想的侵蚀，但是，开展无神论宣传要注意方式方法，不能伤害宗教感情。

中国共产党在领导中国人民进行革命、建设和改革的长期实践中，把马克思主义的宗教观与中国的国情和实践相结合，创造性地运用和发展了马克思主义宗教观，提出关于宗教"五性"的观点，对宗教在我国社会主义建设事业中的作用进行科学的分析，提出了坚持中国化方向，积极引导宗教与社会主义事业相适应的观点，确立了党的宗教信仰自由的基本政策和一系列相应的法律法规，从而为正确地认识和处理我国的宗教问题奠定了基础。

当代中国的大学生，需要正确地把握马克思主义宗教观的基本观点，了解当代中国宗教的发展状况，执行党的宗教信仰自由政策，遵循国家的宗教法规，真正做到理性地理解宗教、理性地对待宗教，坚决抵制邪教和迷信。

参考文献

1. 恩格斯.路德维希·费尔巴哈和德国古典哲学的终结[M]//马克思恩格斯选集：第4卷.北京：人民出版社，1995.

2. 吕大吉，高师宁.马克思主义宗教理论研究[M].北京：中国社会科学出版社，2011.

3. 吕大吉.西方宗教学说史[M].北京：中国社会科学出版社，2005.

4. 吕大吉.宗教学通论新编[M].北京：中国社会科学出版社，1998.

5. 陈荣富.马克思主义宗教观研究[M].成都：四川人民出版社，2008.

6. 龚学增.社会主义与宗教[M].北京：宗教文化出版社，2003.

思 考 题

1.为什么说宗教是一种历史文化现象?

2.宗教世俗化的原因、内容和结果是什么?

3.全球化给宗教带来了什么影响?

4.我国当前为什么会出现"宗教热"和"宗教乱象"?

5.为什么要学习马克思主义宗教观?

第一章　宗教是什么

现代汉语中的"宗教"一词是从日本"转贩"过来的,与英文中的"religion"相对应。英文中 religion 一词自公元 13 世纪开始出现,源自诺曼时代在英国所用的法语词汇 religion。其词根则可追溯到拉丁语的 religio,意为对上帝或诸神的崇敬,对"神圣事物"、"虔敬"的深思冥想。

古代汉语中,"宗教"二字起初并不连用,"宗"、"教"分别具有各自的含义。"宗"的本义为宗庙、祖庙。《说文解字》对"宗"字的解释是:"宗者,尊祖庙也。""教"的本义为教育、指导,上施下效。教化的方法有很多种,敬神祭祖就是其中的一种。《易经》中说:"圣人以神道设教,而天下服矣。"《礼记·祭义》称:"合鬼与神,教之至也。"可见,在古代儒家思想中,有对"神道设教"的推崇,强调把对神灵及祖先的信仰和崇奉作为教化民众的一种手段。这反映了古人的一种宗教观。古代汉语中的"宗教"二字连用,首见于佛教。华严宗以佛陀说法为"教",以佛法所蕴含之理为"宗",宗为教的细分,合称宗教,意指佛教的教理。①

第一节　宗教的本质

因为所处的社会政治背景和文化背景的不同,人们对宗教的理解有着很大的差异。宗教学的创始人麦克斯·缪勒曾经说过:"各个宗教定义,从其出现不久,都会激发另一个断然否定它的定义。看来,世界上有多少宗教,就会有多少宗教的定义,而坚持不同宗教定义的人们间的敌意,几乎不亚于信仰不同宗教

---

①　吕大吉.宗教学通论新编[M].北京:中国社会科学出版社,2010:43.

的人们。"①随着宗教学研究的深入,学者们在宗教定义上的分歧不仅没有消弭,反而越来越趋于多元化。据统计,对宗教本质的表述或者说赋予宗教的定义,约有 200 种之多。② 这种多元化的趋势表明,随着宗教学研究的不断深入,人们对宗教本质的理解越来越全面。下文将介绍非马克思主义和马克思主义对宗教本质的不同认识。

一、西方宗教学对宗教本质的阐述和理解

西方宗教学关于宗教本质问题的观点,可以归纳为三类:以信仰对象(神)为中心;以信仰主体的个人体验为核心;以宗教的社会功能为基础。

(一)以信仰对象(神)为中心

将信仰对象(神)视为宗教的本质,是 19 世纪末 20 世纪初许多宗教人类学家和宗教历史学家的观点。这一时期的学者们着重研究人类历史上宗教的形成和演进。传统宗教以神道信仰为中心的历史事实,使宗教学者们把宗教理解为某种以神道为中心的信仰系统。为了使自己的概念适用于世界历史上的各种宗教体系,这些宗教学家进一步把各种各样的宗教信仰对象抽象化、一般化,用"无限存在物"、"精灵实体"或"超世的"、"超自然的存在"等抽象的哲学概念来表述。例如,麦克斯·缪勒认为人们产生宗教意识的种子,乃是人们对无限存在物的认识和追求,因此,他认为,所谓宗教就是对某种无限存在物的信仰。③在爱德华·泰勒看来,宗教发端于万物有灵的观念,因此,他对宗教所下的定义就是"对于精灵实体的信仰"④。泰勒之后的弗雷泽的提法则更具有概括性,他认为宗教是对超人力量讨好并乞求和解的一种手段。宗教人类学家、天主教神父威廉·施米特虽然在宗教学说上持不同于上述几位学者的观点,但对宗教的本质和定义的看法也是以宗教信仰对象(神)为中心的。他认为,所谓宗教,从主观上看是对"超世(即超自然界的)而具有人格之力"的知觉,从客观上看是对这种力量的崇拜。总之,以上学者都把宗教规定为信仰和崇拜神灵的体系。

将信仰对象(神)规定为宗教的本质遭到了一些人的反对。反对者指出,虽然有些宗教中的神灵是具有无限性的存在,但有些宗教体系中的神灵并不具有

① 麦克斯·缪勒.宗教的起源与发展[M].金泽,译.上海:上海人民出版社,1989:13.
② 李申.宗教学:第一卷[M].北京:中国社会科学出版社,2006:8.
③ 吕大吉.宗教学通论新编[M].北京:中国社会科学出版社,2010:43.
④ 吕大吉.宗教学通论新编[M].北京:中国社会科学出版社,2010:44.

无限性;虽然有些宗教的神灵具有超自然和人格化的性质,但另一些宗教的神灵则并不具有这种性质。最典型的反例就是原始佛教和中国儒教崇拜的对象。反对者强调这些宗教是"无神的"宗教。他们认为,对于宗教信仰和崇拜的对象,用"神圣事物"代替"神(God)"的观念更为恰当。"神圣事物"是指不同于普通的世俗事物的事物。这种说法被认为是关于宗教本质的一种最简单、包容性最广的说明。持此说的代表人物是法国的杜尔凯姆、瑞典的瑟德布罗姆、英国的马雷特等。另外还有一种观点,不仅回避用"神"的观念,甚至连"神圣事物"这种观念也回避使用。这些宗教学者认为宗教的本质就在于信仰并俯首听命于某种比人更高的力量。例如,英国的人类学家马林诺夫斯基就直接把宗教规定为"对于较高势力的乞求"。这种观点近年来在西方宗教学中相当流行。

以"信仰对象(神)为中心"来规定宗教的本质,将宗教确定为信仰和崇拜神的体系,从总体上来看是正确的。反驳者所指的"无神的宗教"是否真的无神,是值得商榷和探讨的。原始佛教释迦牟尼宣扬诸行无常、诸法无我、涅槃寂静,在理论上似乎否定了永恒不灭、常住不变的神或灵魂实体,但其六道轮回的教义,却又在逻辑上必然肯定接受此种轮回的业力主体,这实际上等于承认不灭。至于涅槃境界,灵魂在这种永恒的、超自然境界中也并非消灭于绝对的无,而是免除轮回不已的痛苦得到永恒的安息。而中国的孔子崇天畏命,对天对命的崇拜,恰恰是中国神道观的基础和核心,从殷周以来,一直是中国宗教崇拜的正统。而历史上曾经出现的"自然宗教"、"爱的宗教"、"人道教"和"社会主义宗教",尽管都可以说成是"无神的宗教",因为它们都公开否定神和上帝的存在。但事实上,它们绝不是真正的宗教,而是反宗教的哲学体系,只不过是借着宗教之名,反对宗教之实。因此,事实上,从历史发展来看,无神的宗教是不存在的。

如果用与人同形同性的人格神来界定一切宗教的神,确实会有例外的情况存在。但是如果像一些宗教学者所主张的那样,对"神"做广义的理解,将神视为某种超人间、超自然的力量,或者对"人格神"做出更科学的规定,那么,将信仰对象(神)视为宗教的本质无疑是具有普适性的。

(二)以信仰主体的个人体验为核心

宗教心理学家倾向于从心理学的角度来分析宗教信仰问题,强调宗教信仰者个人内在的心理活动在宗教生活中的意义,从而把信仰者个人的主观性感受和宗教体验视为宗教最本质的东西和宗教的真正秘密所在。一些宗教心理学家认为,正是由于信教者有了关于神或神圣物的宗教感情和宗教体验,才对他们体验到的神圣对象进行崇拜、祈祷、祭祀,从而形成各种宗教体系。这种观点的代表人物有美国实用主义哲学家和宗教心理学家威廉·詹姆斯、德国神学家和宗教学者鲁道夫·奥托。威廉·詹姆斯在其著作《宗教经验之种种》中写道：宗教就是"各个人在他孤单时候由于觉得他与任何他认为神圣的对象保持关系所发生的感情、行为和经验"①。鲁道夫·奥托在《论神圣观念》中，把信仰者个人对神圣物的直接性体验——"对神既敬畏又向往的感情交织"，说成一切宗教的本质。弗洛伊德则从"潜意识"出发推论宗教的起源和本质，把宗教说成人感到畏惧时的一种需要。

以上三位心理学家的观点，引起了极大的反响，他们的著作被翻译成各种语言，一版再版。不过，把宗教经验视为宗教本质的观点也招来了其他学者强有力的反驳：一方面，宗教经验并不具有普遍性，大多数宗教信徒都不具有这种神秘的经验；另一方面，神秘的宗教体验不可能是决定和产生一切宗教现象的本质，宗教经验乃是宗教传统和宗教教育以及习俗迷信的结果。人心中本无上帝神灵，此类体验必然得自后天。因此，宗教体验并非宗教生活的出发点和原动力，而是传统宗教生活积淀而成的副产品。

（三）以宗教的社会功能为基础

宗教社会学家一般把宗教在人类社会生活中的功能和作用作为宗教的基本因素。例如，法国社会学家杜尔凯姆一方面把宗教规定为一种与神圣事物相关联的信仰和行为的统一体系；另一方面又认为，宗教的基础是社会的需要，故被宗教尊奉为"神圣"的事物，本质上无非是社会本身。用他的话讲，神明不是什么别的东西，无非是被象征性地表现出来的社会。他的宗教观在宗教社会学家中颇有代表性。有些学者甚至还把宗教的社会功能当成宗教的本质，并以此来规定宗教的定义。如美国宗教学家密尔顿·英格在其《宗教的科学研究》中把宗教规定为"信仰和实践的体系，根据这种体系，组成某种社会团体的人们，与人类生活的最根本难题展开斗争"②。日本宗教学家岸本英夫在其《宗教学》中把宗教规定为：所谓宗教，就是一种使人们生活的最终目的明了化、相信人的问题能得到最终解决，并以这种运动为中心的文化现象。

按照宗教社会功能学派的主张，势必会得出一个结论：凡是与他们所规定的宗教社会功能有着相似作用的社会文化现象，都可以视为宗教的等价物或类似物。正是在这种观点的指导下，20世纪60年代以来，西方宗教社会学出现了

---

① 威廉·詹姆斯.宗教经验之种种[M].唐钺，译.北京：商务出版社，2002：28.
② J M 英格.宗教的科学研究[M].北京：中国社会科学出版社，2009：9.

一种倾向:把在社会功能上近似于宗教的非宗教现象称之为"非宗教的宗教"或"世俗宗教"。许多颇有名气的宗教社会学家把共产主义、爱国主义、民族主义,甚至热爱科学、推崇民主……都当成类似于宗教的"世俗宗教"。因为他们认为这些社会意识形态和社会文化现象都起着维系社会秩序、决定社会伦理价值的功能,与宗教的社会功能相同。而且宗教体验的突出表现,如崇拜、忠诚、自我牺牲等现象,在爱国主义、民族主义和共产主义等社会意识中也可以见到。

显然,社会功能学派把宗教的社会功能看成是宗教的本质,抹杀了宗教与非宗教的区别。一种事物的功能,是它所表现出来的作用和作用的结果,因而属于事物现象形态范围。不同的事物可能有同样的作用和效果。能够维系社会的秩序和一体化的,可以是宗教,也可以是政治法律体系,还可以是哲学世界观和伦理道德规范。宗教和它的社会功能之间,并没有等质、等量或等价的关系。宗教的社会功能乃是宗教的本质的表现,把功能视为本质,颠倒了现象与本质的关系。

二、马克思主义经典作家关于宗教本质的论述

马克思、恩格斯从青年时代起就非常关心和重视宗教问题,积极参加当时德国以青年黑格尔派为代表的先进思想界发起的宗教批判运动。在他们的世界观转变和共产主义思想体系形成的整个时期,对宗教问题的关注占有相当突出和重要的地位。根据马克思主义的整个思想体系的历史发展事实,我们有理由说,对宗教理论的研究乃是马克思和恩格斯全部理论活动的起点,对宗教神学的批判成了他们批判社会、政治、法律……的出发点,人道主义的启蒙宗教观成了他们创建共产主义学说的开端。①

对于"宗教是什么"这个问题,马克思、恩格斯、列宁曾在自己的著作中不止一次地加以论述。

马克思在1843年写的《〈黑格尔法哲学批判〉导言》中提出:"宗教是还没有获得自身或已经再度丧失自身的人的自我意识和自我感觉。"②

所谓"没有获得自身或已经再度丧失自身的人",可以解释为尚没有意识到自己的主体性或丧失了自己的主体性的人。这里的"主体性"可以理解为"自己命运的主宰性"。马克思的这句话可以理解为:宗教是那些尚没有掌握自己命运的人

---

① 吕大吉,高师宁.马克思主义宗教理论研究[M].北京:中国社会科学出版社,2011:73.
② 马克思恩格斯选集:第1卷[M].北京:人民出版社,1995:1.

的自我意识,是他们的自我意识和自我感觉的异化。马克思的这个论断揭示了宗教的"共性",即各种宗教都是不能掌握自己命运的人的"自我意识",当这种意识与对超人间、超自然力量(神)的敬畏、崇拜联系在一起时,就形成了宗教意识。

马克思在《〈黑格尔法哲学批判〉导言》中说:"国家、社会产生了宗教即颠倒了的世界观,因为它们本身就是颠倒了的世界。宗教是这个世界的总理论,是它的包罗万象的纲要,它的通俗逻辑,它的唯灵论的荣誉问题,它的热情,它的道德上的核准,它的庄严补充,它借以安慰和辩护的普遍根据。"①

这句话的意思可以作如下解读:宗教作为"颠倒的世界观",其社会基础是"颠倒了的世界";其功能就是为这个"颠倒了的世界"提供总的理论上的辩护、感情上的安慰和道德上的核准。马克思这段话深刻精辟地揭示了宗教的社会功能和历史作用。

马克思还说过一句更有名的话:"宗教是人民的鸦片。"②

马克思把宗教比喻为鸦片,揭示了宗教具有精神慰藉的作用,认为宗教对人民的精神起了"麻醉剂"的作用。这个论断既符合历史也符合现实。后来列宁把马克思这句名言誉为"马克思主义在宗教问题上的全部世界观的基石"。

马克思的上述论断是在 1844 年 1 月前写的,那是他的历史唯物主义世界观和宗教观的形成时期。这些论断从各方面论及了宗教的世俗基础、社会功能、历史作用,以及它们所体现的宗教的社会性质。辩证唯物主义和历史唯物主义的世界观和宗教观成熟之后,恩格斯在 1876—1878 年间撰写的《反杜林论》中对宗教的本质做了更为全面的阐述:"一切宗教都不过是支配着人们日常生活的外部力量在人们头脑中的幻想的反映,在这种反映中,人间的力量采取了超人间的力量的形式。"③

恩格斯的这段话概括性地揭示了宗教之所以为宗教的本质规定性,并把宗教与其他意识形态区别开来:第一,这个论断说明了宗教作为意识形式的特征——一切宗教都不过是支配着人们日常生活的外部力量在人们头脑中的幻想的反映。第二,它揭示了宗教幻想的内容和对象乃是"支配着人们日常生活的外部力量"。这就说明宗教信仰和崇拜的对象,并不是什么超出经验之外、不可捉摸的神秘权能,而是与人们的日常生活密切相关,但却支配着人们的日常生活的外部力量。这样就把神圣的宗教还原为它的世俗基础。第三,它说明了

---

①　马克思恩格斯选集:第 1 卷[M].北京:人民出版社,1995:1.
②　马克思恩格斯选集:第 1 卷[M].北京:人民出版社,1995:2.
③　马克思恩格斯选集:第 3 卷[M].北京:人民出版社,1995:354.

宗教观念采取了"超人间化"的特殊表现形式。即这些支配人们日常生活的外部力量反映在人们头脑中,并不直接是以自然力量和社会力量这些"人间力量"所固有的形式表现出来,而是表现为"超人间力量"的形式,因而具有超自然、超人间的神圣性。第四,它说明了人间力量超人间化的原因,揭示了宗教观念的世俗基础和客观根源。按照恩格斯的论断,宗教所信仰和崇拜的对象,并不是任何一种"外部力量",而只是那些"支配着人们日常生活的外部力量"。当外部的力量支配着人们的日常生活,对人而言成为异己力量的时候,人们会把它当成生活所依、生存所系的主宰,幻想为神圣之物而对之崇拜。恩格斯的这个论断不仅表述了他对宗教本质的观点,也说明了宗教异化的原因和根据。[①]

尽管马克思和恩格斯上述关于"宗教是什么"的每个论断各有侧重,但它们都从不同的视角揭示了宗教的本质。

第二节　宗教的定义

马克思和恩格斯关于宗教的论述,一般都是联系当时思想批判和社会政治批判的实际需要做出的,所以他们并不需要先从一个宗教定义出发,从逻辑上推论出一套系统的宗教理论。因此,马克思、恩格斯上述关于"宗教是什么"的论断中,哪一个可以被视为定义式的规定,他们并未做过肯定性的、明确的说明。但对于当代的马克思主义宗教理论研究者而言,往往需要一个宗教定义,以此来规范宗教问题的讨论和研究。

我国宗教学家吕大吉教授在坚持马克思主义宗教本质论的基础上,广泛吸收近现代宗教学家有关宗教论述的精华,回答了"宗教是什么"的问题。他认为,宗教是一种客观存在的社会现象,由宗教观念、宗教经验、宗教行为、宗教组织和制度四个基本要素组成。他的这一观点在国内外引起了广泛关注,得到了广泛引用。

一、宗教是一种客观存在的社会现象

宗教是一种客观存在的社会现象,虽然"神"或"神性物"是其构成的核心要素和本质要素,但它还包含着比"神"的观念更为广泛的内容。支配着人们生活的外部力量,一旦被人们的幻想超人间化、超自然化以后,就变成了某种神秘和

---

① 吕大吉.宗教学通论新编[M].北京:中国社会科学出版社,2010:55-59.

神圣的东西。这种虚幻的宗教观念要想成为信众共同崇拜的对象,就不能始终局限在主观的幻想世界之中,而必须把它表象为信众可以感知和体认的感性物。因此,各种宗教几乎都把其所信奉的神圣对象客观化为某种感性的象征系统。原始宗教所崇奉的图腾、氏族祖先、自然物和自然力,多神教中各种形象的神灵,都是神灵观念的感性象征。有了宗教崇拜的偶像或其他象征表现,还必须有宗教象征物的安息之所、供奉之地,以便为信仰者提供宗教活动的场所。于是,金碧辉煌的寺庙、巍峨壮丽的教堂便傲然矗立在大地上,虚无缥缈的神灵便具有了物质存在的形式。这说明宗教的神并不仅仅是信仰者的主观观念,它已被客观化、物态化和社会化了。

这种客观化、物态化和社会化进一步体现在宗教信仰者的行为之中。宗教信仰者的行为是信仰者用语言和肉体进行的外在活动,它是宗教观念和宗教情感的客观表现。一定的宗教观念和一定的宗教情感总是相伴而生。当人们把异己力量表象为超人间、超自然力量时,也随之产生了对这种超人间、超自然力量的敬畏感、依赖感和神秘感。情动于中而形之于言,发之为尊敬、爱慕、畏惧、乞求、祷告的言辞,表现为相应的崇拜活动。各种宗教都通过一定的仪式把这些自发而且分散的宗教行为规范化、程式化,并附加神圣的意义。因此,一切宗教的礼仪行为都是规范化的,而且是有组织地进行的,具有鲜明的社会性。

宗教的社会性更具体地表现为宗教组织和制度的建立。在原始社会里,整个氏族部落都崇拜共同的神灵,有组织地进行共同的宗教活动。宗教信仰和活动把每个氏族成员凝聚在社会的组织中。在阶级社会里,由于多种宗教同时共存和彼此竞争,由于新兴宗教和教派的不断出现,各种宗教和教派的信徒往往由于社会利益的不同和信仰的差异,进行各种形式的冲突和斗争。在此基础上,形成了各种不同的宗教组织。宗教组织的出现,进一步消除了原始宗教信仰上的自发性,而使宗教成为以宗教组织为基础的社会性宗教。宗教既然有了一定的组织形态,为了对外立异和对内认同的需要,便相应地把本教的基本宗教观念教义化、信条化,并建立起与教义相适应的各种戒律、规范和教会生活制度。这些共同的礼仪行为、共同的教义信条、共同的教会生活制度、共同的戒律规范,强化了宗教的社会性,把广大信仰者纳入共同的组织和体制,规范了他们的信仰和行为,影响以致决定了他们的整个社会生活。这就使宗教在现实生活中成为一种重要的社会力量。更由于宗教的教义、信条、行为规范、礼仪规定等常通过文化、艺术、哲学、道德的形式表现出来,不仅规范信仰者的信念和灵魂,更规范他们的价值观,所以,宗教也是一种社会文化体系。

二、宗教是四种基本要素组成的有机整体

宗教作为一种社会化的客观存在具有一些基本要素。这些要素可分为两类：一类是宗教的内在因素；一类是宗教的外在因素。宗教的内在因素有两部分：宗教的观念或思想以及宗教的经验或感情；宗教的外在因素也有两部分：宗教的行为或活动以及宗教的组织和制度。一个比较完整的、成型的宗教，便是上述内外四种因素的综合。

宗教的四种基本要素是相互联系的。宗教观念和宗教体验是统一的宗教意识的互相依存的两个方面。没有无识之情，也没有无情之识。宗教意识的情与识又必然形之于外，体现为宗教信仰和崇拜的行为，这一切又逐渐规范化为宗教的组织和制度。所以，构成宗教的内外两类因素乃是同一个事物的两个方面，概念上可分析为二，实质上内外一体，它们相伴相生、相互制约。

从逻辑上讲，四种基本要素在宗教体系中可以分为四个层次（见图1-1）。处于基础层或核心层的是宗教观念（主要是神道观念）。只有在形成宗教神道观念的逻辑前提下，才有可能产生观念主体对它的心理体验或感受。因此，我们把宗教的感受或体验作为伴生于宗教神道观念的第二个层次。宗教崇拜的行为（巫术、祭祀、祈祷、禁忌等）显然是宗教观念和宗教体验之外在表现，属于宗教体系的第三个层次。宗教的组织和制度则是宗教观念信条化、宗教信徒组织化、宗教行为仪式化、宗教生活规范化和制度化的结果，它处于宗教体系的最外层，对宗教信仰者及其宗教观念、宗教体验和宗教行为起着凝聚固化的作用，

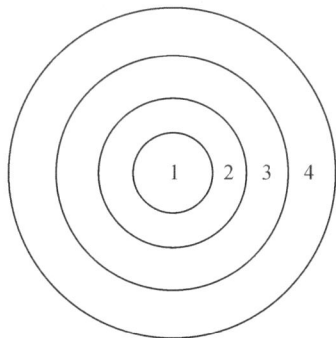

1.宗教观念或思想　　2.宗教经验或感情
3.宗教行为或活动　　4.宗教组织和制度
图 1-1　宗教四种基本要素之间的关系

保证宗教这种社会现象作为社会结构的一部分而存在于社会之中。

　　图1-1不仅说明了宗教是四种基本要素的综合,而且形象地表明了这四大要素的关系和结构,实际上明白地回答了"宗教是什么"的问题。宗教就是这四大要素按照一定的结构组合而成的社会文化体系。有此四要素,并如此组合起来,就有了宗教体系;少了其中任何一个要素,都不成其为完整的宗教。

　　因此,吕大吉教授认为,宗教是关于超人间、超自然力量的一种社会意识,以及因此而对之表示信仰和崇拜的行为,是综合这种意识和行为并使之规范化、体制化的社会文化体系。这个定义不仅指明了宗教是由一种特定的社会意识(宗教神道观念和宗教体验)及其外在表现(各种宗教行为和宗教制度)组合而成的社会文化体系,而且指明了四大基本要素的逻辑关系和层次结构。当然,我们必须明白,这里所说的"超人间、超自然力量"只是现实的支配人的异己力量的歪曲反映。

第三节　宗教基本要素的具体分析

　　如上所述,宗教有四种基本要素,是四种基本要素的有机统一体。下面我们就来具体分析一下这四种基本要素。

一、宗教观念

　　各种宗教都有一套作为其信仰支柱的观念,甚至形成一套论证其信仰的观念体系,构成一种宗教世界观。它们是宗教行为的内在根据,是宗教组织借以建立信仰体制的骨架,对整个宗教体系的构成起着基础性的作用。

　　最基本、最重要的宗教观念大致可归结为三个方面:一是宗教的灵魂观;二是宗教的神灵观;三是宗教的神性观。

(一)灵魂观念

　　灵魂观念是一切宗教观念中最基本的观念之一。按照近代宗教学奠基人之一泰勒的"万物有灵论",灵魂观念是整个宗教信仰的发端和赖以存在的基础,是全部宗教意识的核心内容;如果没有超自然的灵魂观念,就不可能有超自然、超人间的神灵观念,从而也就不会有宗教信仰本身。

1.灵魂的含义

通过比较各种宗教(原始宗教、古代民族宗教、世界宗教)的灵魂观念的性质和内容,可以看出,各种宗教的灵魂观念有两个共同点:第一,它们都认为灵魂是其所在个体(人或物)的一切活动的生命力、原动力和操纵者,是个体一切行为的主宰。第二,它们都认为灵魂可以离开形体而独立活动,甚至认为灵魂是不灭的,不会随形体的死亡而死亡。因此,在宗教体系中,灵魂是寓于个体之中、赋予个体以生命力,可以独立于形体并主宰其活动的超自然存在。

2.围绕灵魂观念的宗教行为

古往今来的宗教信徒都把人的一切生命过程理解为"灵魂"的某种活动,是灵魂主宰和操纵的结果。因此,为了求得更好的生活,避免谁也不愿意经历的衰老病死,人们便想出了各种办法与"灵魂"发生关系:或者操纵"灵魂"的活动,使之服从于人的生存意愿;或者祈求"灵魂"的善意和关照。正是这种发自求生本能的人性要求,形成了人类最早的宗教信念、宗教感情和宗教行为,也就是所谓的"灵魂崇拜"。

灵魂崇拜的全部表现形式都是围绕生、老、病、死等生命过程进行的。即使在现代文明中,不少民族对于婴儿的降生还有一些仪式。比如我国云南佤族人就认为,母腹中的胎儿,其灵魂尚未附体,仍在其母所在的村落四处游荡。为了使婴儿顺利降生,必须通过"叫魂"仪式使之附体,否则婴儿必死无疑。生命过程中的衰老和疾病,也会被认为是"灵魂"的活动。世界上许多民族都把疾病说成是病人的"魂"离开了他的肉体,为病人招魂成了许多民族的巫师和祭司们的专门技能。生命的终结或死亡,被认为是灵魂永久地脱离肉体,而不是灵魂的死亡,由此导致的丧葬礼仪和丧葬制度是灵魂不灭观念最生动、最集中的体现。

3.从信仰灵魂不朽到宗教的来世生活论

灵魂不朽的观念迫使人们去设想灵魂在人体死后的生活。于是,便出现了关于来世生活的种种想象。

对来世生活的想象使人们构想出来世生活的场所——冥府和天国。灵魂世界处于地上(人世间)、地下(地狱)和天上(天堂)的每个层面。世界上许多民族相信人死后,其灵魂仍活动在地面之上,其中比较普遍的说法是,亡灵继续活动在生前生活的地区,或者回到祖先的发源地。灵魂的居所在地下的信仰在原始社会相当普遍。春秋时代的中国人认为,亡灵的居留地是在地下的"黄泉",而古代希腊人和罗马人也认为亡灵冥国在地下。当然,也有一些民族在天上为灵魂安排了归宿。

灵魂不朽的观念还促使人们去思考"亡灵是如何生活的"、"亡灵的生活与现世生活的关系"等问题。比较典型的有两种说法:"继续存在论"和"报应论"。

"继续存在论"出现得较早。这种看法认为,来世生活的状况与死者生前生活的状况没有什么区别:身体状况一样,个人爱好不变,生活用具相同等。在死后的世界里,国王仍然是国王,奴隶们的阴间生活也没有什么改善。在"继续存在论"看来,死后的生活并不因生前的道德表现而有所改变。后来,关于灵魂未来生活的"继续存在论"逐步让位于"报应论"。前者是把未来的生活描写为当前生活的继续,后者则认为未来生活是对当前生活的报偿,即对地上生活的奖赏和惩罚。

(二)神灵观念

神灵观念是各个宗教信仰体系的基础,任何宗教都不存在究竟有没有神的问题。没有神也就没有信仰和崇拜的对象,宗教也将无从说起。然而在对神的理解,以及赋予神什么样的神性等方面,各种宗教不尽相同,甚至是差别很大的。

神灵是"人格化的超自然存在"。"超自然"是指不受自然法则的限制。人的生命是有限的,有生也有死,神则是永恒不灭、长生不死的。"人格化"的含义并非局限于神与人同形,更重要的是与人同"性",即在思想、感情、意欲等方面与人相同或相似。在各种宗教体系中,神可能与人同形,也可能与人不同形,但是一定与人同性,不具人性的崇拜对象是没有的,也是不可能有的。如果设定的神圣对象没有思想、感情和意欲,它就不能理解崇拜者的行为和要求,人和神之间就不可能有任何"共同语言",人神之间也就不可能进行交际和交流,宗教也就不可能产生了。因此,一切宗教的神圣对象,本质上都是人性的,人格化的神,实际上是人性的神格化。

人是如何把人性神格化为神的呢? 在各个宗教体系中,人性是通过两种方式神格化的:一是把人性附加到一个本来不具人性的对象之上,使之变成人格化的神;二是把人性抽象出来,变成独立的实体,成为全知、全能的唯一神。第一种方式在自然宗教和古代宗教中表现得非常明显。第二种方式以基督教最为典型。无论哪种方式,这些神都是人性的对象化或"异化"。例如在偶像崇拜中,偶像是人自己双手做成的"物",但人却向物跪拜,崇拜自己创造的东西。人在这样做的时候,并不觉得自己有创造能力,人只是把自己的生命特质赋予他所创造的物。他认为,只有屈服和顺从凝结在偶像中的生命,才能实现与它的接触。可见,人格化的神灵虽然在信仰者的心目中是个"真实"的存在,实际上却是一个异化的产物,这种异化使人的创造物变成人的统治者。

神和神性物是人类幻想的结果。人的智慧、权能和存在都是有限的,但人的想象力却是绝对自由和无限的。人正是通过这种无限的想象力把有限的智慧无限地扩大为无所不知的全知,把有限的权能无限地扩大为无所不能的全能,把有限的存在无限地扩大为无所不在的全在。通过想象,人性被无限地扩大而形成了神的特性。但人类自身的特性并不是抽象的,而是具体的、历史的。社会关系的性质决定着人性的性质,社会关系的变化决定着人性的变化。因而,各种宗教赋予其神灵的神性也不可避免地打上了社会关系的烙印。有什么样的社会体制和社会关系,就有什么样神性的神灵。原始宗教本质上是氏族社会的上层建筑,而它所崇奉的"神灵",其神性本质上是氏族制度的神圣象征,是氏族制公社社会生活的组织者、决定者和保护者。在阶级社会中,神也有确定的阶级和阶级内涵。统治阶级和被统治阶级都有自己的神灵,以满足各自的要求。宗教随着社会关系的变化而不断调整自己的教义信条和体系,神性亦随着阶级或阶层需要的不同而不同,随着阶级关系或阶层的变化而变化。无论何时何地,我们都可以从神灵世界的结构中看到社会结构的投影,在人性中找到神性的原型。

(三)神性观念

1. 神性的含义

随着神灵观念的演进,信神者开始想象神灵究竟是如何支配和操纵自然世界和人间生活的。在宗教的幻想世界中,神灵是一种支配和操纵自然世界和人世生活的异己力量,这力量就是神灵的权能,也是神灵的根本属性。神灵是一种超人间的存在,它的神圣性在于它的存在不受自然法则的限制,它具有主宰自然和人类的特殊意志、智慧和权能。神灵的神圣性通过能够支配和操纵自然界与人间生活的"天命",以及神灵创造的"神迹"表现出来。

2. 天命观念

天命信仰所要求和包含的道德、智慧与权能三种神性,本质上是人类本质特性的宗教异化,是把人的行为所具有的意志、智慧和权能转移给神灵的结果。对生存条件和幸福生活的追求,乃是人类作为最高级的有智慧的生物的自然本能。当人类把支配自己日常生活的力量视为异己的神秘力量的时候,他们就会把自己生存所系的客观环境视为神灵的有意安排,把生活的幸福、苦难与不幸,以及自己没有把握的未来都说成天道的表现和神圣天命的显示。天命的传达方式有两类:一种是通过各种天象和天道启示天命;一种是通过先知、救世主之类的中介者来传达天命。

3.神迹观念

与神意或天命一样,神迹乃是宗教赋予神的基本特性之一。对于神可创造神迹事件的信仰,是一切宗教的特性。宗教赋予神的意志、智慧和能力是超人的、超自然的,神灵必须显现出超常的能力来证明自己可以随心所欲、意到事成。这种内在的可能性,表现于事实之中就是宗教所谓的神迹,即神按照自己的意志和能力创造的某些特殊事件。神迹信仰普遍存在于各种宗教体系之中。费尔巴哈曾说:如果没有神迹,神就不成其为神。由此再进一步,我们可以说,如果没有对神迹的信仰,宗教也会因此而丧失引人入胜的魅力,丧失广大信众对它的信仰。

二、宗教经验

宗教信仰者对神性物(各种超自然、超人间的神圣力量、神灵神性)的信仰,既可在信仰者的心中表现为一定的观念形态和概念形式(如神灵观念、神魂观念,以及天命、神迹之类神性观念),也可引起信仰者在情绪上的种种反应(如惊异、安宁、神秘等体验)。按照一些宗教学家、神学家、宗教虔信者的说法,这种情感或情绪上的反应,有其神秘、神圣的来源,它们产生于宗教信仰者对其所信奉的神圣对象的特殊感受和直接体验。20世纪初,美国实用主义哲学家和宗教心理学家威廉·詹姆斯在他的《宗教经验之种种》(1902)一书中,把这种感受和体验称为"宗教经验",并进行了详细论述。此后,"宗教经验"这个概念在西方世界的宗教著作中得到了广泛的使用。

(一)宗教经验的含义

宗教经验就是宗教信仰者对于神圣物(神、神圣力量、神性物)与自身的关系的某种内心感受,是与神圣存在沟通而产生的精神体验。各种宗教的虔信者,特别是各种宗教和教派的创始人以及所谓高道、高僧、圣徒、先知、降神者之类"半人半神"式的宗教人物,常常声称他们对于自己所信仰和崇奉的神灵、神圣力量和神性物有某种直觉式的体验和感受,或者宣称自己经常与神灵直接交际、面受启示。他们还把这种直觉的体验和直接的交往作为对所信之神圣对象的直接验证,当作自己及所建宗教或教派之真实性的根据。近代西方宗教学者一般不直接否认"神迹"传说,而把它称之为"宗教经验",并试图对之做出心理学的分析和社会学的解释。

宗教经验是宗教职业者自欺欺人的骗术,还是某些宗教信仰者宗教生活中客观存在的事实？这是宗教学研究必须解决的一个事实问题。种种情况表明，我们应该把宗教经验作为宗教生活的事实予以承认。宗教信仰者对异己支配力量的依赖感，对神灵审判的恐惧感、敬畏感，是一种常见于信仰者宗教生活中的宗教感情和宗教体验。我们可以用科学的观念和方法对这类宗教感情和宗教体验做出合乎理性的解释，剥去其神秘主义的炫目色彩，但却不能否认这种神秘主义的宗教经验在一部分人精神上的存在。正如海市蜃楼一样，虽是幻象，却也是客观的真实。

（二）宗教经验的实质

马克思主义宗教观不承认任何神和神性物的存在，因而也不承认神和神性物是宗教经验的原因和对象。马克思主义宗教学者对宗教经验的实质做出了如下概括：

（1）宗教感情不完全等同于自然感情，但宗教感情并不具有独立于自然感情的独立性。对人的敬畏感与对神的敬畏感自然是有差别的，但两者的差别主要在于敬畏感的对象不同。詹姆斯说过："宗教情绪是具体的心理状态，由一个感情加上一个特殊对象而成，所以它当然是与其他具体的情绪不同的心理作用"。

（2）宗教经验没有客观的对象。从唯物主义的经验论来看，经验的产生以外物的存在为其前提，外物的存在是经验的对象和客观源泉。世界上各大宗教的神学家尽管都相信神的存在，但也都承认神是不可感知的、超经验的存在物，认为神不可能成为感觉经验的对象。因此，如果坚持宗教神学的神灵观，那么所谓宗教经验所经验的对象就不是真正的神，宗教经验就是没有真实对象的主观幻想。即使在唯心主义阵营中，绝大多数哲学家也反对把"宗教经验"看成是对于超经验存在物的认识。例如，休谟认为，人类经验所及的直接对象就是"经验"本身，即自己的感官印象，感官印象之外是否有神灵之类的精神实体存在，是不得而知的。休谟以后的实证主义、实用主义、逻辑实证主义几乎都遵循休谟的不可知主义路线，并沿着这个方向来解决"宗教经验"的性质问题。

（3）宗教经验的"超验对象"是主观观念的对象化。既然宗教经验没有也不可能有超验对象，那么宗教经验便只能是一种主观幻觉，其对象也只能是主观观念的对象化。欧洲哲学史上有不少启蒙思想家对宗教信仰进行了心理分析，他们把神圣对象归结为某种心理活动。德谟克利特、伊壁鸠鲁、卢克莱修都认为对神的恐惧感并不是由神灵引起的。他们认为实际情况正好相反，是恐惧感产生神。费尔巴哈认为一切神灵观念都是人的依赖感的产物。20世纪以来，西方的一些心理学家也沿着这个方向对产生神和神性物的心理根源做了分析,得出神是人类心理产物的结论。其中最为典型的便是弗洛伊德的理论了。按照弗洛伊德的理论,宗教和神灵观念,人在神面前的负罪感以及宗教禁忌和仪式,都源于原始人类的"俄狄浦斯情结"。上述学者的观点告诉我们,人对于神的种种宗教感情或宗教体验不过是纯粹主观的、精神性的活动。

三、宗教行为

宗教信仰者内在的宗教体验和宗教观念通过外在的身体动作和语言形式表现出来,就是宗教行为。它的表现形式多种多样,各种形式在各种宗教中都经历了从自发到自觉、从分散到规范化、从无序到有序的过程。归结起来,主要的宗教行为有巫术、宗教禁忌、献祭和祈祷等。这些宗教行为从不同侧面反映了宗教的本质。

巫术(magic)是一种广泛存在的宗教现象。它的通常形式是通过一定的仪式表演来利用和操纵某种宗教信仰对象影响人类生活或自然事件,以达到一定的目的。巫术的仪式表演通常采取象征性的歌舞形式,并使用某种据认为赋有巫术魔力的实物和咒语。

由于对神秘力量和神圣对象在观念上有所意识,在体验上有所感受,人们会产生惊奇、恐惧、畏怖以及尊敬、爱戴等宗教感情。这种敬畏感往往在行为上表现出来,在人与神秘力量和神圣对象的关系上,体现为对自己行为上的限制和禁戒规定,这就是宗教禁忌。在原始时代,宗教禁忌包含在习俗之中。在宗教的进一步发展中,则往往通过教义规定,成为规范化的宗教戒律的一部分。

献祭和祈祷是宗教信仰者与信仰对象、人与神进行交际和沟通的行为方式,表现了人对神的感情和态度。信仰者通过献祭和祈祷与其所信仰的神圣对象打交道,以求得神的帮助,达到自己的目的,满足自己的需要。

献祭是用物质性的供品来换取神灵的帮助和恩赐的行为。献祭行为有三个构成要素:献祭的对象(神);献祭的主体(人);献祭的供品。

祈祷是信仰者向神圣对象默告自己的愿望,本质上与献祭行为完全一致,是人对神的信赖感和敬畏感的行为表现。就祈祷这一概念的内涵而言,它主要是通过语言形式和身体动作来表现信仰者内心对神的依赖感和敬畏感,不一定要供献祭品。按照祈祷词的目的、内容和祈祷行为的表现形式不同,祈祷可以分为以下几种类型:请愿式祈祷和代祷;感恩式祈祷;崇拜祈祷;与神合一的祈祷。

四、宗教体制

宗教体制也就是宗教的组织和制度,它处在宗教体系的最外层,它的内容是由其他三要素决定的,是它们的外部形式或外在表现。离开了宗教观念、宗教体验、宗教行为三个要素,宗教体制就没有自己的内容。宗教体制的特点是把其他要素的内容规范化和制度化,使个体的信仰组织化为社会性、群众性的宗教。它的形成过程,从内容上看,就是把个人内在的各具特色的宗教观念规范化为共同信奉的教义;把个人的内心体验变为共同追求的修行目标;把个人的崇拜行为程式化为共同奉行的宗教礼仪制度。经过这样的过程,各种变动不居、因人而异的宗教要素就固定化、规范化为神圣不可违犯的宗教体制。宗教体制主要包括以下几个方面的内容:

(一)宗教信徒的组织化与科层制度

1.宗教组织的性质

任何一个社会组织的性质都是由它的组织目标决定的,宗教组织也不例外。当一种宗教信念不仅为某个个人所接受,而且得到众多信徒的信从时,他们就会在共同信念或共同信仰的旗帜下组织起来,采取一定的组合形式,结为一定的互动团体。宗教组织的基础在于宗教信仰的群体性或社会性。一个纯属个人的、仅为某个个人所有的宗教观念、宗教经验以及形之于外的宗教行为,并不构成一种宗教。宗教之所以为宗教,就在于它不是孤立的个人信仰和个人行为。许多个体具有同样的信仰,就必然要求建立共同遵守的教义体系、行为规范和宗教生活制度,结成为一个有共同信仰的团体组织。

宗教组织既有宗教性的一面,也具有社会性的一面。

宗教组织的宗教性质表现为,宗教组织在本质上是宗教观念和宗教感情的外在表现形式,它在一定程度上由后者的内容所规定。各种不同的宗教和教派各有自己的宗教观念,形成不同的教义和信条,这就决定其组织形式也有各自的特点。

宗教组织的社会性在于它必然受社会结构形式或社会组织形式的影响和制约。信仰宗教的人是生活在一定的社会关系网络之中的社会的人。这些社会的人如何组织成为信仰宗教的团体,按照什么样的原则和形式来建构它,都要受到当时社会关系和社会结构的影响,直接或间接参照了该社会关系的性质和形式。在原始社会和古代民族国家时代,宗教的组织与社会的结构之间曾经达到重合的程度。之后,随着时间的推移和历史的进步,这种结合关系逐渐趋于松散。

2.宗教组织的科层化

宗教组织的发展不仅与外在于它的整个社会结构有关系,而且还与宗教本身的结构有关。任何一种宗教的发展都离不开广结善缘、发展信众、扩大组织等。随着宗教组织的扩大和组织活动的复杂化,出现了协调内部关系以及分工掌管各项职能的需要。于是,在宗教中产生了分科掌管、分层负责的结构——科层制度。宗教组织内部的科层化、等级化,既有宗教特点,又具有社会性质和世俗性质。不管它打着多么神圣的旗号,提出何等诱人的神学根据,不管它如何把自己说成上帝创建的"地上的天国"、"神圣之城",它本身仍不过是一种社会群体,逃避不了任何社会群体都必须遵从的社会规律。

3.宗教组织的核心——僧侣

相对固定的成员是任何一个宗教组织保持神圣目标、规范信仰行为的重要条件。依据这些成员与神灵的关系或宗教素养的区别,他们或是专职,或是兼职,或是指导宗教活动的教职人员,或是一般信徒,在宗教组织中拥有不同的地位,充当着不同的角色,行使不同的职能。其中作为宗教组织实体性标志的僧侣,是在各个宗教组织中居于核心地位、在各种制度推行过程中起着关键作用的特殊人物。

4.宗教组织的社会类型

根据宗教组织基本目标中"此岸"与"彼岸"的关系和距离,宗教组织可以分为救世型宗教和出世型宗教。大多数宗教组织都是救世型,他们追求彼岸的终极幸福,却意在解救现实的苦难;乞求超自然的神灵,意在神灵用超自然的方式赐给他们尘世的幸福,免除生活中的灾祸;甚至希望救世主直接降临这个世界,建立"地上小天堂"。虽然一切宗教都具有不同程度的出世特征,但从终极目标和宗教实际生活上完全抛弃现实社会生活的真正的出世型宗教却极少。在这少数出世型宗教中,以印度的各种宗教最为典型。这些宗教的终极目标本质上都是个人的解脱,而不是社会的拯救。其宗教生活基本上都是远离社会,遁世苦修。

根据宗教组织和社会政治的疏密程度不同,宗教组织可以分为政教合一型与政教分离型。一切宗教组织都是社会性的存在,但在社会政治生活中所处的地位、参与的程度却是各不相同的。有些宗教组织具有明显的政教合一型特征,其宗教组织或者与社会的政治系统合二为一,或者高踞于社会系统之上,对其具有支配性影响。不过,政教合一或者政教分离的状况都是可以改变的。在一定的社会条件下,前者可以变为后者,后者也可以变为前者。

(二)宗教观念的信条化、教义化与信仰体制

任何宗教都有一套体制,把它的信仰巩固下来,以便得到全体信众的一致信仰和遵从。信仰体制的核心就是宗教的信条和教义。宗教的信条和教义使信仰同一宗教的众多信徒具有共同的信念,结成一体化的教会组织。

"信条"(symbols,articles of faith)作为一个宗教的基本信仰,往往被宗教视为该宗教之所以为该宗教并区别于其他宗教的东西,改变了信条,也就变成了其他宗教。宗教信条可分为两类:一是融入宗教神话、公共仪式以及奉为神圣的经典、经文或法典之中的传统信仰,它要求其信徒在生活中付诸实践,但却无须在特定仪式上明确表白出来;二是用成文形式把基本信条表现为"信经"(creed)和"信纲"(confession)。

"教义"(doctrine)指的是对宗教信仰、信条和教诲的一种理性的了解和概念的阐明,是关于信条和教诲的一种系统性的知识。在对信徒进行加强信仰的教导,向社会进行布道宣传,以及在对不同宗教、不同教派、不同意见者或对非宗教者进行论战的过程中,教义发挥着指导性的作用。

(三)修行体制

世界上许多宗教体系都有一种与追求理想境界相联系的修行或修道生活,有些宗教还把这些修行者组织起来,把修行生活制度化,形成一定的修行体制。

宗教修行者是按照教理、教法的规定进行身体、精神的训练和修习的,因此,宗教修行者为达到其理想境界而进行的修行有种种不同的方式。比较普遍的方式有:遵守禁忌规定、独身、禁欲与苦行、瑜伽、禅定、外丹与内丹。

根据修行生活组织化、制度化的不同,宗教修行组织模式又大致可以区分为如下几种类型:个人隐修、寺院修道、托钵僧及其修会。

(四)宗教行为的规范化与宗教仪式

在一定的社会体系和宗教社团中,宗教行为常常是社会性地、集体性地进行的。在社会体系和宗教社团的集体制约之下,各种宗教活动和个人的宗教行为都会逐渐趋向划一,固定为一定的程式和规范。宗教信仰者的宗教活动总是通过一定的礼仪形式来表现的。没有礼仪和不符合礼仪规定的宗教活动被认为是渎神的行为。

根据宗教行为的种类划分,宗教礼仪的主要类型有:巫术仪式、禁忌仪式、

献祭仪式和祈祷仪式。

根据宗教仪式在社会生活中所发挥的功能,宗教仪式又可分为积极仪式与消极仪式。积极仪式以集中和有效地应用神圣力量为其目的,如狩猎仪式、增产仪式、启示仪式,以及各种成人仪式和生命关怀仪式等。消极的仪式就是所谓的禁忌仪式和违禁之后的禳解仪式。根据仪式举行是偶发的,还是周期性的,宗教礼仪分为偶发性的危机仪式和周期性的岁时仪式两种类型。

宗教礼仪无论对于宗教本身还是对于宗教信徒赖以生存的社会,都会产生重要的影响和作用。这种作用主要表现为以下几个方面:强化宗教信仰,满足精神需要,团结社会群体,整合行为模式。

参考文献

1.马克思恩格斯选集:第1-4卷[M].北京:人民出版社,1995.

2.吕大吉,高师宁.马克思主义宗教理论研究[M].北京:中国社会科学出版社,2011.

3.吕大吉.西方宗教学说史[M].北京:中国社会科学出版社,2005.

4.吕大吉.宗教学通论新编[M].北京:中国社会科学出版社,2010.

5.吕大吉,牟钟鉴.宗教与文化[M].北京:中国社会科学出版社,2005.

6.吕大吉.宗教学纲要[M].北京:高等教育出版社,2003.

7.卓新平.西方宗教学研究导引[M].北京:中国社会科学出版社,1990.

8.卓新平.宗教理解[M].北京:中国社会科学出版社,1999.

9.张志刚.宗教哲学研究[M].北京:中国人民大学出版社,2003.

10.张志刚.宗教学是什么[M].北京:北京大学出版社,2002.

11.陈麟书.宗教观的历史·理论·现实[M].成都:四川大学出版社,1996.

12.李申.宗教学:第一卷[M].北京:中国社会科学出版社,2006.

13.威廉·詹姆斯.宗教经验之种种[M].唐钺,译.北京:商务出版社,2002.

14.麦克斯·缪勒.宗教的起源与发展[M].金泽,译.上海:上海人民出版社,1989.

15.保罗·蒂利希.文化神学[M].陈新权,王平,译.北京:工人出版社,1988.

16.J M 英格.宗教的科学研究[M].北京:中国社会科学出版社,2009.

思 考 题

1.如何理解恩格斯"一切宗教都不过是支配着人们日常生活的外部力量在人们头脑中的幻想的反映,在这种反映中,人间的力量采取了超人间的力量的形式"。这个论断有何现实意义?

2."宗教四要素"说的基本内容是什么?

3.宗教经验是宗教职业者自欺欺人的骗术,还是某些宗教信仰者宗教生活中客观存在的事实?

第二章　宗教产生的根源是什么

　　宗教是什么时候产生的？是不是有了人类就有了宗教？由于原始社会早已成为逝去的历史，最早产生宗教观念、进行宗教崇拜活动的原始人类又没有留下文字记载，这就使我们今天很难对这些问题做出确证。但是，如果我们在坚持唯物史观的基础上，运用人类学、考古学和民族学提供的资料，那么我们虽然不能为宗教的产生提供一个绝对正确的肯定性的答案，却可以提供一个绝对正确的否定性答案：宗教不是与人类相伴而生的，在人类出现之后的漫长历史年代里，没有，也不可能有任何宗教观点和宗教信仰活动。[①]

　　宗教观念的产生是一种相当复杂和高级的思维活动的结果，它不可能产生于刚刚从类人猿脱颖而出的早期人类。原始人必须经历长期的发展才有可能积淀出产生宗教观念所需的智力和相应的社会条件。综合各方面的资料，宗教学家得出一个普遍认同的结论：宗教发端于原始时代的氏族制社会，是随着氏族制的形成而产生的；人类最早的宗教是氏族社会的伴生物，是作为氏族制的上层建筑而出现的。[②]

　　那么宗教产生的根源是什么呢？根据考古学、民族学和人类学的资料，考察原始社会宗教产生的脉络，可以发现宗教的产生和存在有着一定的自然根源、社会根源、认识根源和心理根源。

[①]　吕大吉.宗教学纲要[M].北京:高等教育出版社,2003:154.
[②]　吕大吉.宗教学纲要[M].北京:高等教育出版社,2003:160.

第一节　宗教产生的自然根源

异己的自然力量是宗教产生的自然根源。

一、人类对自然现象及其规律的意识，是宗教观念产生的前提

人和动物一样，生活在自然界之中。但与动物不同的是，人对自然现象，以及自身与自然现象之间的关系是有知觉和思考的，正是这种知觉和思考刺激了人类宗教观念的产生。人类最早的宗教观念——灵魂观念正是原始人在对自然现象的观察中产生的。恩格斯在《路德维希·费尔巴哈和德国古典哲学的终结》一文中对此有过精辟的阐述：

> 在远古时代，人们还完全不知道自己身体的构造，并且受梦中景象的影响，于是就产生了一种观念：他们的思维和感觉不是他们身体的活动，而是一种独特的、寓于这个身体之中而在人死亡时就离开身体的灵魂的活动。从这个时候起，人们不得不思考这种灵魂对外部世界的关系问题。如果灵魂在人死时离开肉体而继续活着，那就没有理由设想它本身还会死亡；这样就产生了灵魂不死的观念，这种观念在那个发展阶段出现决不是一种安慰，而是一种不可抗拒的命运，并且往往是一种真正的不幸，例如在希腊人那里就是这样。关于个人不死的无聊臆想之所以普遍产生，不是因为宗教上的安慰的需要，而是因为人们在普遍愚昧的情况下不知道对已经被认为存在的灵魂在肉体死亡后该怎么办？由于十分相似的原因，通过自然力的人格化，产生了最初的神。随着各种宗教的进一步发展，这些神越来越具有了超世界的形象，直到最后，通过智力发展中自然发生的抽象化过程——几乎可以说是蒸馏过程，在人们的头脑中，从或多或少有限的和互相限制的许多神中产生了一神教和惟一的神的观念。①

恩格斯的上述阐述与泰勒在《原始文化》中的推测有着相似之处。泰勒说，

---

① 马克思恩格斯选集：第4卷[M].2版.北京：人民出版社,1995:223-224.

原始人是从两种生理现象的观察中构成一种与身体完全不同的灵魂观念的。处于低级文化阶段上的能独立思考的人,尤其关心两类生物学的问题。他们力求了解,第一,是什么构成生和死的肉体之间的差别? 是什么引起清醒、梦、失神、疾病和死亡? 第二,出现在梦幻中的人的形象究竟是怎么回事? 看到这两类现象,古代的蒙昧人大概首先就自己做出了显而易见的推论,每个人都有生命,也有幽灵。显然,两者同身体有密切联系:生命给予它感觉、思想和活动的能力,而幽灵则构成了它的形象,或者第二个"我"。由此看来,两者跟肉体是可以分离的;生命可以离开它出走而使它失去感觉或死亡;幽灵则向人表明远离肉体。①

原始人最早是从死亡和梦幻两种现象中推导出灵魂观念的,这种心理过程和认识过程的分析是有相当说服力的。在原始时代,当人们还不能科学地理解死亡现象的时候,很自然地便会把这归因于作为生命力之实质的灵魂的离去。

二、人类对自然的依赖和畏惧是宗教产生的重要根源

人和自然的关系是人类区别于动物的重要标志。而所谓"关系",其根本的规定性在于人作为主体而存在的性质。动物也生存于自然界之中,但因为动物在他物或自然界面前并不具有能动主体的身份,他物或自然界没有为它而"存在"的意义,所以,动物对于自然来说,只是简单的生存与适应,不对他物或自然界发生"关系"。换句话说,动物对他物的关系不是作为关系而存在的。②

那么,人类和自然的关系最初是怎样的呢? 对于人类而言,自然界最初是完全异己的,原始时代的人类对它既依赖又畏惧。正是这种既依赖又畏惧的心理导致了自然宗教的产生。"自然界起初是作为一种完全异己的、有无限威力的和不可制服的力量与人们对立的,人们同它的关系完全像动物同它的关系一样,人们就像牲畜一样服从它的权力,因而,这是对自然界的一种纯粹动物式的意识(自然宗教)。"③自然宗教是支配着原始人的自然力量在他们头脑中的幻想的反映。

在原始社会里,由于生产力水平极其低下,人类生活几乎完全依赖于大自然。在求生存的斗争过程中,原始人切身感到自然力量的巨大威力。自然界以

---

① 泰勒.原始文化.连树声,译.广西师范大学出版社,2005:351.
② 段德智.宗教学[M].北京:人民出版社,2010:74.
③ 马克思恩格斯全集:第3卷[M].北京:人民出版社,1960:35.

异己力量的面貌出现,让人困惑,给原始人的生活带来灾难,造成死亡,使人类无法抵御。原始人因不能理解自然界各种变幻莫测的现象,从而产生恐惧,认为在物质世界之外,一定还存在着另一个看不见、摸不着,但却感觉得到的神秘世界,存在着一种超自然的力量,这种力量主宰着人们的命运,人们对它们只能顺从、乞求,不能违犯。于是,对自然的异己力量产生了盲目信仰和崇拜,进而把自然物、自然力量人格化为神灵顶礼膜拜。自然宗教就是这样产生的。

人对自然的依赖始终都不曾改变,离开自然,人类不可能存在。正因为依赖,所以人类对自然有着强烈的支配欲和占有欲,人类希望最大限度地利用自然和改造自然,使自然造福于自己。但自然却有着自身的运行规律,不以人的意志为转移。在强大的自然规律面前,不仅蒙昧的原始人畏惧不已,跪地匍匐,即使在现代社会,许多人也会束手无策。许许多多的宗教观念正是这样产生的。随着人对自然的探索,宗教观念在形式上发生的变化,也从另一个侧面证实了这一点。最初,自然以一种无限的、不可征服的、令人敬畏的形象出现在原始人面前,原始人对此毫无办法,只能依赖和崇拜。正是这种恐惧感和依赖感,产生了无限敬畏的神的观念,产生了自然崇拜和自然宗教,众神以超凡的力与美生活在白雪皑皑的山顶或黑暗洞穴、森林、大海之中。随着人类对自然界和自然规律了解的深入,诸神在自然界中慢慢地撤退,渐渐从森林、河流和大海中隐退,神的形象也渐渐地由具体走向抽象。

虽然在探索自然这个永恒的主题上,人类已经取得伟大的成就,而且随着时间的推移,还会更上一层楼,但是,自然界对于人类而言,依然是一个深邃的迷宫,有着太多人类的知识仍然还不能触及的地带。突发的地震可能埋葬众多生灵及人类创造的一切;威猛的洪水也有可能将一切统统淹没;狂乱的飓风可能使万物荡然无存;此外,还有疾病的蔓延和死亡之谜等。无论人类多么努力,在凛然不可侵犯、残酷而无情的自然面前,仍然显得非常的孱弱无助。滋养宗教观念的自然根源不可能在短时期内消亡,正因为如此,宗教的存在将是长期的。

第二节　宗教产生的社会根源

从历史上去考察宗教产生和发展的过程,有利于我们了解宗教产生的社会根源。

一、宗教是适应氏族制社会的需要而产生的

宗教是与氏族和氏族制同步形成的。宗教之所以与氏族和氏族制同步形成,正是氏族制社会需要的结果。由于智人阶段生产力的发展,也由于人类在漫长的血缘群婚制时代中逐渐意识到近亲婚配的不良后果,血缘群体内部通婚的内婚制便逐渐为不同血缘群体之间通婚的外婚制所取代。外婚制取代内婚制引起了社会结构的改变,导致了氏族和氏族公社制度的产生。

共同的血缘关系,共同进行的生产劳动,共同的生活,以及与其他原始人集团之间剧烈而频繁的斗争把氏族成员的命运紧紧地联系在一起。氏族和氏族制度在客观上自然而然地决定了其成员维护氏族公社内部的团结、保护其氏族的古老传统,这是氏族集团生存和发展的必要条件。在长期的历史发展中,逐渐形成了有利于维护氏族制度和氏族传统的社会性的活动和行为规范,以后又逐渐发展出氏族制社会本身和行为规范神圣化的宗教观念和宗教崇拜活动。迄今发现的人类最早的宗教遗迹是反映灵魂观念和亡灵崇拜活动的原始墓葬。前面说过,灵魂观念是最早的宗教观念,但从个人的灵魂观念发展为对亡者实体的墓葬,只有在氏族社会中才有可能。因为对尸体进行墓葬者必然是死者的亲人,这种对死者的亲近感和眷恋之情显然是在氏族公社的共同生活中长期培养起来的,是氏族传统长期积淀的结果。伴随着墓葬可能有氏族集体进行的仪式活动,其社会效果,当然会进一步加强氏族的团结,有利于氏族制的巩固。因此,有理由断定,与灵魂观念和亡灵崇拜有关的墓葬,是一种全氏族集团进行的宗教崇拜活动,它是适应维护氏族制的社会需要而产生的。正是由于这个缘故,宗教才能作为氏族和氏族制的伴生物与后者同步形成。

氏族社会是以血缘关系为基础的,氏族集团把自己氏族与其他氏族的不同归源于血缘上祖先的不同。为了强化这种差别,便把血统上的祖先说成是绝对相同的物种,并逐渐形成氏族发源史的神话,把这种血缘上的差别神圣化。在原始人对人与自然的界限朦胧未分的时代,氏族的祖先往往被认为是其他种类的动物,形成图腾崇拜,把图腾作为氏族的标志。图腾崇拜本质上是氏族制度在宗教上的表现,它既是宗教体制,又是社会制度。

二、在阶级社会里,阶级压迫是宗教产生和存在最深刻的社会根源

阶级剥削和压迫是阶级社会宗教产生和存在的最深刻的社会根源。在阶

级社会里,统治阶级的剥削和压迫,使得广大民众遭受苦难,但又找不到苦难的原因,他们无法摆脱世间的苦难,因而幻想通过对神灵的祈祷而获得来世的幸福。另外,统治阶级为了维护其统治,把世间的一切说成是神的安排,用永不可应验的来世的幻想来慰藉人们的痛苦心灵。在现代资本主义社会里,宗教的根源也主要是社会根源。资本主义的经济运行规律,使资本主义不断出现危机,资本家为破产、倒闭、遭受损失而负债恐慌,工人常常面临失业、贫困的危险。同时,社会道德的败坏、精神文明的沉沦,也使人们感到苦闷和抑郁。人们在整个社会的进程中不能完全掌握自己的命运,社会力量对人们来说仍然是不可捉摸和难以应付的。对资本主义生产方式盲目势力的恐惧,就是资本主义社会宗教存在的最深刻的根源。加上资产阶级为了巩固自己的统治地位,有意地扶植和利用宗教,更人为地巩固和加深了人们的宗教信仰。

在社会主义条件下,随着剥削制度和剥削阶级的消灭,宗教存在的阶级根源已经基本消失。但是,宗教产生和存在的社会根源依然存在,不可能很快消除,因此,宗教在社会主义社会里还将长期存在。关于这一点,我们在后面会具体分析。

第三节　宗教产生的认识根源

在自然力量和社会力量还是作为异己的力量压迫人的阶段上,人类对自然现象、社会现象以及人与自然和社会关系的认识都会存在很大的缺陷。一方面,人类的认识还很有限,不能从整体上、本质上把握自然界和人类社会,也不能清晰地把握人与自然、人与社会之间的关系;另一方面,人类的认识还有许多错误,即使已经获得的认识也还有许多不正确、不科学的因素。人类对于自身的自然、外部的自然以及社会的认识还包含许多主观臆测的成分。所有的这些因素,对于宗教的产生都有着重要的作用。

一、认识水平的限制是宗教产生的认识根源

认识水平的限制是人类产生宗教的认识论根源。由于时代的局限,每个时代的人们只能有与其时代相适应的认识水平。"人们对自然界的狭隘的关系制约着他们之间的狭隘的关系,而他们之间的狭隘的关系又制约着他们对自然界

的狭隘的关系"。① 在原始社会,最初的人类思维极不发达。随着劳动工具的使用和改进,原始人的意识也在向前发展,逐渐地从具体的、个别的感官印象中概括出概念。但由于思维受到现实的限制,人们还无法认识现实的整体和复杂性,对自然界很少有一般性的观念,他们的头脑中只有某座山、某条河、某种动物的观念,而没有一般性的山、河、水、动物的观念。人们就是这样从个别的、具体的观念出发,来看待周围的物质世界和自身。这种简单的、抽象的思维的具体性,一开始就带有产生宗教观念的可能性。直观地、片面地、孤立地观察自然界,过分夸大"现实威力",用幻想和虚构来描述变化莫测的大自然,这是原始宗教在认识论上的突出特点。原始人把这些一般的单个概念和观念当作独立的、富有生命力的并且超越人间的另一个"世界"。人们对大自然中的动植物、山川、大河、各种变幻无穷的天气等自然物与自然现象,对自己的精神活动和机体活动,对生与死,对偶然性与必然性等不能认识,在他们的意识活动中,似乎有两个世界存在,除了作用于感觉器官的物质世界之外,还有另一个人们根本感触不到的神灵世界,而且这个神灵的世界在支配着物质世界。

二、错误的认识也是宗教产生的重要原因

"宗教是在最原始的时代从人们关于他们本身和周围的外部自然界的错误的、最原始的观念中产生的。"②这一点,从本章第一节所引用的恩格斯在《路德维希·费尔巴哈和德国古典哲学的终结》的阐述中可以看得很清楚。远古时代人们的灵魂和神灵观念正是从对自己的做梦现象以及对自然现象的错误认识中产生的。

人类认识自然和社会有一个从不知到知,知之不多到知之甚多,从简单认识到复杂认识的过程,在这个过程中,有正确的认识,也会有错误的。错误的认识有可能使抽象的概念、观念不知不觉地转变为幻想,导致宗教观念的产生。

第四节　宗教产生的心理根源

作为宗教核心成分的宗教观念,其产生有着复杂的心理因素。上述所阐述的自然根源、社会根源和认识根源,都需要一定心理加工过程而起作用,因而,

---

① 马克思恩格斯全集:第3卷[M].北京:人民出版社,1963:35.
② 马克思恩格斯选集:第3卷[M].2版.北京:人民出版社,1995:519-520.

任何一种宗教观念,都是心理的产物。因此,宗教的产生和存在,除了上面所说的三个根源以外,还有第四个根源,那就是心理根源。探索宗教产生的心理根源,一直是许多人的兴趣所在。美国宗教心理学家梅多把有关宗教心理根源的观点归纳为三类:认知理论、情绪理论和意动理论。①　除此之外,还有人性理论。

一、认知理论

关于宗教起因的认知理论主要有两种:

第一种理论认为,因为人们不能理解自己的种种经历体验,他们不断思索,并创造出各种导致宗教信仰的解释,于是宗教便开始出现了。斯宾塞和泰勒的观点比较具有代表性。斯宾塞认为,早期的人类基本上是理性的,但他们把梦境当作真实的经验。他们逐渐认为自己具有二重性:肉体的存在与"自我身影"(shadow-self)。因为经常在梦中遇见已经死去的人,这就使他们相信,人死之后"自我身影"继续活在另一种状态之中。泰勒认为,当早期人们想到死亡、疾病和梦幻时,他们断定这些现象可以用一些非物质的实体(灵魂)来说明。灵魂被认为可脱离肉体,并优越于肉体。灵魂能超越人的局限性并且独立于肉体而存在。梦的经验——灵魂摆脱肉体后的游荡——证实了这一点。人们断定所有物体都具有灵魂,这种被称为万物有灵论的信息导致了这样的看法:众神栖居于诸如树木、岩石之类的自然现象之中。万物有灵论最后发展成为对一个终极实在或者上帝的信仰。另一些学者不同意上述说法,他们认为,灵魂概念来自把实际上并不存在的人或物形象化的才能。这种鬼怪或灵魂的概念使人们把上帝看作是卓越超群的人的灵魂合成物。宗教仪式或戒律也随之产生,它们用来对付与这些信念相关的恐惧。

第二种理论稍微复杂一些。一些学者认为,早期人类那种非常单纯、模糊的思维导致了宗教解释的产生。例如,列维-布留尔认为,早期人类不具有逻辑思维,他们能够接受理性思维所不允许的矛盾。原始人感到自己受制于各种不可知的力量,这些力量的表现形式是没有系统的、紊乱的。他们认为,这些神秘的力量是真实的,并且不断地作用于他们的生活。虽然列维-布留尔后来放弃了他关于非逻辑思维和逻辑思维之间的区分,但许多人依然坚持认为原始人是非理性的,而宗教就是这种非理性思维的产物。

---

①　这一部分内容主要参阅:玛丽·乔·梅多,理查德·德·卡霍.宗教心理学[M].成都:四川人民出版社,1990.

列维-斯特劳斯认为,早期人类难以进行抽象思维,也难以看清事物之间的联系。他们便以日常生活中对具体事物如树木、岩洞和动物等的经验来代替这些思维活动(人在梦中就是这样做的,具体的物体代表着人的思想)。围绕这些物体,人们建立了种种神话和仪式。这种象征系统使人们能够掌握这些物体所代表的概念。具体事物之间的关系被用作解释其他类型关系的模式。比方说,雨和大地之间的关系描述了男人和女人之间的关系。由于这样的解释很恰当,被选中的事物就逐渐被视为具有神圣性。

二、情绪理论

宗教起源的情绪理论同样可以分为两类:一些理论家认为,宗教从无意识的恐惧和需要发展而来;另一些理论家则说,宗教来源于对那些极其强烈情绪的有意识的体验。

坚持第一种理论的是精神分析学派的创始人弗洛伊德。弗洛伊德认为,宗教的产生,是因为人们难以忍受人类长大成人之后所必须面对的严酷现实。当身处困境的时候,人们宁愿相信有一个万能的"父亲",他能对付那些有害的力量,并向他们保证一切都会平安无事。在《图腾与禁忌》一书中,弗洛伊德对宗教的起源进行了推测:在史前期,强有力的原始父亲控制着所有人。他们把其他男人(即他们的儿子)控制在自己的权力之下,并且占有所有的女人。有一天,被控制的儿子们愤怒地聚集在一起,杀死了他们的父亲。尽管他们起初对自己的自由感到高兴,但后来就开始怀念由死去的父亲所提供的那种安全感和有条不紊。于是他们将某个动物神化——称之为图腾——并把它当作死去的父亲一样崇拜。人们认为图腾施行着父亲强制施行过的伦理限制:避免混乱的性生活以及群体内部的严重纷争。在其后来的《摩西与一神教》中,弗洛伊德把自己有关宗教发展的观点延伸到犹太教和基督教的传统之中。

马林诺夫斯基对宗教的起因进行了类似的心理学方面的解释。他说,当人们在生活的危机中感到恐惧时,宗教礼仪便作为宣泄情感和控制忧虑的一种方法而产生了。弗洛伊德理论的另外一个方面,即宗教起源于绝对的依赖感,则可以在施莱尔马赫的观点中找到。

持第二种观点的学者有马雷特。马雷特指出,令人敬畏的体验会产生出强烈的情绪反应,而且往往会伴之以生动的、自发的动作或手势。在这种情况下,人们会把无生命的物体当作有生命的东西。(例如,你偶然被一把椅子绊倒,你就会踢它一脚,似乎它应该负责)根据马雷特的观点,人们对强力的感受,会导致身体活动，并发展成舞蹈和仪式。而这些仪式又导致了这样的想法，即人对藏匿于令人敬畏的体验后面的某种生命或精灵做出反应。马雷特宣称，物活论（认为物体是活着的）先于万物有灵论（信仰精灵）。麦克斯·缪勒也认为，宗教起源于面对自然而产生的敬畏和恐惧。敬畏导致崇拜，恐惧导致赎罪。自然物体引起了一种无限的感激，并且成了这种无限的象征。这种象征的拟人化以及宗教神话也就随之产生了。总体来说，宗教的"种子就是对无限性的感觉"。奥托同样认为，对"完全异己"的直接感受产生了恐惧、忧虑、迷惑和魅力，它是宗教的基础。这些感受，奥托称之为"对神既敬畏又向往的感情交织"。

三、意动理论

意动理论着重探讨人类力图获得力量以支配万物的欲望。这里所说的支配万物既包括支配自然过程（即试图改变事物或事件），也包括社会控制（即操纵人或社会），许多现代的心灵学和秘术①都具有类似的动机。其代表人物分别是弗雷泽、杜尔凯姆和雷丁。弗雷泽曾谈过知识发展的三个阶段：巫术、宗教和科学。人们早已企图用巫术来控制自然。当巫术偶然出现如意的结果时，巫术和迷信行为便自然地把这视为一种理所当然之事。（一则故事说，有一个住在大城市的人，他小心翼翼地在门前的石阶上撒上灰粉。一位朋友问他："你为什么这样做？"那人回答："把老虎赶走。"他的朋友不以为然地说附近并没有老虎。那人微笑着说："对呀，我这办法很灵，不是吗？"）迷信活动能够很容易成为一种仪式，并给予人们一种支配感。当巫术不灵验的时候，人们就认为必须靠能够并且愿意帮助人们的神来控制事态的进程，只要求神的方法恰当。于是人们便发展了祈祷、献祭、礼仪，诱使神来援助他们。弗雷泽说，随着科学的发展，人们日益靠科学来控制自然，最终将不再需要宗教。杜尔凯姆认为，原始人深知他们只能靠群体而生存，绝对不能单枪匹马。由于很难抽象地设想社会，一种象征性的东西——图腾——便被选出来作为社会的代表。围绕着图腾而进行的各种集体仪式唤起了人们内心深处的道德认同感。宗教就从这种以赞颂和支撑社会为目的的需要中产生了。雷丁认为，社会的强者制造宗教，以便把弱者置于他们的控制之下。弗洛伊德强调一个社会必须安抚一般的黎民百姓，以补偿社会生活中所强加于他们的苦难和困乏。他说，宗教通过给人们以教规的约束，根据人们遵守教规的行为来颁赐天国的报偿，实现了宗教对社会的控制。

---

① 即神秘或玄奥之学术，如占星术。

四、人性理论

除了上述三类关于宗教产生的心理根源说明以外，还有一些学者倾向于从人性出发，去探究宗教产生的根源。这一类观点也可以分为两种：第一种认为宗教是人的本能反应，第二种认为宗教是人种进化的产物。

(一)本能理论

贾斯特罗认为："毫无疑问，宗教的本能是……天赋的。"①另外一些人认为，宗教渊源于一种强烈的、本能的生存愿望，这种愿望产生于从那可怕的命运中拯救自己的要求。"宗教是对我们的有限的境遇的反应……如同惊愕或惊悚一样属于一种本能。"②

卡尔·荣格也宣称，宗教经验的结构深深地扎根在人的心理之中。每个人心中的原型（一般的象征模型）包含着人类所有的经验和痕迹，并有助于人们支配那种不完全理解的经验。原型的象征通常具有宗教的内涵。

(二)新进化理论

唐纳德·凯普贝尔在美国心理学家协会的演讲中说，人的生物进化实际上在很早以前就达到了一种限度。如果我们要继续向前发展，就必须通过社会的进化。在进化史上起着适应作用的生物自私倾向，对于现在人类的进步是有害无益的。传统的道德和宗教主张以极端的道德要求来抗衡自私的生物学。人们被生物方面的强烈的欲望拉向一方，而被宗教和道德的要求拉向另一方，这样人们更接近于社会协调合作的最佳水平。凯普贝尔以机械的形式描述了这些相互关系。

伯霍根据遗传学、神经生理学的解释，对宗教礼仪和信仰的起源也曾加以猜测。他认为人脑的本质和复杂的现实需要宗教。在关系紧张的情况下，宗教的实践和信仰便应运而生或发生变化，成为采取有效行动的指导力量。宗教仪式的行为来自于与情感反应密切相关的大脑的原始纵深层次。（注意：这同马雷特与缪勒的观点相似）近年来对随人类大脑的演化而发展起来的宗教神话和宗教信仰的研究，为宗教仪式提供了合理的解释。随着知识的积累，人们利用逻辑把这些观点变成了神学。

---

① 转引自：玛丽·乔·梅多，理查德·德·卡霍.宗教心理学.成都：四川人民出版社，1990：12.
② 转引自：玛丽·乔·梅多，理查德·德·卡霍.宗教心理学.成都：四川人民出版社，1990：12.

当人类出现语言时,大脑的两个半球开始专业分工。左脑控制语言、逻辑、理性和分析。右脑专门负责综合和把握现实的直觉的方面。因此,大脑的一半是"理性的",而另一半则并非如此。宗教仪式、象征、神话和祷告主要是以大脑的右半球为中介而起作用。神学和规范化了的宗教是由于大脑左半球的作用所致。根据伯霍的观点,宗教是人性所固有的部分,并由于它具有适应于大脑两半球的整合作用,不可能全都是合理的。

上面讲的这些关于宗教产生的心理根源的说法有一定的合理性,因为它们从不同角度揭示了宗教产生的心理根源的某些方面。确实,宗教是一种精神产品,任何自然的、社会的和认识论的因素,最终都需经过心理加工才能形成一定的宗教观念。但是它们都夸大了心理因素在宗教产生过程中的作用,而忽视了自然、社会这些客观因素的决定性作用。毫无疑问,宗教产生的心理根源是和认识根源相伴相生的,而认识根源和心理根源都是自然根源和社会根源的反映。至于人性理论把宗教的产生归结为人的本性,这既不科学,也违背事实,因为他们称之为人性的东西本身都是社会历史的产物,而人类历史的大部分时光是没有宗教这种现象的,即使进入文明社会之后,依然有许多人是不信仰宗教的。

参考文献

1.马克思恩格斯选集:第1-4卷[M].北京:人民出版社,1995.

2.吕大吉,高师宁.马克思主义宗教理论研究[M].北京:中国社会科学出版社,2011.

3.吕大吉.西方宗教学说史[M].北京:中国社会科学出版社,2005.

4.吕大吉.宗教学通论新编[M].北京:中国社会科学出版社,1998.

5.吕大吉.宗教学纲要[M].北京:高等教育出版社,2003.

6.卓新平.宗教起源纵横谈[M].长沙:湖南人民出版社,1999.

7.金泽.宗教人类学导论[M].北京:宗教文化出版社,2001.

8.陈荣富.马克思主义宗教观研究[M].成都:四川人民出版社,2008.

9.段德智.宗教学[M].北京:人民出版社,2010.

10.[英]泰勒.原始文化[M].连树声,译.桂林:广西师范大学出版社,2005.

11.[英]弗雷泽.金枝[M].徐育新,汪培基,张泽石,译.北京:新世界出版社,2006.

12.[美]玛丽·乔·梅多,理查德·德·卡霍.宗教心理学[M].成都:四川人民出版社,1990.

思 考 题

1.宗教是伴随着人类社会的产生而产生的吗?

2.灵魂观念是怎么产生的?

3.“宗教是一种心理产物”,这种说法正确吗?

第三章　宗教是怎样演进的

　　关于宗教的演进,学者们提出了各种看法。18世纪法国唯物主义哲学家霍尔巴赫反对基督教起源于上帝启示的说法,提出宗教的发展有三个阶段,即拜物教、多神教和一神教。三种类型的宗教分别代表了人类宗教由低级到高级的三种不同形式。黑格尔从对绝对精神的认识出发,把宗教的发展看成是绝对精神自我发展的不同阶段,认为宗教从自然宗教发展到向自主的、主观的意识过渡的宗教,最后到绝对宗教,即基督教。

　　马克思主义基于历史唯物主义的基本观点,认为宗教的演进是由社会存在尤其是物质生产方式的发展决定的,因此,必须把宗教的演进放到社会历史进程中去理解,而不能把它看成独立于社会物质生活的精神的自我演化过程。在《德意志意识形态》中,马克思和恩格斯对这种看法做了如下表述:"从直接生活的物质生产出发来考察现实的生产过程,并把与该生产方式相联系的、它所产生的交往形式,即各个不同阶段上的市民社会,理解为整个历史的基础;然后必须在国家生活的范围内描述市民社会的活动,同时从市民社会出发来阐明各种不同的理论产物和意识形态,如宗教、哲学、道德等等,并在这个基础上追溯它们产生的过程。"也就是说,宗教和其他意识形态一样,归根到底是社会的物质生产方式的反映,物质生产方式中的生产关系(交往形式、市民社会)是社会的经济基础,它决定了包括宗教在内的意识形态的发展。

　　恩格斯对这种观点做了进一步阐释,并把它应用于对宗教演进的理解:"古代一切宗教都是自发的部落宗教和后来的民族宗教,它们从各民族的社会和政治条件中产生,并和它们一起生长。宗教的这些基础一旦遭到破坏,沿袭的社会形式、继承的政治结构和民族独立一旦遭到毁灭,那末与之相适应的宗教自然也就崩溃。"①在这段话中,恩格斯提出了部落宗教和民族宗教的概念,并认为:"这样在每一个民族中形成的神,都是民族的神,这些神的王国不越出它们所守护的民族领域,在这个界限以外,就由别的神无可争辩地统治了。只要这些民族存在,这些神也就继续活在人们的观念中;这些民族没落了,这些神也就随着灭亡。"恩格斯紧接着又提出了世界宗教的概念,他说:"罗马曾企图除本地的神以外还承认和供奉一切多少受崇敬的异族的神,这种企图清楚地表现了拿一种世界宗教来充实世界帝国的需要。但是一种新的世界宗教是不能这样用皇帝的敕令创造出来的。"②这里,恩格斯虽然没有明确说明世界宗教的内涵,但是他把世界宗教和世界帝国放在一起表述,并且认为前者是为了适应后者的需要而出现的。显然,世界宗教同世界帝国一样超越了民族范围,有了世界性的特征,基督教就是这样一种世界宗教。恩格斯所提出的部落宗教、民族宗教和世界宗教的看法,后来成为马克思主义对于宗教发展问题的比较有代表性的观点。

第一节　氏族—部落宗教

原始社会是人类社会发展的第一个阶段,其基本的形态是氏族—部落社会,并大体上经历了从母系氏族社会到父系氏族社会的过渡。在旧石器时代的早期和中期,人类通过血缘家族的形式组成了一个个固定的群体,家族内部同辈之间两性通婚。到旧石器时代晚期,随着生产力水平的发展,家族内部的通婚逐渐被族外婚所取代,相互通婚的两个氏族形成了部落。在母系氏族社会阶段,人们只知其母不知其父,妇女在社会生活中有较大的决定权。到新石器时代晚期,随着农业和畜牧业的发展,男性在氏族社会中的地位不断提高,逐渐取代了女性成为氏族首领,进入了父系氏族社会阶段。在原始社会的氏族部落阶段,人类已经出现了灵魂观念,并且有祖先崇拜、图腾崇拜等原始的宗教信仰。

一、灵魂观念

一般认为,人类开始有意识地对死者进行安葬,并用各种生活用品进行陪

---

① 马克思恩格斯全集:第19卷[M].北京:人民出版社,1963:333.
② 马克思恩格斯选集:第4卷[M].北京:人民出版社,1995:254-255.

葬,意味着人类开始有了与肉体相对的灵魂观念。从目前考古学的发掘看,尼安德特人是距今 28000～20000 年前生活在欧洲及中亚西南部一带比较接近今天人类的一个人种,他们是最早开始这种安葬死者活动的早期人类。爱德华·泰勒在《原始文化》一书中对这一问题进行了系统深入的分析。他认为,处在低级阶段的能够独立思考的人类,从两类现象中认识到了不同于肉体的灵魂的存在:第一,是什么构成了生与死的肉体的差别? 当人刚刚死去的时候,他的肉体和生前似乎并没有大的不同,但是为什么一个有生命,而另一个无生命? 第二,在人的梦境中出现的人的形象是怎么回事? 早期的人类在对这两类现象不断的反思中,感觉或者模糊地意识到了存在着一个不同于肉体的东西,这个东西决定人是生还是死,这就是人的灵魂。所谓灵魂,在泰勒看来,就是不可捉摸的虚幻的人的影像,按其本质来说虚无得像蒸汽、薄雾或阴影;它是赋予个体以生气的生命,它可以从一个肉体转移到另一个肉体。它摸不到、看不见,但是却可以显示出类似物质的力量。[①]

从人类的肉体来看,心的跳动和人的生命是联系在一起的。很多地方的土著倾向于将人的心脏和人的灵魂联系在一起,作为人的生命的一种标志。比如,加勒比人使用同一个词来表述"灵魂"、"生命"、"心"这三个概念。汤加人认为灵魂遍布全身,但主要被关在心中。巴苏陀人谈到人死的时候会说"他的心走了",而当人病愈后,则说"他的心回来了"。同样的道理,因为人的呼吸和人的生命也有密切的联系,原始人也把灵魂和人的气息联系起来。澳大利亚的土著用"瓦乌格"来指称呼吸、精灵和灵魂,美国加州的印第安部落内特拉人,则用"皮乌茨"来表示生命、呼吸和灵魂。马来人则认为死人的灵魂通过他的鼻孔出来。从各种人类学、民族学的调查事实看来,虽然各地的土著对于灵魂有不同的描述,但是有一个共同的事实,就是他们都把灵魂视为生命之源,把生命的机能看作是灵魂的作用。

从梦境和幻觉的体验的角度看,原始人类对于灵魂观念的认识更进一步,不仅明确了灵魂可以脱离身体而独立活动,而且认为灵魂的形象就是梦幻中的影像。比如,北美印第安人认为,梦就是熟睡的人的灵魂访问在梦中出现的人的灵魂或者参观在梦中出现的事物。斐济人认为活人的灵魂可以离开肉体,在梦中去骚扰别人。澳洲的土著认为不应该触怒灵魂,否则它就会抛弃身体不再回来。因此,如果人睡着的话,不能一下子叫醒他,要给灵魂回归肉体留出时

---

① 爱德华·泰勒.原始文化[M].上海:上海文艺出版社,1992:416.

间。印度一些地方的人也认为,在人入睡的时候不能改变人的外貌,否则灵魂
会找不到自己的寓所,人就会死去。因此给睡眠者脸上涂颜色或画胡子等,就
如同犯了杀人罪。

在泰勒看来,原始人类除了认识到人有灵魂外,也将灵魂观念外推到其他
动物、植物身上,因为它们与人一样有生命,有生长和死亡的周期,因此灵魂也
存在于它们身上。比如,婆罗洲岛上的达雅克人认为,稻子有稻魂,为了让稻魂
留在自己这里,他们举行特别的仪式,以获得丰收。如果稻子长得不好,就如同
人生病时灵魂暂时离开一样,也是因为稻魂离开了稻子造成的。

关于人的灵魂观念,原始人的另一个重要观念是灵魂可以独立于肉体而存
在,以及由此产生的灵魂迁移问题。人的灵魂在死后不仅能够迁移到其他人身
上,甚至可以迁移到低等动物身上。比如,温哥华岛上的土著认为,活人的灵魂
能够进入别人和动物的身体中。在巴西的伊桑部落印第安人看来,勇敢者的灵
魂会变成美丽的鸟,胆小鬼的灵魂则会变成爬虫。

二、图腾崇拜

"图腾"一词源自北美印第安人的奥季布瓦语"totem",意思是"他的亲族"。
该部落相信每个人都有一个保护自己的精灵,他们以某种兽类为形象,这就是
自己的图腾。他们不杀害或食用作为自己图腾的那种动物。后来,宗教学者和
民族学者在世界不同的地区氏族社会中都发现了类似的图腾崇拜。通常被一
个氏族称作图腾的物(多为动物,如熊、狼、鹿、鹰)就成为这个氏族的标志,而且
认为它对氏族有庇佑和保护的作用。作为图腾的动物或植物成为全氏族的忌
物,一律禁杀禁食,并且对它举行崇拜、祭祀的仪式,以促进这种图腾的繁衍。
这就是在原始氏族社会时期存在的图腾崇拜。

英国著名的人类学家弗雷泽对图腾崇拜的特征有过比较权威的说明:"图
腾崇拜是半社会半迷信的一种制度,它在古代和现代的野蛮人中最为普遍。根
据这种制度,部落或公社被分成若干群体或氏族,每一个成员都认为自己与共
同尊崇的某种自然物象——通常是动物或植物——存在血缘亲属关系。这种
动物、植物或无生物被称为氏族的图腾。每一个氏族成员都以不危害图腾的方
式表示对图腾的尊敬。这种对图腾的尊敬往往被解释为是一种信仰,按照这种
信仰,每一个氏族成员都是图腾的亲属,甚至是后代,这就是图腾制度的信仰方
面。至于这一制度的社会方面,它表现在禁止同一氏族成员之间通婚,因此,他

们必须在别的氏族中寻找妻子或丈夫。"①这段话中有两个核心内容：一是禁止杀害和食用被奉为图腾的动物或植物，二是禁止同一图腾内的通婚。

对于图腾崇拜的起源，学者们进行了深入的讨论，主要有以下几种说法：第一种说法从图腾名称解释图腾崇拜起源。英国学者斯宾塞认为，原始人有给人起动物绰号的习俗，随着时代的变迁，后人不理解祖先名称的由来，于是把本来作为绰号的动物当成了祖先，相信自己是某种动物的后代，比如祖先绰号为老虎的，后代便以为他的祖先是真正的老虎。于是开始崇拜某种动物，并对某种动物产生了禁杀、禁吃的禁忌，于是图腾崇拜就出现了。斯宾塞由此认为，图腾崇拜是一种被误解了的祖先崇拜。② 这种说法明显证据不足，不能自圆其说，受到了很多学者的批评。第二种说法以人死后灵魂存在来解释图腾崇拜的起源。弗雷泽认为，人的灵魂可以出现在体外或附着到某种动物、植物或无生物中，原始人为了保证自身安全，便把可能寄存着亲族灵魂的某类动物当成神圣对象，为保全附着在动物身上的灵魂，便把该种动物视为禁忌对象。这种说法的最大问题在于体外灵魂的观念出现在比较晚的时期，应该属于图腾崇拜所衍生出的观念，而不是产生图腾崇拜的原因。第三种说法认为俄狄浦斯情结是图腾制度的来源。弗洛伊德认为，氏族群体中的一位暴烈而又充满嫉妒的父亲独占了所有的女人，并将长大的儿子全部赶了出去。有一天，被父亲驱逐的弟兄们聚在一起，杀死并分食了父亲。通过分食父亲，也完成了对他的认同作用，他们每个人都获得了他一部分的力量。由于弑父所产生的罪恶感，导致他们禁止屠杀和食用作为父亲象征的图腾。由此有了图腾崇拜的第一个内容：禁止屠杀和食用图腾物。虽然他们联合杀死了父亲，但是在女人占有的问题上仍然是对手，如果他们继续互相争夺女人，那么就会对社会组织造成破坏。这种危机在多次经历之后，他们选择了全部放弃他们想要得到的女人，这些女人也正是他们与父亲决裂的主要动机。由此有了图腾崇拜的第二个内容：乱伦禁忌。③ 显然弗洛伊德把自己的精神分析理论应用在了对图腾崇拜的分析上。第四种说法从社会学的角度对图腾崇拜起源进行解释。杜尔凯姆认为，图腾是氏族本身的象

① J G 弗雷泽.家庭和氏族的起源.转引自：[苏]海通.图腾崇拜[M].何星亮,译.桂林：广西师范大学出版社,2004:2.

② [苏]海通.图腾崇拜[M].何星亮,译.桂林：广西师范大学出版社,2004:第四章　图腾崇拜的起源.

③ [奥]弗洛伊德.图腾与禁忌[M].上海：上海人民出版社,2005:第四章　图腾崇拜在童年时期的再现.

征,也就是社会本身的象征。原始人把凌驾于个人之上的社会视为一种对自己有绝对控制力的神秘力量,人格化为神或图腾,图腾崇拜就是社会神圣化后的结果,也是对社会本身的崇拜。

三、祖先崇拜

祖先崇拜是原始社会时期人们对血缘关系上的祖先、氏族领袖等的敬畏、仰慕与崇拜,以及由此带来的祭祀活动。广义上说,图腾崇拜也是祖先崇拜的一种形式。祖先崇拜的产生可能有多种多样的原因,一种可能的原因是人们认为逝去祖先的灵魂仍然存在于世间,和活着的后代之间有着持续的关系,或者庇佑他们,或者惩罚他们;另外一种可能的原因是社会学的,即在原始社会,个人力量相对于氏族来说十分渺小,连自身安全和起码的生存都无法保证,因此需要氏族以群体的形式来保卫自身。具有血缘关系的氏族内部对祖先的共同敬畏和崇拜,保证了本氏族集体的认同感,并且和其他氏族区别开来。

祖先崇拜在氏族社会发展的不同时期表现为不同的形式,大致有女性祖先崇拜、男性祖先崇拜两种形式。女性祖先崇拜主要存在于母系氏族阶段。当时,女性在社会生活中居于主导地位,由此形成了对女性祖先的崇拜,主要表现在女性始祖神话和女性祖先崇拜的观念中。女性始祖神话大多与图腾观念相混合,一般表现为女性始祖和某种动物、植物等发生交感后,孕育了某个氏族,形成了某个民族的起源。比如,在中国流行的女娲抟土造人说,西伯利亚的乌德人、道尔干人认为其来源于女性始祖和熊交配所生的后代。这些神话传说广泛存在于世界各地许多民族的氏族起源神话中。这类神话中虽然也有作为氏族图腾的某种动物、植物或其他自然物的出现,但是女性在氏族起源中的地位更加重要。女性祖先崇拜还表现在其在维系氏族生殖和繁衍中所起的作用上,存在于世界各地的"女神"雕像或陶塑就是这种观念的体现。比如,法国拉塞尔山洞女雕像,右手持牛角,左手按在隆起的腹部。前者是主持宗教仪式的象征,后者是生殖的象征。在原始人的生活中,宗教仪式和种族繁衍无疑是两个重要事项。在我国辽宁的红山文化中也发现了一批女性雕塑,根据推断,大致为氏族祭祀对象。

男性祖先崇拜是随着母系社会向父系社会转变而出现的。就中国而言,祖先崇拜是自龙山时代至三代社会的最主要的原始宗教信仰。[①] 在新石器时代晚期，我国出现了对男性生殖器——"祖"的崇拜。在甲骨文和金文中，"祖"字作"且"，是男性生殖器的象形字。根据考古资料，在我国仰韶文化和龙山文化时期，已经出现了的陶祖或石祖。并且在全国各地处于父系氏族社会文明的几个文化遗址中，也都发现了陶祖或石祖。在一些墓葬中，男女的地位也发生了变化，如山东大汶口墓地中的男女合葬墓，呈男左女右的规律排列，且在男性一侧的随葬品要多一些。国外的人类学和民族学调查资料也可说明，祖先崇拜广泛存在于原始氏族社会中。比如在非洲，瓦查加人把祖先分成左右两边，右边为首的是父亲的祖先，权力要大些；左边为首的是母亲的祖先。他们认为，自己的一切灾难都与祖先相关。

四、自然崇拜

自然崇拜就是把自然现象、自然物等当成具有神秘力量的对象加以崇拜和祭祀的宗教活动。这种活动开始于人类社会的早期时代，一直延续到今天，是宗教现象中最为普遍的一种。早期的很多宗教学者把自然崇拜视为人类最初的、最原始的宗教形式，但是经过麦克斯·缪勒和泰勒的批驳，这种观念已不再为人所接受。缪勒在《宗教的起源和发展》一书中，明确指出拜物教不是宗教的最原始形式。他认为，当我们发现未开化的部落把石头、骨头和树看成是他们的神时，是什么使他们感到惊异呢？肯定不是这些自然物本身，不是受崇拜的自然物本身，而是它们所代表的东西，即神或无限。换言之，在对自然物崇拜之前，人类一定先有了灵魂等观念，万物有灵才会导致对自然物的崇拜。

自然崇拜随人类对自然认识和征服水平的不同而有不同的崇拜对象。在以渔猎为主的原始社会中，自然崇拜的对象是直接和渔猎活动相关的自然对象，是对威胁人们捕猎活动和日常生活的各类猛兽、渔猎对象所生活的山林及河流的崇拜。比如，爱斯基摩人多数都相信海洋的主宰之神为至尊精灵，我国的鄂伦春族相信和崇拜山神"白那查"，认为他是人们狩猎能否成功的关键，必须对他进行祭拜和供献。而在以畜牧和农业经济为主的原始社会中，自然崇拜的对象有所变化，畜牧民族和从事农业经济的原始人的自然崇拜对象除常见的山林之神、湖河之神、水草之神外，最有特色的是崇拜以天神为中心构成的影响

① 徐良高.祖先崇拜：古代中国的主要宗教信仰[M]//孟慧英.原始宗教与萨满教卷.北京：民族出版社，2007.

人们生产生活的天气系统,比如对天神、太阳神、月神、风神、雷电神等的崇拜。麦克斯·缪勒认为印度吠陀经典中的梵文"特尤斯比特"和希腊文中的"宙必特",以及拉丁文的"丘必特"的源头都是"天父"之意,表明这三种语言在没有分开之前就已经有了对天神的崇拜。

第二节　国家—民族宗教

原始社会末期,随着私有财产的出现,氏族制度开始解体,形成了氏族联盟或部落联盟,早期国家形态出现,于是在宗教内部也出现了信仰对象的等级化及宗教的特权阶层,原始氏族部落社会中的祖先崇拜、图腾崇拜等逐渐演化为国家—民族宗教,具有不同于以往的特点。

一、国家—民族宗教的产生

民族学和人类学的研究表明,在宗教发展历史上,最早由氏族—部落宗教过渡到国家—民族宗教的民族,通常也是创造古代文明的民族。在西亚的两河流域、北非的尼罗河流域、中国的黄河—长江流域、印度的恒河流域,伴随着文明的发展,国家—民族宗教作为古代文明的重要组成部分,也逐渐产生和出现。

在西亚两河流域,古代巴比伦宗教的演化大致经历了三个时期:公元前4000年前,当地人所信仰的对象多数为自然力的异化,比如为了保证农业生产的丰收而信奉丰产神。公元前4000年到公元前2000年,自然神逐渐向人格神演变,众神在天国世界各司其职。第三阶段为公元前2000年后,随着古代巴比伦等地民族军事实力的增强和政府区域的扩大,具有地方和民族特色的神灵逐渐扩大了权利范围。祭司们编造创世神话,把巴比伦城的保护神马尔都克说成是创世之主。

在古代印度,公元前2000年左右,形成了吠陀神话,吠陀神灵大致分天、空、地三界。天界为日月星辰之神,空界为风雨雷电之神,地界为山川草木之神。三界之神轮流主导,并没有完全定于一尊的神灵,是为"轮换主神教"(麦克斯·缪勒语)。但随着雅利安人建立城邦国家后,这种以自然神灵为主的信仰体系,逐渐发生了变化,形成了"统一万有,主宰一切"的高位神概念。比如,在《原人歌》中提出了原人作为世界的本体,由此产生了天界、空界和地界的一切。吠陀晚期的这一观念标志着原始的吠陀宗教转变为民族—国家形态的婆罗门教。

在古代中国,夏商周三代时期,基于血缘关系的原始氏族祖先崇拜活动,逐渐变成了一套复杂的"宗法性传统宗教"(牟钟鉴语)。殷人把自己祖先神格化,认为他们死后生活在上帝左右,是人和上帝的中介。周代更有完善的宗法等级制度,有大宗、小宗之分,有不同的宗庙祭祀制度,形成了影响中国数千年的带有世俗特征的国家—民族宗教。

二、国家—民族宗教的特点

国家—民族宗教具有不同于氏族—部落宗教的特点,主要表现在以下几个方面。

第一,全民性。国家—民族宗教是某一特定民族所信仰的宗教,本民族的全体成员都信仰这种宗教。而这种宗教也必然和本民族的语言、文化有着一致的关系,是本民族精神的体现方式之一。比如,犹太教的全民性就特别明显。公元前 2000 年左右,在美索不达米亚平原的幼发拉底河西岸,有个叫乌尔城的地方,城中有一个部落,他们崇拜多神,但是其部落神雅赫维(YHWH)所受的崇拜最多。后来,雅赫维和亚伯兰立约,让他改名为亚伯拉罕,意为"多国的父",并且声明"我要坚守我跟你并你世世代代的子孙立的约,作永远的约,我要做你和你子子孙孙的上帝",同时要求所有的犹太男性必须受割礼,从肉体上来表明这个约定的成立。"不受割礼的男子,必从民中剪除,因为他背了我的约。"由此,犹太教初期的一神信仰基本定型,而犹太教和犹太民族之间特殊的选民观也得以奠定。

第二,国家化。国家—民族宗教的另一个特点就是君权和神权的结合,宗教和国家权利合一。比如在古代中国,上天崇拜、祖先崇拜以及社稷崇拜构成了中国传统宗教信仰的核心,以"敬天法祖"为基本信仰,天子祭天、族长祭祖,既具有国家性质,又有全民族的特点。中国的这种宗法制信仰中对于天的信仰起源于尧舜禹时代,在殷时得到进一步明确,周代时上天作为至上神不仅仅是一个外在的主宰者,而且也和周王之间有了血缘的关系,周王是天的儿子,称为"天子",祖先崇拜和天帝崇拜合二为一。[1]"王者所以祭天帝何? 王者父事天,母事地,故以子道事之也。"(《五经通义》)从天子开始,然后贵族、诸侯,至普通百姓都有不同的祭祀对象,如同一个大家族一样。

---

[1]　吕大吉.宗教学通论新编[M].北京:中国社会科学出版社,2010:448-449.

第三,宗教教义的系统化和理论化。国家—民族宗教同早期的氏族宗教的一个重要区别在于宗教崇拜和信仰的理论体系逐渐建立。原先祖先崇拜、自然崇拜中存在的自发性与本能性内容,经过理论化和系统化后,既和本民族的起源相关联,又塑造了国家政治存在的合法性,逐渐制定了比较规范的宗教戒律、礼仪等规范,相关的宗教经典也逐渐出现。比如印度的婆罗门教,是由雅利安人所创造。他们在公元前2000年左右就形成了他们的根本性的宗教圣典——《梨俱吠陀》,在公元1000年左右又形成了其他三类吠陀经典,即《沙摩吠陀》、《夜柔吠陀》《阿闼婆吠陀》,由此,构成了婆罗门的"四吠陀"。这些婆罗门教的经典共同规定了其教义和信仰的基本内容。其一,吠陀天启。强调吠陀经典来源于神圣的天启,是神的旨意的体现。其二,祭祀万能。通过祭祀活动,可以向神献祭,神靠献祭得以活着。而祭司掌握着控制神的方法,可以通过献祭使神帮助自己实现某种目的。其三,婆罗门至上。婆罗门祭司充当着人与神之间的沟通者,掌握着人的命运,甚至说神的命运也掌握在婆罗门的手中,因此他们的地位和权利是至高无上的。

第三节　世界宗教

无论从历史还是现实的角度看,世界各地都存在着多种类型的宗教,它们在形成历史、影响范围和教义内容上各不相同。其中,佛教、基督教和伊斯兰教因为有着悠久的历史,超越民族与国家的影响力且信徒数量庞大,而被公认为三大世界宗教。

一、世界宗教的特点

同原始氏族宗教、民族国家宗教有所不同,世界性宗教的特点表现在地域的世界性、信仰的普世性和教主的创设性上。

第一,地域的世界性。同国家—民族宗教不同,三大世界宗教超越了民族、国家或地区的限制,具备了世界性的特点。比如,佛教产生于印度,原为古代印度迦毗罗卫国太子释迦牟尼所创,先传播于印度各地,后传播到东南亚和东亚地区,现在成为一个在全球范围内传播的宗教。同样地,基督教、伊斯兰教皆发源于中东地区,传播至世界各地,成为不同种族、不同国家部分人的信仰。

第二,信仰的普世性。在国家—民族宗教中,神灵信仰局限在本民族和本国范围,与此不同,世界性宗教信仰超越了民族和国家的狭隘性。无论是基督教、伊斯兰教,还是佛教,无不以全人类命运共同体作为其拯救和解脱的终极目标。

第三,教主的创设性。国家—民族宗教没有明确的创始者,与此不同,三大世界宗教都有明确的创始者。基督教的创立者为耶稣,伊斯兰教的创立者为穆罕默德,佛教的创立者为释迦牟尼。他们三人都是历史上确有其人的历史人物,在宗教创立后逐渐被神化。

二、三大世界宗教

(一)佛教

佛教产生于公元前 6—前 5 世纪的印度,创始人为乔达摩·悉达多,又称"释迦牟尼",意为"释迦族的圣人"。释迦牟尼是北印度(今印度与尼泊尔的交界处)一个小国迦毗罗卫国的太子。相传释迦牟尼在出城巡游时,分别在东南西北四门各遇到了老人、病人、死人、沙门,他感到人生无常,于是出家。他先修禅定,后修苦行,最后在菩提树下入定后获得觉悟,并开始传法,于是有了佛教的产生。从佛教产生到释迦牟尼圆寂这个时期,称为原始佛教时期或根本佛教时期。释迦牟尼去世后,人们对于戒律以及教义的理解发生了分歧,于是出现了上座部和大众部的分裂,其中又有十八部派的说法,这一时期称为部派佛教时期。公元前 100 年左右,最早的大乘经典《般若经》问世,这标志着大乘佛教的出现。其中,从大众部中逐渐产生了诸法皆空的般若思想,它们的特点可以用其中最短小的《心经》中的两个要点加以概括:"色即是空,空即是色"所代表的诸法皆空思想,以及"三世诸佛,依般若波罗蜜多故,得阿耨多罗三藐三菩提"所表达的智慧解脱思想。笼统地说,这一类思想称为"大乘空宗"。从原上座部中说一切有部,发展出了瑜伽唯识的思想,其有两个思想要点:现象界百法的分类与万法唯识的思想,统称"大乘有宗"。印度佛教的晚期,随着婆罗门教的新形态即印度教势力的逐渐壮大,佛教思想和印度教有趋同的倾向,这就是密宗的出现。当今世界,佛教除了在原印度文明的文化圈传播外,在中国、韩国、日本有了新的发展,成为汉传佛教;在中国西藏则有藏传佛教的传承。

约在公元前后,佛教传入中国。公元 13 世纪,在伊斯兰教进入印度后,佛教在印度逐渐消亡。到了近代,佛教从周边国家再度回传至印度。

佛教的基本经典称为三藏,即经、律、论三种。经(sutra),又称修多罗,原则上指释迦牟尼所说的经典。小乘经有四种《阿含经》等，大乘的经典则更为复杂，如《般若经》《涅槃经》《维摩诘经》《法华经》《华严经》等。从历史的角度看，大乘经典出现在佛去世很长时间之后，并非佛亲说。但是从信仰的角度言，大乘经典也被当成佛所说经。因此，无论是大乘的经还是小乘的经，多数经典开头都有"如是我闻"之类的话，以表明此为佛说。律（vinaya），音译为毗奈耶，是佛为僧团所制定的行为规范。律一般分为两类：①波罗提木叉，是比丘、比丘尼应当遵守的戒律，多为一些禁止性的规定；②犍度，是有关僧团宗教仪式、作法及僧众之生活礼仪、起居动作等的部分。律藏也有大小乘之别，小乘律有《四分律》等，大乘律则以《菩萨戒本》《梵网经》等为代表。论（abhidharma），音译阿毗达摩藏，是佛的弟子对佛所说经及佛法的要旨，从自己的立场出发所做的发挥议论。从佛教的三种经典看，经的表达方式较为自由，既有偈诵，又有长行；既有故事，又有譬喻；有的晦涩难懂，有的浅显明了；有的篇幅巨大，有的寥寥数语。论略相当于现在的论说文，相对经来说论题较为集中，思辨性较强。律藏则主要是对戒律的阐述。

佛教最基础层面的教义是因缘理论，它是佛教学说中最为重要、最基础性的原理，其他佛教理论都建立在这个基础上。所谓因缘，佛教中有一个经典论述，就是"此有故彼有，此生故彼生"的相生原理与"此灭故彼灭"的相灭原理。前者解释了各种事物之间相互依赖的生起原则，后者则揭示了事物消亡的原因。一生一灭，相生相灭，构成了人世间乃至整个宇宙的法则。以此原理为基础，"无我"的理论得以成立。肯定"我"就是肯定有一个永恒不灭、具有真正自性的主体，乃至肯定一个宇宙的主宰。而在佛教看来，这永恒不灭的我其实不能脱离众因缘的束缚，而为众因缘所限制和构成的我，算不上一个具有真正自性的我和永恒的我。人是有限的，生老病死，伴随一生，故人不永恒，也不完善。物是个别的，千年的古树，万年的顽石，都摆脱不了自然的"大化"。人与物皆有限，何者无限？何者主宰？佛教的答案是"既非他生，亦非自生"。造物主是不存在的，存在的只是一个因缘的铁律。宇宙万物皆受此束缚，释迦牟尼佛也不例外。我中即有"常"与"乐"义，"无我"即是"无常"、"无乐"。无我又无常，故一切皆苦，成为佛教的一个基本世界观。和此苦相应，就有一个佛教的修行理想：涅槃寂静。这构成了佛教的四法印概念，即一切皆苦，诸法无我，诸行无常，涅槃寂静。由此佛教的理论形态基本形成，其后虽有大小乘之别，空有宗之分，但其出发点都基于上述概念，是对这些概念的重新诠释与理解。

佛教信徒有四众的分法，即出家男女二众，在家男女二众。出家男众名为比丘,出家女众名为比丘尼。在家男众称为优婆塞,即男居士;在家女众称为优婆夷,即女居士。这四个群体构成了佛教信众的主要部分。成为比丘或比丘尼,要年满 20 岁,比丘要受 250 条的具足戒,比丘尼要受 348 条的具足戒。成为在家佛教徒的基本条件是受持三皈,就是皈依佛、皈依法、皈依僧。此外在家佛教信徒还要遵守五戒,即不杀生、不盗窃、不邪淫、不妄语、不饮酒。在六斋日(每月的初八、十四、十五、二十三,以及每月的最后两天)的一日一夜持八关斋戒。八关斋戒的前五条和五戒基本一致,只是"不邪淫"改成了"不淫",另外加上不易香油涂身、不著香华缦、不歌舞亦不往观听、不坐卧高广大床,最后是过午不食。前七是戒,后一是斋,故称八关斋戒。

(二)基督教

基督教产生于公元 1 世纪左右,"耶稣基督"是基督教信仰的核心,基督徒一直把耶稣作为复活的主和世界的救世主来崇拜。根据《新约圣经》的描述,耶稣是出生在纪元前加利利地区拿撒勒村的犹太人。加利利位于耶路撒冷以北大约一百公里处。信徒对于耶稣的认识,主要来自于《福音书》(马太福音、马可福音、路加福音、约翰福音)。可以用下列几个重要事件来概括耶稣从出生到受难的经历:为童贞女所生,信徒相信耶稣基督是童贞女玛利亚直接从圣灵受孕而生,这也就是道成肉身,其养父约瑟是个木匠。后受施洗约翰洗礼,开始在各地传教,陆续收了 12 门徒,并现神迹:使瞎子复明、聋子复聪、瘫子行走、死人复活、把水变酒、用五饼二鱼喂饱五千人、在水上行走、使波涛汹涌的海面顿时变得平静等。他积极宣传神的国近了,要人悔改,并在其著名的"登山宝训"中声称"贫穷的人有福了"、"富足的人有祸了"等说法。他的传道引起了大祭司和法利赛人的恐慌,便以他妄称是上帝之子等罪名,要求罗马巡抚彼拉多将其钉死在十字架上。死后三天,他复活了,并多次向门徒显现。

基督教的神学主要包括上帝论、三位一体论、基督论、创世论等内容。第一,上帝论。基督教继承了犹太教的上帝观,并在此基础上,吸收了希腊哲学的内容,对上帝存在与属性做了许多探讨。对于神学家来讲,上帝是全知全能全善的,上帝也必然存在。他们通过本体论、宇宙论、设计论、道德论等方法来论证上帝的存在。第二,三位一体论。三位一体论的基本观点可以表述如下,"三个位格,一个实体"。第三,基督论。公元 451 年,卡尔西顿公会议就基督的神人二性和位格做出了规定,成为后世各派都接受的关于基督位格的规范性解释。该公会议声明,基督的神性和人性是同等完整的,他在神性上与圣父本质相同;他在人性上除了没有罪以外,其他方面都与我们人相同。就神性言,他在万有之先,为父所生;就人性言,为"神的母亲"童贞女玛利亚所生;这同一基督是圣子、是主、是独生的,处于两个性质之中,这二性"不混、不变、不分、不离",它们不因联合而失去区别,而是保持其特点并汇合于同一个本体之中;他不可割裂,也不可分为两个位格,而只是独一的同一位圣子和独生子、上帝—逻各斯、主耶稣基督。第四,创世论。基督教传统神学认为,上帝的这种创造是"从虚无创造",从而与希腊哲学之认为创造有其质料基础不同。"从虚无创造"也意味着世界在时间上有一个开端。

基督教的经典为《圣经》(Bible),有《旧约圣经》和《新约圣经》之分。《旧约圣经》有两个版本:一个是《希伯来圣经》,即犹太教的塔纳赫,为 39 卷;另一个为《希腊文七十子译本》,其中加入了一些没有对应希伯来原文的经典,如《智慧篇》等,为 46 卷。一般说来,天主教常采用以后者为根据的通俗拉丁文译本的《古经》(中文译本称"思高译本"),基督教则采用希伯来圣经(中文译文为"和合译本")。《新约圣经》是基督教独有的经典,共 27 卷,包括"福音书"、"使徒行传"、"使徒书信"和"启示录"四大部分。"福音书"共有"马太福音"、"马可福音"、"路加福音"和"约翰福音"4 卷,故称"四福音"。"福音"意指"好消息",即上帝之子耶稣基督降生救世的消息。四福音书中"马可福音"最早形成,是"马太福音"和"路加福音"的蓝本,这三福音因取材、结构、故事、观点大体相同而被称为"同观福音"。"约翰福音"则与它们大不相同,其内容明显反映出当时的希腊哲学和诺斯替教派思想。

基督教成为一个世界性宗教经历了几个阶段:第一个阶段是从以犹太人为主的小宗派发展成为一个以"外邦人"为主不同于犹太教的宗教。在公元132—135 年,犹太民族举行了最后一次民族起义时,外邦人基督徒自然作壁上观,甚至连犹太人基督徒也都拒绝参加战斗。这也标志着原始的基督教社团完全脱离了犹太教。第二个阶段是罗马帝国奉基督教为国教。公元 380 年,皇帝狄奥多西一世(379—395 年在位)下令,除基督教外,禁止各种异端教派活动,全国人民都要"遵守使徒彼得所交与罗马人的信仰"。这句话不但赋予罗马主教较高的宗教权力,而且使基督教开始成为罗马帝国的唯一合法宗教。公元 391 年、392 年,狄奥多西一世连续下令,关闭一切异教神庙,禁止在任何场所献祭。于是,基督教就正式成为罗马帝国国教。罗马帝国当时是一个统治着地中海沿岸多民族的庞大帝国,基督教成为国教,意味着成为罗马帝国内许多民族共同信仰的宗教。第三个阶段是基督教扩展到欧洲,成为中世纪欧洲各民族和国家共同信仰的宗教。第四个阶段是从欧洲传播到全世界。随着西方资本主义国家的殖民扩张,基督教传播到了世界各地,成为名副其实的世界性宗教。

(三)伊斯兰教

作为世界三大宗教之一的伊斯兰教,兴起于公元 7 世纪的阿拉伯半岛,成立的时间要比佛教和基督教晚很多。公元六七世纪,阿拉伯半岛处在氏族部落阶段,从人种上说,阿拉伯人是闪族人,同为易卜拉辛(亚伯拉罕)的后人。

伊斯兰教的创始者穆罕默德,公元 571 年出生于古莱部落的哈希姆家族。幼年时即父母双亡,由祖父和伯父抚养成人。12 岁起就开始随商队经商,来往于巴勒斯坦、叙利亚等地,当时这些地区流行犹太教和基督教的信仰,它们对于穆罕默德产生了一定的影响。25 岁时,穆罕默德同当地一位 40 岁的富有贵妇赫底彻结婚,改变了他穷困的生活。他们在一起生有三个儿子、四个女儿,不幸的是三个儿子都早夭。婚后,穆罕默德衣食无忧,开始有闲暇时间进行沉思和静修。据说他经常到麦加山的希拉山洞静坐隐修,大约在公元 610 年 9 月的一个夜晚,这个被伊斯兰史学家们称作"高贵之夜"或"受权之夜"的庄严时刻,一个天使突然出现在穆罕默德面前,手捧经卷,令其诵读。其后他又屡次经历了类似的事情,穆罕默德深知这就是"使命",真主已差遣他到这个世界。他先在自己的家庭成员内部传教,他的妻子是第一个信徒。随后他的堂弟,也是他的大女婿阿里也成为信徒。在家庭之外,他的好友商人艾布·伯克尔(后来成为第一任哈里发)及古莱氏部落倭马亚家族成员奥斯曼(后来成为穆罕默德的二女婿)等也成为穆罕默德传教事业的重要帮手。公元 613 年,经过三年时间的酝酿,他开始向全麦加的人公开传教,主张凡穆斯林氏族部落皆为兄弟,反对血亲复仇,反对唯利是图,主张行善积德,赈灾济贫。他的这些主张很快吸引了大批的信徒,同时也触动了古莱什贵族的信仰和利益,遭到了他们的强力反对。公元 619 年,穆罕默德的叔父和妻子先后去世,这对他的精神产生了巨大的打击。据说在真主的感召下,穆罕默德于一天夜晚,骑上一匹带翅膀的神马"布拉格",顷刻之间由麦加"天房"飞到了圣城耶路撒冷,然后将神马拴在墙角下的石头上,从这里踩着一块巨大的岩石登上"七层天",见到了包括易卜拉欣、穆萨和尔撒在内的历代先知,了解到他们为了传播自己的宗教信仰所遭受的苦难,并看到"天堂"和"火狱",于黎明时分骑上神马回麦加。以后穆斯林把这一天即伊斯兰历 7 月 17 日定为"登霄节"。公元 622 年,在伊斯兰教面临强大压力的时候,麦地那的两个阿拉伯部落接受了"奉真主安拉为唯一真神"的信条,并邀请他到麦地那传教。此次迁徙是伊斯兰教新生的一个标志,史称"希吉拉(迁徙)",也是伊斯兰教历的元年。在麦地那站稳脚跟后,穆罕默德开始为征服麦加进行不断的战争,先是袭击麦加的商队,后来直接和麦加的古莱什的军队进行了多次交锋,并逐渐肃清了麦地那犹太人的势力。公元628年春,穆罕默德率领1400人的队伍前往麦加朝圣。按照惯例,朝觐是阿拉伯人的宗教习俗,在此期间禁止作战,因此古莱什人没有理由拒绝。在这种情况下,双方在侯达比亚村达成了一项协约,规定休战十年,穆斯林放弃此次朝觐,来年再进行朝觐。以后麦加人每年撤出城外三天,以便使穆斯林不受干扰地朝觐。麦加贵族等于默认了穆斯林宗教信仰的合法性。公元630年,穆罕默德借麦加结盟方违反协议之机,攻入麦加,将神庙内的360尊神像全部捣毁,只留下了黑玄石作为伊斯兰教的圣物。631年,穆罕默德挥兵北上,在叙利亚边界的塔布克绿洲,击退了拜占庭帝国的基督教军队。此举大大震慑了阿拉伯各部落,他们纷纷来访,要求归顺,史称"代表团年"。就在这一年,穆罕默德宣布,克尔白神庙是穆斯林的禁地,其他信仰多神教的部落不准再踏入神庙,麦加终于成为纯粹的伊斯兰宗教中心。632年,穆罕默德指导了第一次只有穆斯林参加的朝觐。他在阿拉法特山上发表了著名的演说,宣布伊斯兰教的胜利。这是他的最后一次朝觐,史称"辞朝"。3个月后,穆罕默德于6月8日在麦地那溘然辞世。

《古兰经》和《圣训》是伊斯兰教信仰的两种基本经典。伊斯兰教认为前者是真主传授于人的,是神圣的;后者是真主的使者——穆罕默德所训示,是重要的。《古兰经》是伊斯兰教的根本经典。伊斯兰教立法创制以它为首要根据,伊斯兰教的信仰、礼仪、教义学、伦理等则以它为理论基础。它在穆斯林的世俗生活和宗教生活中具有神圣地位。"古兰"系阿拉伯文 Qur'an,本义为"诵读"。《古兰经》规定:"只有纯洁者才得抚摸那本经。"《古兰经》共有30卷,114章,6200余节,分为麦加章和麦地那章。前一部分的中心在于传播伊斯兰教的信仰,后一部分则着重建立政教合一的穆斯林公社。总体而言,《古兰经》包括宗教、政治、经济、军事、哲学、伦理、妇女、科学等多方面的内容。教徒对它应诚惶诚恐、虔敬尊崇,不得有任何的亵渎。《古兰经》最重要的内容是强调对真主的一神信仰,经文说:"你们把自己的脸转向东方和西方,都不是正义。正义是信真主,信末日,信天神,信天经,信先知,并将所爱的财产施济亲戚、孤儿、贫民、旅客、乞丐和赎取奴隶,并谨守拜功,完纳天课,履行约言,忍受穷困、患难和战争。"同时在信仰问题上,《古兰经》也表现出对基督教和犹太教一神教的认同:"我们所崇拜的和你们所崇拜的是同一个神明,我们是归顺他的。""他是我们的主,也是你们的主。"《圣训》是真主的使者穆罕默德在传述《古兰经》外的一些言论和行为,经过弟子们代代相传而形成的经典,不同的派别有不同的圣训。《圣训》对《古兰经》的一些基本原则做了补充,是伊斯兰教思想的第二个源泉。

伊斯兰教是典型的一神论宗教。根据伊斯兰教义学家的看法,所谓宗教,由三个部分组成:宗教信仰("伊曼尼"),指伊斯兰教徒对安拉赐予穆罕默德的"启示"及其基本信条的确认;宗教义务("仪巴达特"),指穆斯林必尽的五项宗教功课;善行("伊赫桑"),指穆斯林必遵的道德规范。这三个部分实际上可分成理论和实践两个方面。宗教信仰居于理论方面,宗教义务和善行则属于实践方面。这两个方面结合起来就构成了伊斯兰教的基本教义。

伊斯兰教最基本的信条是:"万物非主,唯有真主;穆罕默德是王的使者。"我国穆斯林称此为"清真言"。"清真言"词简意赅,有两层含义。其一,它表明伊斯兰教是"信主独一"的一神论宗教,坚决反对崇拜多神和偶像。其二,它清楚地说明穆罕默德以安拉的使者身份出现,他本人并不是神,只是在人间为安拉"报喜信,传警告",天上王国和地上王国的权威通过他体现出来。

参考文献

1. 吕大吉.宗教学通论新编[M].北京:中国社会科学出版社,2010.

2. [德]弗里德里希·恩格斯.布鲁诺·鲍威尔和早期基督教[M]//马克思恩格斯全集:第19卷.北京:人民出版社,1963.

3. [德]卡尔·马克思.路德维希·费尔巴哈和德国古典哲学的终结[M]//马克思恩格斯全集:第21卷.北京:人民出版社,1965.

4. [英]爱德华·泰勒.原始文化[M].上海:上海文艺出版社,1992.

5. [苏]海通.图腾崇拜[M]. 何星亮,译.桂林:广西师范大学出版社,2004.

6. [奥]弗洛伊德.图腾与禁忌[M].上海:上海人民出版社,2005.

7. 陈荣富.马克思主义宗教观研究[M].成都:四川人民出版社,2008.

8. 吕大吉,高师宁.马克思主义宗教理论研究[M].北京:中国社会科学出版社,2011.

9. 段琦,陈东风,文庸.基督教学[M].北京:当代世界出版社,1999.

10. 王俊荣,冯今源. 伊斯兰教学[M].北京:当代世界出版社,2000.

思 考 题

1. 马克思主义宗教演进三阶段论的特点是什么?

2. 中国传统上慎终追远的观念是否属于祖先崇拜? 为什么?

3. 世界性宗教的特点是什么? 为什么说基督教是世界性宗教,而犹太教是民族宗教?

4. 佛教产生于印度,后来成为影响中国人信仰的重要宗教,也是中国传统文化重要来源之一。你认为佛教在哪些方面对中国产生了影响?

第四章　宗教具有怎样的功能和社会作用

宗教具有怎样的功能,并能发挥什么社会作用? 人们最熟知的是关于宗教的"鸦片"说,即宗教是麻醉人民的精神鸦片。通常的理解是,宗教好像鸦片一样,具有麻醉人民心灵的功能,起着抑制人民斗志的消极作用。然而,这种对宗教的比喻往往产生比较片面的和有局限性的理解。实际上,人与宗教的关系是极其复杂的,也是随着社会发展而改变的。并且,这种关系不只是社会认知层面,还有精神文化层面。因此,我们从历史和现实出发,综合马克思、恩格斯有关宗教的各种论述,采取多个视角来说明宗教的功能和社会作用,"形成多层次、全方位的宗教观"[①]。

第一节　宗教的一般功能

不同的宗教观对于宗教功能有着不同的理解。大致说来,宗教有三方面的功能。第一,宗教的认识功能。与科学相反,宗教是对外部力量幻想的反映。但这种颠倒的反映是由颠倒的现实所决定的,因此通过人们的宗教观念可以认识人们所处的社会现实。第二,宗教的存在功能。从人的存在状况看,宗教是被压迫者遭受现实苦难的表现和抗议。马克思认为宗教是人的本质异化,是没有获得自己或再度丧失自己的人的自我意识。第三,宗教的文化功能。历史上,宗教往往对人们的社会生活在伦理道德乃至政治经济上造成相当大的影

---

① 卓新平."全球化"的宗教与当代中国[M].北京:社会科学文献出版社,2008:329.

响。宗教这三种功能比较宏观和普遍,成为宗教在不同历史阶段和各种民族传统中发挥社会作用的一般原理,所以称之为宗教的一般功能。

一、宗教作为一种社会意识,具有反映社会存在的功能

马克思主义的宗教观,包括对宗教功能的理解,是将宗教置于社会历史之中,并在社会物质生活的基础之上,根据具体的历史条件来讨论问题的。历史唯物主义认为,社会意识是对社会存在的反映,社会存在决定人们的社会意识,社会意识能动地反作用于社会存在;经济基础决定上层建筑,上层建筑反作用于经济基础。宗教,作为一种社会意识,具有反映社会存在的功能;作为上层建筑的一部分,具有巩固自身经济基础的功能。由于宗教根源于社会现实,所以宗教的神圣功能要从相应的世俗功能去加以揭示。

早在《〈黑格尔法哲学批判〉导言》中,马克思就将宗教批判的矛头指向相应的社会现实,他的宗教批判其实是社会批判。所谓"宗教是人民的鸦片",该指责的不只是"鸦片",更根本的是导致人民需要这种鸦片的现实世界。马克思的宗教批判,不是单纯的宗教批判,而是对产生这种宗教的社会进行批判。

在论述宗教的语境中,相对于"天国"与"尘世"、"神"与"人"的对立,马克思和恩格斯立足于"尘世"、"人"。作为唯物主义者和无神论者,他们关注的目光从"天国"转向"尘世",从"以神为本"转向"以人为本"。他们对宗教的论述,总是将"社会"、"阶级"、"人的世界"放在首位,并作为根本的立场。他们的著作给读者的印象是,"宗教批判"为虚,"社会批判"为实,通过对宗教的批判来揭示改造社会的主题。①

问题在于,马克思和恩格斯为何不直接进入社会批判而要从宗教批判开始?这可以从整个欧洲文化的历史背景和宗教作为其传统的主导意识形态来回答。事实上,一直到马克思和恩格斯生活的 19 世纪为止,基督教在欧洲文化中始终占据统治地位,因此,对宗教的批判成为其他一切批判的前提。所以,马克思和恩格斯不得不从对宗教的批判开始,然后转向对政治和法的批判;不得不从对天国的批判开始,然后转向对尘世的批判。况且,宗教这种意识形态集中反映了当时的社会现实。尽管这种反映是颠倒的,但也是一种反映。就像我们看物体在水中的倒影一样,我们从宗教这种"颠倒的"社会意识中,看到了其反映出来的"颠倒的"社会存在。并且,宗教对社会现实的反映是能动的、创造性的,它的能动性和创造性就在于建构文化并反作用于社会现实,引起社会存

---

① 卓新平.“全球化”的宗教与当代中国[M].北京:社会科学文献出版社,2008:328.

在的改变。因此,我们理解了马克思和恩格斯"社会批判"的真实意图之后,并不意味着要否认"宗教批判",只是两种批判不可本末倒置而已。

在历史唯物主义理论中,宗教常被当作一种观念归入社会意识形态,进而归入上层建筑的范畴。改革开放以来,国内一些学者对宗教做了实体性的理解。他们从宗教的组织、制度、器物等方面论证宗教不只是一种社会意识,还是一种社会实体。因而完整地提出一种宗教必须由四大要素构成:宗教观念、宗教体验、宗教行为、宗教制度。[①] 这种理解无疑更加符合宗教的实际情况,与历史唯物主义的理论也是一致的。因为作为社会实体的宗教组织、制度、器物等,其实是宗教观念的物质附属物,是以实体形式表现出来的一种社会意识。

二、宗教作为一种精神力量,具有慰藉人们心理的功能

宗教是一种社会意识,同时也是一种精神力量,因此,宗教不仅具有反映社会存在的功能,而且具有慰藉人们心理的功能。宗教的普遍教义、神秘仪式等因素会对人们的情感体验和生活行为产生非同寻常的影响,能给信仰者提供最终的精神寄托和具体的心理调适。但是,宗教的这种功能在过去的历史条件下总是发挥着消极的社会作用。在马克思的《〈黑格尔法哲学批判〉导言》中,我们看到了他对这种功能的一些描述:"宗教里的苦难既是现实的苦难的表现,又是对这种现实苦难的抗议。宗教是被压迫生灵的叹息,是无情世界的感情,正像它是没有精神的制度的精神一样。宗教是人民的鸦片。"[②]其中,"苦难"、"压迫"反映了现实状况,"抗议"、"叹息"则是人对之的回应,而"感情"、"精神"等词语传达了宗教能够让被压迫者对现实压力进行释放,具有心理慰藉的功能,但主要是消极意义上的功能。所以,宗教便成了生活于苦难世界中无奈的人们麻醉自己精神的"鸦片"。这是长期以来许多人看待马克思和恩格斯宗教批判的正面观点,但也因此否认了宗教对释放人们心理压力的意义。

从某种意义上说,宗教的心理慰藉功能以及人们对宗教的精神需求反映了人的本质的超越方面,只不过这一超越方面以虚幻的形式呈现出来罢了。因此,我们不能简单地否定宗教对于人的存在的意义。恩格斯指出:"只是由于一切宗教的内容是以人为本源,所以这些宗教在某一点上还有某些理由受到人的尊重;只有意识到,即使是最荒谬的迷信,其根基也是反映了人类本质的永恒本

---

① 吕大吉.宗教学通论新编[M].2版.北京:中国社会科学出版社,2010:77.
② 马克思恩格斯选集:第1卷[M].北京:人民出版社,1995:2.

性,尽管反映得很不完备,有些歪曲;只有意识到这一点,才能使宗教的历史,特别是中世纪宗教的历史,不致被全盘否定,永远忘记。"①显然,宗教所反映人的本质的一个方面正是其异化的方面,它使人迷失在虚幻的存在之中。由于人的本质在现实世界中不能真正地实现,宗教就用神圣的幻想作为人的精神寄托和心理慰藉。马克思和恩格斯之所以将宗教批判指向社会批判,其根本目的在于将人的本质最终归还给人自身,使人在现实世界中真正地实现自己的本质。

在当今这个物化严重和精神匮乏的世界,宗教作为一种精神力量对于人们有着双重补偿作用:对于物质生活匮乏的人,它以精神价值去补偿其物质的欠缺;对于物质生活膨胀的人,它以精神理想去弥补其精神的空虚。② 尤其对于虔信的信徒而言,宗教既是一种心理慰藉,又是一种精神激励,从而使自己的日常生活获得一种积极的意义。

诚然,在阶级压迫的社会里,统治阶级利用宗教的这种功能让被压迫者求得一种虚幻的安慰和解脱,宗教就起着"麻醉"人们精神的消极作用。超越这种历史条件,更一般地看待宗教的这种功能,我们不难发现,宗教作为"人民的鸦片",不只是具有消极的麻醉功能,它还具有普遍的心理调适功能。人们在现实生活中,难免遇到一些凭借理性和感官无法把握的事物和现象,他们或许通过宗教信仰和仪式使个体的精神得到某种依靠,使纷扰的内心保持宁静状态。

正如恩格斯描述早期基督教时说的那样,宗教能够"拨动""必然会在无数人的心胸中唤起共鸣"的"琴弦"。③ 诚然,身处风险时代的人们,难免对社会未来、自我命运感觉非常茫然,人生便需要精神的支撑和心灵的安慰。对此,宗教信仰通过对现实苦难的超脱和对来世理想的寄托来超越自我,达到物我两忘的精神境界。宗教的这种功能通常表现于人生境遇之中,它使人以一种平常心和超越心来面对现实生活中的生、老、病、死、贫、富、祸、福,亦会以"信则灵"、"求则应"的方式给其信众带来"功利性"、"实用性"的"解脱"。这两种情况都在不同程度上、以不同的方式具有对个人"心理安慰"、"精神疏通"的功能,并对社会起到"消气"、"减压"的作用。④

---

　　① 恩格斯.英国状况——评托马斯·卡莱尔的"过去和现在"//马克思恩格斯全集:第 1 卷.北京:人民出版社,1956:651.

　　② 牛苏林.宗教掌握世界论——马克思宗教理解的一个重要论断[M]//卓新平,唐晓峰.论马克思主义宗教观.北京:社会科学文献出版社,2009:71.

　　③ 恩格斯.布鲁诺·鲍威尔和原始基督教[M]//马克思恩格斯全集:第 25 卷.2 版.北京:人民出版社,2001:557.

　　④ 卓新平."全球化"的宗教与当代中国[M].北京:社会科学文献出版社,2008:207-208.

三、宗教作为一种掌握世界的方式,具有广义的文化功能

在《〈政治经济学批判〉导言》中,马克思提出,人类掌握世界的四种方式,即理论的、艺术的、宗教的和实践的。将宗教的方式同理论的方式、艺术的方式和实践的方式并列为人类掌握世界的一种方式,"在马克思主义宗教观的形成和发展上具有重大意义,它表明,马克思已经把宗教视为复杂的社会文化现象了"。① 显然,人类掌握世界的四种方式是各有特色的:理论的方式通过概念、范畴及其逻辑体系掌握世界;艺术的方式通过塑造具体生动的形象来反映社会生活;宗教的方式则以幻想的形式,运用符号和象征系统对超自然力量产生信仰和崇拜;实践的方式指人类认识和改造世界的物质活动。但是这四种方式又是相互关联、相互渗透和相互影响的,②宗教与理论、艺术和实践结合在一起,成为一种复杂的社会文化现象。

人类掌握世界的方式属于世界观的范畴。将宗教作为一种掌握世界的方式与理论的、艺术的和实践的方式相比较,意味着宗教也是一种世界观。但宗教世界观既不同于像科学和哲学那样的理论的世界观,也不同于艺术和实践的世界观,它不采用抽象的概念和理论,也不诉求具体形象和常识经验,它与其他掌握世界方式的最大不同在于:一是带有强烈情感的信仰,二是充满象征的仪式。③

将宗教提升至世界观的高度,视之为一种复杂的社会文化现象。这对于我们把握宗教的功能,认识宗教在现代社会中的作用是有积极意义的。并且,这种宗教观促使我们努力引导宗教适应现代社会,发挥其正面功能和积极作用,抑制其负面功能和消极作用。它还能使一个民族认识到,自己的宗教传统包含了"弘扬祖国传统文化精华"和"吸引外国优秀文明成果"两个方面的重要内容,④并由此重估宗教的文化价值。

其实,在《〈黑格尔法哲学批判〉导言》中,马克思就已说道:"宗教是这个世界的总理论,是它的包罗万象的纲要,它的通俗逻辑,它的唯灵论的荣誉问题,

---

① 陈荣富.马克思主义宗教观研究[M].成都:四川人民出版社,2008:492.

② 陈荣富.马克思主义宗教观研究[M].成都:四川人民出版社,2008:494-497.

③ 金泽.宗教学:跨越掌握世界方式的"掌握"[M]//卓新平,唐晓峰.论马克思主义宗教观.北京:社会科学文献出版社,2009:16.

④ 卓新平."全球化"的宗教与当代中国[M].北京:社会科学文献出版社,2008:335.

它的热情,它的道德上的核准,它的庄严补充,它借以安慰和辩护的普遍根据。"①对此,我们似乎可以读出马克思的言外之意,即认为宗教在特定的意义上仍具有多方面的功能。除了为统治阶级及其国家和社会制度服务之外,宗教还能够对一般的人际关系、普遍的伦理关系乃至各种社会文化关系施加影响,使之神圣化、宗教化。尽管马克思没有明确说明宗教所包含的这些非阶级性的文化功能及其作用,但从他的"宗教是这个世界的总理论,是它的包罗万象的纲要"这一论断,理应可以做出这种广泛的推论。

我们过去一度认为,宗教在历史上和社会生活中完全是为反动统治阶级的利益服务的,这其实是对马克思和恩格斯宗教理论的一种并不准确的理解,也是对宗教的功能及其社会作用所做的简单化、片面化的理解。② 如果我们从"宗教是这个世界的总理论,是它的包罗万象的纲要"这一论断出发,应该将宗教理解为对一切文化形式都有深刻影响的文化核心,从而对宗教的关注也须从狭义的政治学角度转到广义的文化学角度,以强调宗教作为一种文化尚有的非政治性的功能。从这种理解出发,我们今天就能超越过去对传统宗教的功能及其社会作用的绝对政治化的狭隘理解,真正把握和发展马克思主义的宗教理论,对宗教的社会文化功能做出更全面、更准确、更适合于现实生活的实际情况的理解和说明。③

第二节   宗教的社会作用

意识形态作为一种系统所产生的作用是其功能的实现。宗教作为意识形态所发挥的社会作用正是其一般功能在特定环境中的具体实现。在不同时代和社会中,各种宗教或同一宗教的处境是不同的,作为其功能实现的社会作用也是不同的。因而,讨论宗教从一般功能到社会作用的实现,必须结合社会历史条件进行分析。

---

① 马克思恩格斯选集:第 1 卷[M].北京:人民出版社,1995:1.

② 吕大吉,高师宁.马克思主义宗教理论研究[M].北京:中国社会科学文献出版社,2011:218-219.

③ 吕大吉,高师宁.马克思主义宗教理论研究[M].北京:中国社会科学文献出版社,2011:220.

一、从神圣到世俗：宗教发挥社会作用的途径

上述宗教具有的一般功能尚不等于其现实的作用，它有待于在一定社会条件下实现，才表现为宗教的社会作用。功能与作用的区分在于功能是潜在的，而作用是现实的。但这种区分不否认两者的联系，即功能的实际发挥形成一定的现实作用。简言之，作用是功能在事物相互影响中的表现。比如说，宗教在现实社会中成为"人民的鸦片"，这种社会作用正是宗教的心理慰藉和自我麻醉的功能在一定条件下的表现。反之，上述功能并不一定非得表现为这种作用。一般说来，宗教具有的各种功能只有在一定的社会条件下才能得到现实的发挥，从而表现为某种现实的社会作用。因此，宗教的功能究竟实现为积极的社会作用还是消极的社会作用，关键在于创造什么条件来使潜在的功能变为现实的作用。这样，人类在发挥宗教的社会作用这个问题上就获得了一种能动性。

在历史唯物主义看来，宗教作为反映社会存在的社会意识或巩固经济基础的上层建筑，势必与社会有着内在的关联，并发挥着复杂的社会作用。历史上，宗教曾为统治阶级的政治提供神化的象征并赋予神圣的使命，例如，中国封建社会统治者的"君权神授"、西方中世纪的基督教统治等，这些都证明了人类社会历史中曾经有过政教合一的传统。宗教为以往社会提供了超人间、超自然的根据，由此发挥了其神圣功能对这些社会的作用。进入近现代社会以后，随着人类科学技术的进步和社会民主法治的普及，人在自然和社会两大领域获得了巨大的力量和充分的自信，主流的社会意识相应地就从"以神为本"转向"以人为本"。宗教传统的神圣功能随之不断弱化。概而言之，在传统社会，基于宗教的神圣性和权威性的主导地位，其社会作用主要通过它神圣功能的发挥来实现；而在现代社会，随着宗教的神圣性和权威性的日渐消解，其社会作用只能通过它世俗功能的发挥来实现。

如果说，现代化在社会方面是一个"祛巫除魅"（韦伯语）的理性化过程，那么它在宗教方面便是一个世俗化的过程。两种说法只是对同一过程的不同表述，它们揭示了同一过程的两个不同的方面。值得注意的是，宗教的世俗化不仅是指宗教的社会作用弱化，而且是指宗教对社会现实的自觉适应。不仅如此，宗教试图在当今生活中发挥更大的作用。我们经常看到，各种宗教组织在创办医院、开设学校、举办慈善救济等社会公益事业方面，在成立各种群体性团体甚至国际组织方面，在维护世界和平、国家安全、社会稳定、经济发展、文化交

流、民族关系等重要方面①,发挥了积极的社会作用。

二、历史地考察宗教社会作用的方法

马克思和恩格斯关于宗教的正面和负面功能及其对社会产生的积极和消极作用都有过客观而全面的分析与评价,他们充分注意到在一定历史条件下社会的发展变化影响着宗教功能发挥和所起作用的性质。但总的看来,由于所处的历史时期社会矛盾尖锐、阶级斗争复杂,他们抱着实现人的政治解放和经济解放的主要使命,更多地则是从负面功能和消极作用来谈论宗教的,以便解除革命实践中宗教或许产生的精神障碍和思想枷锁;而对宗教的正面功能和积极作用的考察,也是就宗教在一定历史时期适应阶级斗争需要而论的。

今天,我们应该辩证地分析宗教的社会作用,无论是分析其积极作用还是消极作用,抑或研究其积极作用的发挥和消极作用的抑制,都要基于对宗教的人类性和社会性的认识,以及宗教与社会关系的认识,即宗教与人和社会有着内在的关联。一方面,宗教通过人可以对社会产生能动的精神作用。从宗教的神圣功能来看,宗教通过"使人类的生活和行为神圣化",在人的精神上实施其最强有力的社会指导及控制,其积极作用会引导人们朝向崇高、达到升华、超越自我,但其消极作用也可能让人陷入偏执、狂热或痴迷。另一方面,社会条件和人的状况制约着宗教的社会作用。因此创造并调控相应的社会条件,改善人的状况,就能发挥宗教对于社会的积极作用,防范或避免其消极作用。在当代社会,若要发挥宗教的积极作用,我们不妨在社会服务、社会慈善领域给宗教"网开一面",引导宗教为社会服务,为社会贡献其"盐"和"光"的作用,让宗教在公共领域真正体现其"公共价值"。②

第三节   宗教对经济、政治、文化的积极作用

宗教作为人类精神信仰的社会建构,无疑会介入社会生活并对社会发展产生影响。但这种介入和影响不是抽象的,而是具体的。因此考察宗教的功能及

---

① 牛苏林.宗教掌握世界论——马克思宗教理解的一个重要论断[M]//卓新平,唐晓峰.论马克思主义宗教观.北京:社会科学文献出版社,2009:73.
② 卓新平."全球化"的宗教与当代中国[M].北京:社会科学文献出版社,2008:227.

其社会作用,必须具体地从经济、政治和文化的不同领域来了解宗教如何介入和影响社会。宗教的社会作用无疑具有积极的和消极的两方面,出于引导宗教与社会相适应的目的,下面主要介绍宗教在这些领域中的积极作用,从而揭示宗教发挥社会作用的意义、具体表现和深远影响。

一、宗教与经济:宗教伦理对市场经济具有规范作用

宗教对于经济的促进作用,就整个社会而言,主要表现为宗教伦理对市场经济可能有的精神引导作用和道德提升作用。在精神引导上,传统宗教以其信仰、教义和规范为广大信众并通过其人际关系为其他社会成员提供神圣的目标,以期使大多数社会成员视精神追求高于物质追求。这种精神引导以崇高的目标驱使社会向上,借助神圣的感召力使人们坚持道德并追求崇高,从而在市场经济的客观规律之外产生一种精神的能动作用。在道德提升上,宗教既可以通过将其信仰和教义伦理化来促使社会成员采取较高的道德标准来规范自己的行为和活动,也可以通过将现行的道德规范、社会秩序神圣化来敦促人们自觉遵守这些规范和秩序,从而社会整体由此得以自我协调。无论是宗教在社会生活中的伦理道德化,还是社会生活所必需的伦理道德具有宗教根源,这种基于宗教的伦理道德因为对信徒来说出于一种超人间、超自然的根源,其规范作用的范围有时要比人间道德和世俗法律广泛和深远得多。因为对于信众来说,即使个人在独处时,这种规范作用也是存在的,因为"头顶三尺有神明"。

宗教对于经济的作用,从社会个体来看,突出表现为宗教伦理对于信仰者个人在身心方面的约束和制约作用。这实际上包括两个方面:一是宗教在社会中对人的外在行为举止的约束,其特点是带有某种强迫性,人们别无选择,如伊斯兰教法在一些伊斯兰国家所起的法律性作用,就具有这种功效;二是对相关信仰者内心和精神的制约,这种制约通过信仰者个人的认同和信念来实现,其特点是具有某种自愿的律己性,没有外在的强迫性。如一些敬畏神灵和有宗教信仰的人们不敢做违反道德良心的利诱之事,因为他们认同道德之"天",并有"人在做,天在看"的信念。与法律、行政、舆论等外在的约束和制约不同,宗教这种约束和制约的作用是通过信仰、精神、情感、教义、教规、惯例、传统和礼仪等来实现的,从而对信仰者个人能够产生全方位的约束和制约作用。

宗教为适应现代社会而进行的世俗化首先表现在经济领域。传统宗教立足于超自然、超人间之神的立场上,在很大程度上与改造自然、人际交往的经济活动相分离,崇拜上帝的神圣职责与侍奉财神的世俗事务往往相对立。因而,

宗教伦理与经济自由两种观念是相互排斥的。这既妨碍经济发展也不利于宗教传播。事实上,这种"以神为本"的宗教观念压抑了"以人为本"的经济生活。其实,信仰与赚钱并非彼此必然不容,两者在一定条件下可以互补和共存。这取决于前者能够重视市场规律和个人权利,后者应该强调个体在自由市场中履行其道德责任和社会义务。

马克思、恩格斯以资本主义发展史为例,指出英国和法国的资产阶级曾把财富奉为神明,似乎实现了脱离宗教的经济自由。但是,"德国资产者甚至在他是工业家的时候,也是信仰宗教的。他害怕谈他所渴求的恶的交换价值,而谈生产力;他害怕谈竞争,而谈国家生产力的国家联合;他害怕谈他的私利,而谈国家利益"①。可见,宗教在资本主义社会仍然起到维护公共利益、规范市场经济的作用。比如,新教伦理鼓励人们获取财富,但反对不道德地获得财富,甚至大多数的新教徒不能容忍有悖于新教伦理和商业道德的经营行为,他们通常厌恶通过不正当手段获取的财富。

有学者指出,在当代社会,宗教进入公共领域的职责之一是制约仅按照自身逻辑运作的市场经济,为社会道德保留合法性的空间,因而宗教对现代经济的作用在于,"针对自由主义理论,持守公共的善这一原则"②。直言之,现代社会的市场活动应有必要的制约,政治经济的逻辑需要伦理规范来补充。今天,人们日益认识到,市场经济的重利轻义趋向和自由竞争本性在使个人或集团获取更大私利的同时,也使公共利益付出了沉重的代价,很大程度上损害了社会生活的道德秩序,而宗教通过其传统的力量对市场经济起到特殊的规范和制约的作用,能够在一定程度上维护社会生活中的公共的善,发挥维护公共空间中应有的道德秩序的功效。因此,发挥宗教的这种作用,可以减少市场经济带来的负面效应。

大多数宗教所崇拜的神既是超越的又是内在的。宗教的世俗化凸显了神圣观念对于世界的内在性,强调了这一维度的人文和社会的内涵。所以,现代宗教从"以神为本"降至"以人为本"之后,可以从人的存在高度理解人的经济活动的意义。毋庸置疑,人的经济活动对于人的生存是必要条件,可是必要条件不等于充分条件,人的存在的充分条件取决于对生活的根本价值和终极意义的信仰,这是单纯的经济活动所不能证明的。因而,宗教信仰对经济活动的影响

---

① 马克思恩格斯全集:第42卷[M].北京:人民出版社,1979:240.
② 孙尚扬.世俗化与去世俗化的对立与并存[J].哲学研究,2008(7).

在于使人们不限于这种活动的本身,还得关注其背后的道德意义。亚当·斯密用"无形之手"来比喻人人追求私利的自由市场背后,还有神之手在指引达到社会共同之善。

关于宗教与经济关系的讨论,比较著名的有德国社会学家和宗教学家马克斯·韦伯的"新教伦理"。其重要著作《新教伦理与资本主义精神》专门论述了西方宗教改革后产生的新教伦理对于近现代资本主义和市场经济的发展提供了精神支撑和伦理规范的作用。同样,我国不少学者也考察了韦伯所谓的"新教伦理与资本主义精神"在中国基督徒企业家身上的具体表现。他们把新教伦理与中国近十年来兴起的基督徒企业结合起来,认为基督徒所办的企业作为一种"职场事奉"和"职场教会",已在一定程度上具有了表达和实践新教伦理的组织基础,并在职业实践基础上建构了一种"职场性新教伦理",从而出现了一个信仰群体的行为规范,真实地表达了中国基督教与中国经济社会的具体关系。①

二、宗教与政治:从传统的阶级斗争到现代的社会服务

从历史角度去考察宗教与政治的关系,或者讨论传统宗教所起的政治作用,马克思和恩格斯基本上对之采取批判和否定的态度。因为他们主要从阶级斗争和社会革命方面去看待宗教的政治作用。马克思的批判锋芒十分尖锐,他在《〈黑格尔法哲学批判〉导言》中,视宗教为"颠倒的世界观",其政治作用是为处于"颠倒的世界"中的人们提供感情上的安慰、道德上的标准和理论上的辩护。所谓"颠倒的世界",是指统治阶级把剥削人、压迫人的政治制度和统治秩序赞美为在道德上具有正义性、在制度上具有合理性的一个世界。宗教作为"颠倒的世界观",却用上帝的名义或天命的安排,使之具有神圣不可侵犯的性质。因此,宗教所起的作用不是有利于推翻"颠倒的世界"的阶级斗争和社会革命,而是历史上的统治阶级用来维护其统治秩序的工具;对被压迫人民而言,宗教不过是麻痹其革命意志的精神鸦片。因此,"宗教是人民的鸦片"的确代表了马克思对宗教在政治上的基本作用的看法,后来列宁将这一论断视为马克思主义宗教观的"基石"。因为按照马克思的上述观点来看,宗教的基本政治作用就是为统治阶级的利益服务。②

---

① 陈建明.宗教伦理与和谐社会的理论探讨——第二届基督宗教商业伦理与管理学术会议综述[J].世界宗教研究,2008(2):154-155.
② 吕大吉.宗教学通论新编[M].北京:中国社会科学出版社,2010:557-559.

与马克思对宗教的激烈批判和完全否定有些不同,恩格斯后来认识到宗教在历史上所起的政治作用并不是全部消极和否定的。他发现,宗教在一定的历史条件下也可以起到某种积极和肯定的作用。在一些论著中,他分析了中世纪的异端运动、德国的农民战争和早期资产阶级革命,发现这些反封建制度的运动都曾打着宗教的旗号,具有浓厚的宗教色彩。据此,恩格斯提出了"宗教外衣论",指出在历史上宗教居于绝对统治地位的情况下,被压迫阶级的一切反抗斗争都必须穿上一件"宗教的外衣"作为掩护。① 因此,宗教对于被压迫人民的斗争和革命所起的作用不是完全反面的。

在人民当家做主的社会主义社会,宗教的政治作用已不同于历史上的情况。因此,我们不必局限于马克思和恩格斯早期的一些言论和观点,譬如:"宗教是人民的鸦片",宗教是维护统治阶级利益的工具,宗教是对被压迫人民的欺骗,等等。相反,我们对于宗教的政治作用应该做出全面的分析。

一方面,我们用唯物辩证法来具体地思考宗教在历史上的政治作用。与任何历史事物一样,统治阶级建构的政治制度和维护的社会秩序不是一成不变的,而是不断改变以至最终更替的。所以,宗教为之服务的政治作用在不同历史时期也是不相同的。我们必须承认,宗教对于被压迫人民进行阶级斗争和社会革命推翻一种旧制度曾起过积极的作用,即使在常规时期宗教对于维护统治阶级的政治作用也要做出历史分析:在统治阶级处于进步时期,宗教维护其统治应该具有积极的意义;在统治阶级处于没落时期,宗教维护其统治则是保守的、反动的。

另一方面,马克思和恩格斯关于宗教的政治作用,主要是从阶级斗争和社会革命来看待的,这是传统阶级社会狭义的政治观念。在这个范围内,他们的结论在历史上无疑是正确的。然而,宗教的政治作用并非仅限于此。任何一个社会,包括阶级社会,都存在着复杂的人际关系,阶级关系只是人际关系的一个方面,尽管是一个基本的方面。在当代,一个社会的政治生活需要具体地处理各种复杂的人际关系,以至于现代政治观念包含社会治理的一切事务,从各种行政举措(制度、法律)到各种行为规范(道德准则、风俗习惯)都具有了政治意义。因此,在一个社会的公共关系方面,宗教发挥的调剂、制约、维护作用也属于广义的政治作用。这方面的作用是积极的还是消极的,需要根据具体情况作

---

① 吕大吉.宗教学通论新编[M].北京:中国社会科学出版社,2010:561.

出具体的分析。①

　　然而,上述这些观念都基于宗教与政治相关的前提。或许更为根本的问题在于,宗教与政治的关系已不同于传统社会的政教合一,现代社会的主导趋势是政教分离。诚然,西方文化自启蒙以来,政教分离一直是现代社会的基本理念。随着人类社会的进步,近现代的"法治"社会逐步取代了中世纪的"神治"社会,因而在政治、法律、道德、教育等领域,宗教日益丧失了传统的控制权,其影响范围便从"公法"转变为"私法",宗教信仰不再作为国家的公共意志,而是变成公民的私人事务。不过,透过现代政教分离的表象,我们仍然可以看到宗教与政治的关系实际上是复杂的,彼此并非完全分离和真正无关。其实,政教分离只是现代社会的一种抽象理念,而处理实际的政教关系则需要按具体情况做辩证分析:一方面要看到宗教与政治、政党、政权和政府的复杂关联,宗教不可能完全与政治无关,因此观察、研究和处理宗教问题仍必须"讲政治";另一方面,宗教组织和团体应从政治领域"淡出"和"退出",宗教社会机构不能作为一种"政治权力"存在,亦不应该以任何方式突出其"政治性"。各种宗教组织和团体在当代社会应形成"非政府组织"或"非政治组织"的基本格局。②

　　现代社会的政教分离给宗教带来的影响同样也需要辩证分析:一方面,宗教不再享有国家权力的庇护,也不再为国家权力提供正当性的保证,其政治功能大为减弱;另一方面,现代社会的众多问题却不断挑战一些世俗活动的合法性和自由性,迫切需要宗教在公共领域赋予必要的道德制约。于是,宗教在现代社会应发展成一种公共制度,从而"政府对宗教由控制转变为依法管理,而宗教团体则自治自理,非行政、非营利、非市场,以社会团体的身份参与社会公共事务"③。

　　在现代社会政教分离的条件下,从政治领域退出后的宗教,其用武之地是社会领域。当今宗教所能发挥的重要作用是关怀社会和服务社会,它在社会慈善、社会福利事业中占有很大比重。对于某些国家和地区,宗教的这种社会作用在一定程度上代替了政府的民政作用,至少是对其功能的重要补充。从世界范围来看,在宗教传统、宗教气氛和宗教影响比较突出的一些国家和地区,宗教机构与政府机构相互合作,形成全面系统的社会服务和社会救助体系,来积极发挥其民政作用。或者说,宗教在民政领域与政府积极合作的这种"政教关

　　① 吕大吉.宗教学通论新编[M].北京:中国社会科学出版社,2010:565.
　　② 卓新平."全球化"的宗教与当代中国[M].北京:社会科学文献出版社,2008:226.
　　③ 王晓朝.公私领域的划分对当代中国宗教的理论意义[J].中国宗教,2008(Z1).

系",可以为政府和社会分忧解难、减轻负担和压力。即使在宗教传统、宗教气氛和宗教影响不甚明显的国家和地区,宗教组织和团体也会积极开展社会工作,发挥其对社会的关怀、帮助和救济的重要作用。这正是在现代意义上的"政教分离"之后,当今政教关系的主要内涵:宗教一般会从"政治领域退出",而主要进入"社会服务领域"之中①。

三、宗教与文化:宗教作为一种文化,为人间提供精神力量

宗教其实是人类文化创造的产物。从广义上说,文化是相对于自然的一种人化过程。这种人化过程表现为人的本质力量的对象化,即人在改造自然和自我实现的活动中,将自身内在的力量物化为各种外在对象,从而造就一个丰富多彩的具有人的属性的文化世界。其中,物质财富是人类文化创造的器物形态,上帝神灵则是人类文化创造的观念形态,两者都是人类文化创造的成果。如果说,人类一切文化创造活动都意味着人的力量在外部世界中的对象化,那么,这种对象化同时也有可能产生"异化"的现象。所谓"异化",是指文化创造产生的对象,如物质财富、社会制度、宗教神灵等,不再归属于创造者自己,按其意愿运作,而是反过来成为控制创造者的异己力量。反之,如果创造物归属于创造者自己,为其所利用和所支配,那才是其本质力量的真正实现。

宗教作为人类文化的一种创造,正是人的本质对象化的结果。上帝及其全知、全能、全善的神性其实不过是人类及其智慧、能力、德行通过超人间和超自然的无限放大之后,被投射于天的想象。但是,宗教这种文化创造不同于物质财富和世俗人伦,必然造成人的异化状态。因为宗教崇拜的神圣对象虽然是人类文化的一种创造,但总是被视为高于人间的主宰者,人类从而为自己造就了一个高于自己并反过来支配人类生活、主宰人类命运的对象,结果人的力量对象化为神之后,人造的神灵反而被当作控制人类自身的异己力量,这就是"宗教与人性的异化有着必然的联系"②的原因。由此不难理解:无论是宗教观念的教义化和信条化,宗教感情、宗教体验的目的化,宗教行为的规范化,宗教信徒的组织化,宗教生活的戒律化和制度化……所有这一切,都是人性异化的产物,本质上是人类文化的一种创造。③

---

① 卓新平."全球化"的宗教与当代中国[M].北京:社会科学文献出版社,2008:202.
② 吕大吉.宗教学通论新编[M].北京:中国社会科学出版社,2010:549.
③ 吕大吉.宗教学通论新编[M].北京:中国社会科学出版社,2010:548.

　　人类创造的文化形态既有物质文化与精神文化之分,又有神圣文化与世俗文化之别。宗教作为一种文化形态,无疑划入精神文化,属于神圣文化。这种定位使得宗教在人类文化体系中的地位和作用问题显得比较复杂,需要我们做出更加深入的考察。值得注意的是,除了马克思主义的有关观点之外,另有三种影响最大的观点①:第一,传统神学家的观点。他们视宗教为人类社会各种文化形式的神圣源泉,认为一切文化形式都是上帝或诸神的创造之物,并且人类物质生活和精神生活的各个领域都有各司其职的神灵主宰其中。第二,无神论的启蒙思想观点。其基本观点是否定超自然神灵的存在及其对人类生活无所不在的干预,主张将异化为神性的人性从上帝那里回归于人自身,使人自身成为创造者和主宰者。在这方面,最典型的代表有费尔巴哈的人本主义宗教观。他把宗教置于科学和文化的对立面,并将宗教比喻为人类精神发育史上"无知的小孩",即宗教是人类生活中最初的,然而却还是粗鄙和庸俗的文化形式。相信随着社会的发展,人类早先的宗教观念将被科学和文化所"启蒙"。第三,现代宗教学的观点。一些学者认为宗教是人类文化的重要部分,在文化人类学中,宗教属于"原始文化"。在宗教的现代意义上,他们重视宗教的社会文化功能,认为宗教是一种维护社会的统一、协调、系统化、整体化的文化工具,以致社会文化生活的各个领域,如政治、法律、伦理、风俗习惯、人的生活态度、终极价值观念等,都与宗教密切相关。在某种条件下,宗教甚至成为决定它们的一种因素。

　　在上述三种观点中,马克思主义的宗教观与无神论的启蒙思想观点比较相近。虽然,把宗教与科学和文化对立起来的观点确有其历史根据。但是,这有一定的时代局限性。历史上,宗教与科学和文化在各个时代曾发生过对立和冲突,但两者也经常共存和互补。我们不难发现,科学和文化经常从宗教中获取丰富的素材,触发创造的灵感,而宗教则通过接纳科学和文化中的一些事实来改变其过时的信条,以适应新形势下的传教。至于另外两种观点,无论是传统神学家对宗教的信仰主义辩护,还是现代宗教学学者的理性实证研究,他们都肯定宗教对于社会文化的重要作用,甚至是决定作用。这些观点虽从正面充分说明了宗教在人类文化中的地位和作用,但明显夸大了这种地位和作用。

　　纵观整个人类历史,宗教曾被置于社会上层建筑的顶端,通过信仰来支配着人们的精神世界,并似乎对社会生活的各种文化形式具有统摄性。比如,早

　　① 吕大吉.宗教学通论新编[M].北京:中国社会科学出版社,2010:549-552.

在远古时代,原始人的宗教观念和宗教活动中就包含了各种文化形式的萌芽。到了中世纪,宗教的权威渗入社会文化生活的各个领域,成了人们的思想原理、行为原则、道德标准、秩序保证等包罗万象的总纲领,人际社会关系和各种文化形式无不打上宗教的印记。然而,近现代以来,宗教在文化中的地位和作用日益衰落,随着社会世俗化发展,宗教不断被趋向边缘化。所以,宗教与文化的关系是一种历史性的结合,需要对不同时代做具体分析,不能一概而论。上述关于宗教与文化的关系的三种观点可视为简单地表达了这种历史性的结合。综合这些观点,可以得出宗教对于文化的作用:宗教既有阻碍各种世俗文化自然发展的消极作用方面,也有在一定条件下促进文化发展的积极性一面。①

在一个功利化的时代,人类文化过于侧重物质文化的扩张,精神文化则相对萎靡。因而,宗教在当今社会促进文化发展的意义在于其所起的精神作用。我们看到了宗教的"超越性"、"终极性"对于人性"自我升华"的提升作用,也发现宗教的"内在性"、"幻想性"对人们遭遇"现实苦难"起着心理补偿的作用,即"此岸的缺陷"为"彼岸的充盈"所弥补。由于这种补偿,人们可以在内心平衡今生今世所遇到的不公,在想象中获得来生来世的弥补,从而达到精神上的安慰。所以,从人类文化的全面发展看,认识和挖掘宗教所起的精神作用,可以对人类文化的精神层面获得更深刻的认识,也能对宗教的文化表现获得更广泛的把握,促进我们对宗教与文化关系的理解。

在经济全球化的时代,世界文化交流不可避免。在大多数民族的传统文化中,宗教通常成为其核心部分。宗教作为文化的核心是因为宗教为这种文化提供了最高的信仰和终极的价值。因此,就这些民族而言,多元文化的相互碰撞实质上是诸种宗教的相遇交流。宗教与文化的关系还表现在诸宗教的文化交往之中。今日世界,不少宗教成了文化交流、沟通和融合的代表及象征。因此,宗教的传教、宣道在某种意义上也是文化的交流、弘扬,这对于丰富人类的各种文化和传播文明产生了非常重要的作用。在许多国家的文化交往上,这种交流的先驱者、冒险者往往是一些宗教界人士。他们通过宗教推动了不同文化的接触、对话、沟通、了解和理解,也形成了文化之间的谅解和通融。② 需要强调的是,宗教之间的交流应该是平等的、双向的。若一种宗教的文化交往通过强迫性手段来求其单向推行和硬性灌输,那么这种宗教文化交往功能就会异化、变

① 吕大吉.宗教学通论新编[M].北京:中国社会科学出版社,2010:553.
② 卓新平."全球化"的宗教与当代中国[M].北京:社会科学文献出版社,2008:214-215.

味,沦为"文化霸权"、"文化殖民"或"文化侵略"的工具。①

参考文献

1.卓新平."全球化"的宗教与当代中国[M].北京:社会科学文献出版社,2008.

2.[日]池田大作,[英]B 威尔逊.社会与宗教[M].梁鸿飞,王健,译.成都:四川人民出版社,1991.

思 考 题

1.从历史唯物主义原理看,宗教一般具有哪些功能?

2.联系现实,谈谈传统宗教对当代社会发展的作用。

---

① 卓新平."全球化"的宗教与当代中国[M].北京:社会科学文献出版社,2008:217.

第五章　宗教会消亡吗

宗教是否会消亡？答案有肯定和否定之分：前者认为，宗教必将消亡，即宗教消亡论；后者认为，宗教永远存在，即宗教永恒论。从辩证法的世界观看，一切事物都是流逝的，没有永恒不变的存在。宗教作为一种历史现象，在一定的社会条件下产生，并随着社会条件的变化而改变，最终因其存在的条件消失而消亡。然而，要克服宗教存在的社会条件极其艰难，所以，宗教将在极其漫长的时间中存在下去。但是，这并不妨碍我们探讨其消亡的问题，何况，这一探讨在根本上与人的解放有关。

第一节　怎么理解宗教消亡

马克思主义宗教观坚持宗教消亡论。从对立统一的观点看，要了解宗教消亡论，就得了解其反面的观点，即宗教永恒论。在原理上，无论是宗教消亡论，还是宗教永恒论，它们的根据都是对上帝或神性与社会或人性的不同理解。

一、宗教永恒论的三种根据

与宗教消亡论相对立的宗教永恒论，它持有三个方面的根据：[1]

根据一，神性永恒论。神性永恒论认为，"神性"是指不受自然法则限制的超自然性。所谓超自然性，即不受时空条件限制的无限性。因为自然物及其属性受时空条件限制，其存在和演化总是有限的，有生必然有死，具体的东西终将

---

① 吕大吉.宗教学通论新编[M].2版.北京：中国社会科学出版社，2010：685-690.

会消亡。但是,上帝及其神性作为超自然的存在是不受时空条件限制的,属于时空之外的无限者。无限者的存在在空间上是普遍的,在时间上则是永恒的。既然如此,那么信仰和崇拜上帝或神灵的宗教也就永恒存在了。不过,这一信条受到了近现代以来的自然科学和理性主义的启蒙哲学的挑战和质疑。自然科学的不断发展否定了一个又一个超自然的领域及其事物,也就否定了上帝和神灵的存在领域;理性主义的启蒙哲学从哲学上证明了有关神的存在的一切证明都是经不起理性推敲的概念游戏。

根据二,人性天赋论。不同于神性永恒论,人性天赋论从"超越之神"转向"内在之神"。它认为,宗教永恒存在的根据不是传统神学所谓的超自然、超人间之神,而是存在于人类身上的神性,即上帝内在于人心之中。这种"内在之神"是人性天赋中具有"宗教性"的根据。比如,人一旦意识到自己的生命是有限的,他或她对死难免产生恐惧之心,渴望生命永续下去而去寻找永恒的根据。而这种爱生畏死的本能作为人类的天赋本性,正是宗教赖以产生、得以永存的人性根据。麦克斯·缪勒在《宗教的起源和发展》中,从理论上解释了一切宗教的基础和本质在于人类潜在的一种本能,即相信在感觉和理性所把握的"有限之物"之后,应有一个"无限者"的存在,它支配和主宰着"有限之物"的活动,这也就是各种宗教的"神"。精神分析学派则揭示了人类"潜意识"背后具有"宇宙精神"或"终极实在",即上帝、神灵的存在。既然"潜意识"是人类精神的固有基础,那么以它为根基的宗教将与人类命运同样永久地延续下去。然而,随着生命科学和精神科学对人的本能、"潜意识"的深入研究,日益揭示出这种自然人性中并无超自然的神秘存在,从而否定了人性天赋论的观点。

根据三,社会必需论。相比上面两种观点,这种观点比较符合现实。它基于人类社会作为共同体,其存在和发展必须具有政治合法性和道德维护性,强调宗教是一个社会赖以维持其自身而必不可少的力量。如果没有宗教在政治和道德方面所起的作用,一个社会就不可能很好地维持和运转下去。所以,只要社会存在,宗教就必须存在。譬如,中国古代有"神道设教"的观念,即通过宗教崇拜的仪式活动来维护和加强宗法社会的伦理关系和政法关系。西方近代启蒙思想也有类似的观念,主张让上帝成为道德化身,使宗教成为道德宗教。像伏尔泰所认为的那样,一个社会、一个人如果不依靠对超自然主宰的信仰,是不能单靠自己的道德律令来抗拒个人本能的原始冲动的。因此他说:"即使没有上帝,也要造出一个来。"现代一些学者从社会学的角度也证明了宗教为社会所必需。杜尔凯姆就指出,一体化的社会需要一体化的宗教,有共同信仰对象的个人,通过共同的仪式活动而意识到他们在道德上的一致性。社会由此形成一个道德共同体。

上述三种观点中,我们将"神性永恒论"视为"绝对的"宗教永恒论,而"人性天赋论"和"社会必需论"则是"相对的"宗教永恒论。所谓"绝对的",意指宗教的存在是无条件的、普遍的和永恒的。所谓"相对的",是指宗教的存在是有条件的,即与人类或社会共存亡,只要人类或社会永久存在,宗教随之永久存在;反之,人类或社会消失了,宗教也将随之消亡。可见,"人性天赋论"和"社会必需论"蕴含着宗教消亡论的前提。因为人类作为生物物种在宇宙中不会永恒地存在下去,人类社会也相应地不会永恒地存在下去。至于具体社会形态的更替,在历史上已是司空见惯了。既然人类和社会不是永恒存在的,那么宗教无论是作为人性天赋的根据,还是作为社会必需的根据,也都缺乏了普遍必然性。在原理上,我们看到了宗教永恒论有可能通向宗教消亡论,尽管这只是一种逻辑上的可能性。

二、启蒙以来的宗教消亡论及其文化主义局限

宗教消亡论的哲学根据是无神论。无神论基于人对自我的认识,将神圣性还原于人自身。这在近代西方的启蒙运动中表现得十分显著。诸如文艺复兴时期的人文主义,17 世纪以机械力学为中心的自然科学和唯物主义的自然哲学,斯宾诺莎的无神论唯理主义哲学,17—18 世纪的自然神论思潮等,都是这方面的典型代表。在这些无神论中,18 世纪的法国百科全书派尤为突出地提出了战斗无神论的口号,公开向传统的宗教和教会势力宣战,要求废除宗教。到了19 世纪的德国,从青年黑格尔派到费尔巴哈同样激进地延续了这一无神论传统。①

进入 20 世纪,由于科学技术的进步,人类获得了改造自然和驾驭社会的伟大力量,以至于人的独立性和自主性日益被强化。在尼采、弗洛伊德等人对时代精神的解释中完全没有了神的地位。前者喊出"上帝死了,重估一切价值"的响亮口号,后者则从潜意识去解释人类各种精神文化活动。甚至有不少人认为,"假如神还未死,那么将他杀死便是理性和已解放的人类的责任"②。可见,从近代无神论的兴起到提出战斗无神论再到当代彻底的无神论,人类思想的自

---

① 吕大吉.宗教学通论新编[M].北京:中国社会科学出版社,2010:693.
② [英]凯伦·阿姆斯特朗.神的历史[M].蔡昌雄,译,沈清松,校.海口:海南出版社,2007:392.

我觉悟与摆脱传统宗教神学的羁绊是一个相反相成的过程,并且不断升级,大有否定宗教本身的趋势。

　　上述诸种无神论及其宗教消亡论均可归属于文化主义的解释框架,换句话说,它们大致上从人类意识觉醒和精神文化发展角度去讨论宗教消亡的可能性,并提出无神论的根据。其中,费尔巴哈提出"人创造神"的观点。他在《基督教的本质》中指出,神不过是人类心理向上天投射的一个映像。但是,"神这个概念假定了一个不可能的完美和人类的脆弱对立,已使我们疏离自己的本性。因此,神无限而人类有限;神全能而人类软弱;神神圣而人类有罪"①。无疑,如此塑造的神性必定是人性的一种异化,人要解放就得抛弃这种神的观念。在他看来,人的原型是自然的、活生生的、世俗的、感性的人,而非与现实的人相异的高大上的神。因此,他主张把对神之爱转为对人之爱,使人从爱神者变成爱人者、从宗教和政治的奴仆变成自由和自觉的公民。当神被还原为人后,人们就会把爱从虚构的神那里转移到真正的人身上,人间就会充满爱;当人用对自己力量的信仰来代替对彼岸之神的信仰,人就会成为自己命运的主人,人类就可能结成合理的社会,过上充满爱心的美好生活。费尔巴哈有时把这种"对人的爱"称为"爱的宗教"。② 但这种"爱的宗教"却被置于以人为本的世俗基础之上。费尔巴哈的真正目的倒不是要建立一种新宗教,而是要用人间之爱去代替宗教。显然,这种新宗教作为一种道德理想实践在社会生活中并没有很大的现实性。

　　与费尔巴哈的人本主义立场不同,代表着科学主义立场的实证主义和现代宗教学的研究则探究了宗教在人类文化发展中所处的地位并说明其消亡的规律。孔德的实证主义主张以科学和道德代替宗教。他提出人类思想发展可分为三个阶段:神学的虚构阶段、形而上学的抽象阶段、科学的实证阶段。思想进化的结果是,神学虚构阶段和形而上学抽象阶段最终将被科学实证阶段所取代。因此,人类最终信奉的对象不是神学虚构或形而上学抽象的上帝,而是自然秩序和人类自身。③ 同样,以泰勒、弗雷泽、马雷特等为代表的现代宗教人类学学者专门研究了宗教的起源和发展。他们认为,人类是进化的,宗教也是进化的,宗教最终将随着人类理智和科学的发展让位于科学。对此,弗雷泽提出了有关人类精神发展的"巫术—宗教—科学"的三段论,认为人类最早企图通过巫术来控制事物;由于巫术的失败,人类便转而祈求神灵的帮助,从而形成宗

　　① ［英］凯伦·阿姆斯特朗.神的历史［M］.蔡昌雄,译,沈清松,校.海口:海南出版社,2007:401.
　　② 吕大吉.宗教学通论新编［M］.北京:中国社会科学出版社,2010:695.
　　③ 吕大吉.宗教学通论新编［M］.北京:中国社会科学出版社,2010:696.

教;宗教祈求无效,便让位于科学。①

上述西方近现代以来将科学与人文相结合的文化主义宗教消亡论也曾出现于中国思想界。五四运动中,一些启蒙思想家高扬科学和民主的精神,严厉地批判维护封建君主专制的宗教迷信。他们仿效西方思想先驱,提出了以文化形式来代替传统宗教的观点。比如,蔡元培认为,必须破除中国数千年来的君权和神权,应该以人道主义去除君权专制、以科学知识去除宗教迷信,用培养人们高尚情操的美育来代替宗教。梁漱溟相信,未来中国文化应该继续发扬儒家的道德理想,建设以伦理为本位、以道德代替宗教的社会。冯友兰则主张,中西文化互补,人类文化发展必然是以哲学代替宗教。②

纵观上述中外历史上的种种宗教消亡论,尽管说法不一,但却有共同点,这就是它们都把宗教存在的基础和根源归结为一个文化问题,即文化水平的低下导致人类认识上的无知。因此,启蒙是根本的解决之道。途径就是通过发展教育、普及科学、崇尚理性,最终以文化来代替宗教。至于人类无知的原因,有时也被归结为社会上层建筑方面的缺陷,如思想文化水平比较低下、政治法律制度不够完善等。但是对于决定上层建筑的经济基础,则几乎无人论及。③ 然而,正是在经济基础上我们才有可能深入揭示宗教存在的真实根源和其消亡的物质条件。宗教消亡论的文化主义解释框架的局限在于,仅从精神文化层面或上层建筑领域来论证宗教消亡,没有深入作为宗教产生和消亡的经济基础和社会存在。

第二节　宗教消亡的基本条件

宗教消亡论是马克思主义宗教观中很有特色的一部分。马克思、恩格斯探讨了宗教存在的根源和宗教消亡的条件,他们的认识先后经历了一个不断深化的过程。起初,他们认识到宗教作为一种颠倒的世界观,其存在的根源在于这个颠倒的世界。所以只有纠正了这个颠倒的世界,才能消除宗教赖以产生和存在的基础,从而为宗教消亡创造条件。并且,造成这个颠倒世界的是私有制产生的阶级压迫,因此只有消灭了私有制,才能使宗教消亡。后来,他们认识到促

① 吕大吉.宗教学通论新编[M].北京:中国社会科学出版社,2010:696-697.
② 吕大吉.宗教学通论新编[M].北京:中国社会科学出版社,2010:697.
③ 吕大吉.宗教学通论新编[M].北京:中国社会科学出版社,2010.

使宗教消亡的条件远没有这么简单和直接,宗教产生和存在的更为深刻的根源是人对自然、人对人的关系不明白不合理,以致自然力量、社会力量变成压迫和束缚人的异己力量。只有当人与自然、人与人之间的关系变得极为明白而且十分合理时,人在社会生活中才成为自由自觉的人,达到"谋事在人,成事也在人"的理想境界,那时候宗教才真正地失去其存在条件而趋于消亡。

一、马克思和恩格斯的有关论述

马克思和恩格斯上述思想过程的有关论述主要出现在以下几个文本中,但观点和方法各有侧重。

第一,《论犹太人问题》运用历史唯物主义观点批判宗教。马克思在 1843 年的《论犹太人问题》中,批判了鲍威尔的因果倒置的观点。鲍威尔将社会不平等归结为宗教信仰不平等,认为废除宗教才是社会解放的根本途径。马克思指出,宗教上的不平等并非社会不平等的原因,而是社会不平等导致的结果。"因此,我们用自由公民的世俗桎梏来说明他们的宗教桎梏。我们并不认为:公民要消灭他们的世俗桎梏,必须首先克服他们的宗教狭隘性。我们认为:他们只有消灭了世俗桎梏,才能克服宗教狭隘性。我们不把世俗问题化为神学问题。我们要把神学问题化为世俗问题。相当长的时期以来,人们一直用迷信来说明历史,而我们现在是用历史来说明迷信。"[1]在这段论述中,马克思的观点正好与鲍威尔相反,既然宗教对人的精神压迫("宗教桎梏")根源于社会对人的物质压迫("世俗桎梏"),那么,要消灭社会的不平等,正确的途径不是首先废除宗教,而是首先革新社会,即进行废除私有制的社会革命。[2] 按照历史唯物主义原理,宗教作为人们的一种社会意识或统治阶级的上层建筑部分,是由一定的社会存在状况或现实的经济基础条件所决定的。因此,"世俗桎梏"才是"宗教桎梏"的原因,或者说,"宗教桎梏"正是"世俗桎梏"的结果。所以,只有消灭"世俗桎梏"才能消灭"宗教桎梏"。显然,马克思在用历史唯物主义方法论讨论宗教的根源。

第二,《1844 年经济学哲学手稿》揭示了宗教异化根源于劳动异化。在《1844 年经济学哲学手稿》中,马克思通过对劳动异化与宗教异化关系的讨论,论述了只有通过社会主义革命消除了劳动异化,才有可能消除宗教异化的观

---

①　马克思恩格斯选集:第 1 卷[M].北京:人民出版社,1995:425.
②　吕大吉,高师宁.马克思主义宗教理论研究[M].北京:中国社会科学文献出版社,2011:189-190.

点。他认为,人把自己确立为真正的人,必须自由地、自觉地活动,这种活动主要表现在人把自己的生命活动外化为生产劳动并占有其劳动产品。在劳动过程中,人按照自己的理想改造自然。同时,自然界经由人的改造,失去了对人的异己性和客观性,成为人化了的自然。如果人将自己的生命活动对象化为劳动产品之后,重新占有了它们,人便在其中发现和确立了自身。但是,在资本主义私有制统治下的社会,劳动产品不仅不为劳动者所有,而且成为资本家借此占有劳动者劳动的资本,劳动者反而受资本的统治。于是,人与人的关系只有通过商品交换的形式来实现,人生活在这种社会关系中势必会成为商品化的人。所以,为了克服人的这种异化,就得推翻私有制基础上的剥削制度以消除异化劳动,使劳动产品回归劳动者手中,不再成为资本家剥削劳动者的资本。更一般地说,因外化于劳动产品中的人的本质回归于人自身,劳动者通过劳动便成为一个真正的人。① 尽管这里论述宗教消亡的条件仍然落实在消除私有制上,但不同于前一文本,马克思是站在人性论的高度来思考问题的。

第三,《资本论》从生产方式论证宗教消亡的基本条件。如果说前两个文本仅仅以私有制为基础讨论宗教的存在根源及其消亡条件的话,那么马克思在1867年出版的《资本论》第一卷中则超出了这一范围,将讨论拓展到构成人类生活的两种基本关系或生产方式的两个方面。他指出:"只有当实际生产的关系,在人们面前表现为人与人之间和人与自然之间极明白而合理的关系的时候,现实世界的宗教反映才会消失。只有当社会生活过程即物质生活过程的形态,作为自由结合的人的产物,处于人的有意识有计划的控制之下的时候,它才会把自己神秘的纱幕揭掉。但是,这需要有一定的社会物质基础或物质生存条件,而这些条件本身又是长期的、痛苦的历史发展的自然产物。"②马克思这段话从人类社会的生产方式("实际生产的关系"、"物质生活过程的形态")出发,论述宗教消亡的两大基本条件:人与人的关系极为明白而且合理;人与自然的关系极为明白而且合理。前者指生产关系,要求人与人之间的关系在社会生活和物质生产中成为自由结合的关系,这必须推翻以私有制为基础的资本主义制度。后者指生产力,所谓"有一定的社会物质基础或一系列物质生存条件",是说生产力高度发达,使人成为自然的主人。当然,促使宗教消亡的生产力条件不是单靠消灭资本主义私有制就能实现的,而是人与自然之间相互作用"长期的、痛

---

① 吕大吉,高师宁.马克思主义宗教理论研究[M].北京:中国社会科学文献出版社,2011:190-191.

② 马克思恩格斯全集:第23卷[M].北京:人民出版社,1972:96-97.

苦的历史发展的自然产物",其中也免不了人与人之间阶级斗争的苦难历史。

第四,《反杜林论》分析了宗教消亡过程的艰巨性和长远性。恩格斯晚年集中讨论宗教的存在根源及其消亡条件的著作,是 1876—1878 年间写成的《反杜林论》。书中,他不仅认为私有制统治对社会成员的奴役是宗教存在的根源,宗教的消亡必须以实现全社会占有生产资料并有计划地使用为条件,而且提出只有在"谋事在人,成事也在人"的时候,宗教才有可能消亡。他说:"当社会通过占有和有计划地使用全部生产资料而使自己和一切社会成员摆脱奴役状态的时候(现在,人们正被这些由他们自己所生产的、但作为不可抗拒的异己力量而同自己相对立的生产资料所奴役),当谋事在人,成事也在人的时候,现在还在宗教中反映出来的最后的异己力量才会消失,因而宗教反映本身也就随着消失。"①恩格斯在这里提到有关宗教消亡的条件:一是消灭生产资料的私人占有制,实行社会公有制;二是社会对生产资料实行有计划的使用;三是谋事在人,成事也在人。可见,恩格斯已经比较清楚地意识到,由私有制产生的对人的奴役力量还不是社会唯一的异己力量,从而也不是宗教产生和存在的唯一根源。即使在消灭了资本主义,把私有制改造成公有制之后,如果社会尚不能有计划地使用生产资料,尚不能消除经济关系中支配人们日常生活的异己力量,尚不能使人成为自己命运的主人,那么宗教反映的根源仍将存在。② 在此,恩格斯超越了以前的观念,更为广泛和长远地讨论了宗教存在根源的复杂性及其消亡的艰巨性。

相对而言,马克思和恩格斯早期对宗教存在的阶级根源谈论较多,而对宗教存在的更为广泛和深刻的人性根源论述较少。此时,他们的宗教批判重点在于通过社会革命取消私有制统治,还没有意识到宗教消亡其实是一个"长期的痛苦的"历史过程。后来,在《资本论》、《反杜林论》的有关论述中,马克思、恩格斯已经意识到宗教根源的复杂性及其消亡的艰巨性。他们注意到,除了私有制之外,人与人之间、人与自然之间的关系不明白不合理,或者说,社会物质基础不充分,社会未能实现有计划地使用生产资料,缺乏"谋事在人,成事也在人"的社会条件,所有这些都可能构成宗教长期存在的根源③,因此宗教消亡必然是一个艰难的、极其复杂的过程。

① 马克思恩格斯选集:第 3 卷[M].北京:人民出版社,1995:668.
② 吕大吉,高师宁.马克思主义宗教理论研究[M].北京:中国社会科学文献出版社,2011:193-194.
③ 吕大吉.宗教学通论新编[M].北京:中国社会科学出版社,2010:702-703.

二、宗教消亡的内外基本条件

在《资本论》中,马克思认为,宗教消亡的基本条件有三方面:一是人与自然的关系极其明白而且合理;二是人与人之间的关系极其明白而且合理;三是人自身获得全面发展。[①] 恩格斯将之精辟地概括为"三个主人":人成为"自然界的主人"、"社会结合的主人"和"自身的主人"。[②] 在《社会主义从空想到科学的发展》中,他论证说:"一旦社会占有了生产资料,商品生产就将被消除,而产品对生产者的统治也将随之消除。社会生产内部的无政府状态将为有计划的自觉的组织所代替。个体生存斗争停止了。于是,人在一定意义上才最终地脱离了动物界,从动物的生存条件进入真正人的生存条件。人们周围的、至今统治着人们的生活条件,现在受人们的支配和控制,人们第一次成为自然界的自觉的和真正的主人,因为他们已经成为自身的社会结合的主人了。人们自己的社会行动的规律,这些一直作为异己的、支配着人们的自然规律而同人们相对立的规律,那时就将被人们熟练地运用,因而将听从人们的支配。人们自身的社会结合一直是作为自然界和历史强加于他们的东西而同他们相对立的,现在则变成他们自己的自由行动了。至今一直统治着历史的客观的异己的力量,现在处于人们自己的控制之下了。只是从这时起,人们才完全自觉地自己创造自己的历史;只是从这时起,由人们使之起作用的社会原因才大部分并且越来越多地达到他们所预期的结果。这是人类从必然王国进入自由王国的飞跃。……人终于成为自己的社会结合的主人,从而也就成为自然界的主人,成为自身的主人——自由的人。"[③]有学者指出,这一概括及其论证,是马克思主义宗教观中最深刻、最精彩、最有价值的部分,它把马克思主义哲学、经济学、科学社会主义同马克思主义宗教观熔为一炉,是马克思主义宗教观区别于其他各种宗教观的独特特征。[④]

无论是人成为自然的主人、社会的主人,还是成为自身的主人,关于宗教消亡的基本条件的这三个方面都强调了人的主体地位。人的主体意识觉醒与宗教信仰直接对立,传统神学强调人以神为主,人是上帝的仆人。相反,像费尔巴

---

①　马克思恩格斯全集:第44卷[M].北京:人民出版社,2001:97.

②　马克思恩格斯全集:第3卷[M].北京:人民出版社,1995:760.

③　马克思恩格斯选集:第3卷[M].北京:人民出版社,1995:757-758.

④　陈荣富.马克思主义宗教观研究[M].成都:四川人民出版社,2008:340-341.

哈那样的无神论者认为,上帝的观念只是人的心理投射,各种宗教是为满足人的心灵需要而被创造出来的。因此,"以神为本"其实是"以人为本"。或者说,正是人通过创造"神"才显示了自己无意识的主体地位,所以真正的"主人"是人自身。从这种人本学的思维出发,马克思同样指出:"人创造了宗教,而不是宗教创造了人。就是说,宗教是还没有获得自身或已经再度丧失自身的人的自我意识和自我感觉。"①

当然,人的主体地位或"主人"角色是在实践基础上确立起来的,它需要从根本上消除异化劳动。只有消除了异化劳动,才能消除一切形式的异化,包括宗教的异化。因为在劳动中,人不仅要外在地解决人与人、人与自然之间的矛盾,而且要内在地解决自身的矛盾。从解决人与自然之间的矛盾看,人通过科学技术的进步,在劳动中不断改造自在自然,克服原始自然界的盲目性和异己性,使之成为人化了的自然界;从解决人与人之间的矛盾看,人通过废除私有制和建立全社会占有生产资料的公有制,将会解决个体与类、个体与他人的矛盾,成为社会化的人。"人化了的自然界"与"社会化的人"体现了生产力的发展水平与生产关系的社会基础,两个方面的具体统一正是生产方式,而生产方式是人的劳动的实现方式。所以,消除了异化劳动,人就从自然和社会的双重压迫中得以解放,从而成为自然的主人和社会的主人。这是宗教消亡的外部基本条件。

宗教消亡的基本条件还在于人获得自身的解放,成为自身的主人。马克思在考察宗教异化时早就注意到内外两个方面,他说:"宗教的异化本身只是发生在人内心深处的意识领域中,而经济的异化则是现实生活的异化——因此异化的扬弃包括两个方面。"②不过,唯物主义坚持外部世界优先性的原则使马克思视私有制为宗教产生和赖以存在的最重要的根源,所以要使宗教消亡,就必须消灭私有制和实现共产主义。

况且,马克思对人的存在的主要理解也是外部的、社会的。他说:"人就是人的世界,就是国家,社会。"③因而,消除作为颠倒的世界意识的宗教在于更正作为颠倒的人的世界、国家和社会。但是,人与世界、国家和社会毕竟是内外有别的。在谈及政治解放与人的解放的差距时,马克思也注意到这一点。近代西方国家的政治解放的实质是国家独立于神权。当政治从宗教中解放出来时,就不再有国教了,国家不再信奉任何宗教,以自己的形式、自己的本质而存在。所

---

① 马克思恩格斯选集:第 1 卷[M].北京:人民出版社,1995:1.
② 马克思恩格斯全集:第 42 卷[M].北京:人民出版社,1979:121.
③ 马克思恩格斯全集:第 3 卷[M].2 版.北京:人民出版社,2002:199.

以,"犹太教徒、基督徒、一般宗教信徒的政治解放,是国家从犹太教、基督教和一般宗教中解放出来"①。然而,政治解放远没达到人的解放。在马克思看来,"摆脱了宗教的政治解放,不是彻头彻尾、没有矛盾地摆脱了宗教的解放,因为政治解放不是彻头彻尾、没有矛盾的人的解放方式"②。其实,政治解放是有限度的,它离人的解放仍有较远的距离。"政治解放的限度一开始就表现在:即使人还没有真正摆脱某种限制,国家也可以摆脱这种限制,即使人还不是自由人,国家也可以成为自由国家。"③可见,自由国家并不直接代表自由个人,成为自由个人还在于自身条件。所以,分析宗教消亡的基本条件,必须按人的解放从人的存在的内外维度去全面考察。

第三节　宗教的消亡是一个漫长而痛苦的过程

马克思和恩格斯认为,宗教消亡是一个极其漫长而又充满痛苦的过程。事实上,人很难真正达到"谋事在人、成事也在人"的自由境界,因为人与自然之间、人与人之间的矛盾是永远存在的,它们之间形成"极明白而合理"的关系只是遥远的未来,达到这种关系需要经历漫长的历史过程。

一、宗教消亡与人的发展

马克思和恩格斯认为,宗教消亡是一个极其漫长的过程。事实上,要真正达到"谋事在人、成事也在人"的自由境界是很困难的,因为人与自然之间、人与人之间总是存在这样那样的矛盾,它们之间形成"极明白而合理"的关系是一个遥远的目标,达到那个目标,必须经历漫长而痛苦的过程。

在马克思看来,这一历史过程正是共产主义的实现过程。共产主义作为人类社会的理想目标,是对人的本质的真正占有,是人向自身、社会和自然的自觉而完全的复归,其中保存了以往发展的全部财富,因此是对人的异化的积极扬弃。"这种共产主义,作为完成了的自然主义,等于人道主义,而作为完成了的人道主义,等于自然主义,它是人和自然界之间、人和人之间的矛盾的真正解

① 马克思恩格斯全集:第3卷[M].2版.北京:人民出版社,2002:170.
② 马克思恩格斯全集:第3卷[M].2版.北京:人民出版社,2002:170.
③ 马克思恩格斯全集:第3卷[M].2版.北京:人民出版社,2002:170.

决，是存在和本质、对象化和自我确证、自由和必然、个体和类之间的斗争的真正解决。"①无疑，这一漫长的历史过程因各种异化的发生而充满着痛苦。其中，异化劳动作为一切异化的基础则是人类社会历史发展的必然现象。幸好，异化不完全是消极的、否定的，它以否定的形式包含了人类劳动的巨大成就，并积累起扬弃一切异化的物质和精神的力量，为实现共产主义创造了条件。

扬弃异化劳动包括四个方面②：一是克服劳动者与其产品的分离，使人在对象化中确证自我；二是将劳动从作为谋生的手段中解放出来，使劳动成为人的生活目的，从而使人的生命获得解放；三是让人真正占有自己的本质，实现个体和类的统一；四是解决人和人之间的矛盾，使人真正成为社会化的人。因此，这种扬弃了异化劳动的共产主义社会，真正解决了人与自然之间的矛盾，使自然不再成为异己的力量；真正解决了人与人之间的矛盾，使社会不再成为异己的力量。从而"人以一种全面的方式，也就是说，作为一个完整的人，占有自己的全面的本质"③。这样，宗教异化也就失去了存在的基础。

马克思意识到，要实现共产主义，促使宗教消亡，除了理论上的自觉，更需要现实中的奋斗，并且这是一个极其艰难而漫长的过程。他说："要消灭私有财产的思想，有共产主义思想就完全够了。而要消灭现实的私有财产，则必须有现实的共产主义行动。历史将会带来这种共产主义行动，而我们在思想中已经认识到的那个正在进行自我扬弃的运动，实际上将经历一个极其艰难而漫长的过程。"④

即使作为理论上的自觉，马克思、恩格斯在思想上也经历了一个发展的过程。开始，他们关注的重点在于宗教消亡的经济条件，尤为强调的是废除私有制剥削和阶级压迫。他们认为，宗教"这些意识形式，只有当阶级对立完全消失的时候才会完全消失"⑤。随着异化劳动的消灭、私有制的废除，阶级也必然归于消亡，阶级压迫成为历史，社会不再成为统治人民的异己力量。这样的社会就是共产主义社会，那时宗教将自行消亡。在共产主义社会中，"每个人的自由发展是一切人的自由发展的条件"⑥。这一社会将自觉地支配高度发展的生产

① 马克思恩格斯全集：第42卷[M].北京：人民出版社，1979：120.
② 陈荣富.马克思主义宗教观研究[M].成都：四川人民出版社，2008：149-150.
③ 马克思恩格斯全集：第42卷[M].北京：人民出版社，1979：123.
④ 马克思恩格斯全集：第42卷[M].北京：人民出版社，1979：140.
⑤ 马克思恩格斯选集：第1卷[M].北京：人民出版社，1995：293.
⑥ 马克思恩格斯选集：第1卷[M].北京：人民出版社，1995：294.

力,使每个人获得全面发展其才能的手段。人因此而成为"完整的个人"、"有个性的个人",这就使宗教的消亡成为必然。但是,共产主义的实现不在理想的"彼岸世界"而在现实的漫长的历史过程中。对此,马克思、恩格斯指出:"共产主义对我们说来不是应当确立的状况,不是现实应当与之相适应的理想。我们所称为共产主义的是那种消灭现存状况的现实的运动。这个运动的条件是由现有的前提产生的。"①这里所谓的"前提"是指生产力的高度发展。因此,要大力发展生产力,切实奠定宗教消亡的物质基础。后来,他们又认识到,宗教的消亡不只是一个经济问题,并非仅仅依靠消灭私有制和阶级压迫就能实现的。它还涉及政治、文化、心理等诸多方面的条件,只有当人成为自然的主人、社会的主人、自身的主人,只有当"谋事在人、成事也在人"的时候,即人成为真正的自由人的时候,宗教作为一种对人异己的力量才能自行消亡。

上述关于宗教存在的根源及其消亡条件的论证,马克思、恩格斯既有哲学层面上的一般假设,又有政治经济学层面上的具体证明。在哲学假设上,一旦认识到宗教存在的根源,促使宗教消亡就要消除这些根源。对此,马克思分析宗教存在的主要根源是:①异己的自然力量的压迫;②异己的社会力量的压迫;③人本身的局限性。因而,他相应地提出了宗教消亡的三个条件:①人和自然之间的关系极明白而合理;②人和人之间的关系极明白而合理;③人本身获得全面而自由的发展。② 恩格斯将之简明地概括为使人成为自然的主人、社会的主人、自己的主人。但是,人能否以及怎样成为这"三个主人"? 进而,马克思在《资本论》及其手稿中具体地做了以下的政治经济学证明:③

证明一,通过考察社会技术形态的发展,证明人在共产主义社会将成为自然的主人。如果说在农业社会,人是自然的奴隶;在工业社会,人是自然的征服者;那么,在共产主义社会,人将是自然的主人。因为在那时,人与自然的关系将变得"极明白而合理":"社会化的人,联合起来的生产者,将合理地调节他们和自然之间的物质变换,把它置于他们的共同控制之下,而不让它作为一种盲目的力量来统治自己;靠消耗最小的力量,在最无愧于和最适合于他们的人类本性的条件下来进行这种物质变换"④。这样的话,自然就不再作为一种异己力量支配人类,宗教在这方面的存在根源就消失了。

---

① 马克思恩格斯全集:第3卷[M].北京:人民出版社,1960:40.
② 马克思恩格斯全集:第44卷[M].北京:人民出版社,2001:97.
③ 陈荣富.马克思主义宗教观研究[M].成都:四川人民出版社,2008:315-325.
④ 马克思恩格斯全集:第46卷[M].北京:人民出版社,2003:928-929.

证明二,通过考察社会交换形态的发展,证明人在社会化的产品经济阶段将成为社会的主人。人类社会交换形态的发展过程势必会经历传统的自然经济、现代的商品经济、未来的产品经济这三个阶段。在社会化的产品经济阶段,由于生产力的高度发展和生产资料的社会占有、共同控制,所以,生产是直接的社会化生产。每个人的劳动,不管其所创造的产品的特殊形式如何,直接地就成为社会劳动,不需要通过产品的交换。个人和社会的关系无须以商品为中介,而由一个社会中心直接配置物质生活条件,直接分配产品。马克思把这种社会化的产品经济称为"在共同占有和共同控制生产资料的基础上联合起来的个人所进行的自由交换"①。这里所说的"自由交换",正是基于产品"自由交换"之上的人的能力和对象化活动的"自由交换",即"每个人的自由发展是一切人的自由发展的条件"②。随着人对商品货币资本的拜物教成为历史,人的能力和对象化活动不再通过商品中介而使人相互隔绝、相互对立,而是直接社会化后的相互创造、相互补充。所以,人与人之间的关系就变得"极明白而合理",社会不再作为异己力量与人相对立。

证明三,通过考察社会主体形态的发展,证明人在共产主义社会将获得全面、自由、和谐的发展,成为自己的主人。人之所以不能成为自己的主人,原因就在于个人的局限性。以往,人总是把自己的本质异化为万能的神,然后通过崇拜神并借助其神力来克服个人的有限性。对此,马克思指出:"个人的全面性不是想象的或设想的全面性,而是他的现实联系和观念联系的全面性。"③就是说,个人的全面发展和其个性的完整实现,不是通过想象让自己借由或成为无所不知、无所不能的神,而是由于社会关系的丰富性、社会联系的普遍性、人与人之间关系的合理性,使每个人拥有的知识和本领同时成为其他人的知识和本领的补充,以至"每个人的自由发展是一切人自由发展的条件",这是通过人类的共同财富来达到的。神的观念是人对自身全面发展的虚幻想象或理想设想("想象的全面性"),一旦人在现实中成为全面发展的人,成了自身的真正主人,那神也就没有必要存在了。

上述论证,无论是通过社会技术形态、社会交换形态的考察,还是最终对社会主体形态的考察,都证明了宗教的消亡必须具备一定的社会条件,显然可见,

---

① 马克思恩格斯全集:第 30 卷[M].北京:人民出版社,1995:109.
② 马克思恩格斯选集:第 1 卷[M].北京:人民出版社,1995:294.
③ 马克思恩格斯全集:第 30 卷[M].北京:人民出版社,1995:541.

"这些条件本身又是长期的、痛苦的发展史的自然产物"①。人类发展必须经历不断的扬弃,这些扬弃由于否定了现有的条件,因而让人付出了"痛苦的"代价。

二、历史经验与现实条件

无视宗教消亡条件的复杂性和艰巨性,即人类社会"长期的、痛苦的历史发展的自然产物",而简单地以为只要通过社会主义革命消除私有制即可,这种观点已被历史和现实的经验证明是错误的。以苏联为例,它进行了七十多年的社会主义革命和建设,宣布废除了资本主义私有制,正走向共产主义社会。但事实上,这个国家的宗教一直未曾消失过,反而那里的社会主义制度先解体了。这意味着,私有制并不是宗教存在的唯一根源。

宗教作为社会上层建筑中的意识形态部分,它离经济基础较远,这使其"观念同自己的物质存在条件的联系,越来越错综复杂,越来越被一些中间环节弄模糊了"②。因此,宗教消亡的条件是极其复杂的。不过,宗教与所有制的联系也确实是存在的。但是,所有制这种生产关系是由生产力决定的,所以宗教消亡条件根本上要从生产力去考察。或者,我们应该全面地从生产方式去说明宗教现象,即从生产力所反映的人与自然的关系、从生产关系所反映的人与人的关系去把握宗教消亡的基本条件。而简单地废除私有制并不能直接进入一个人与自然、人与人的关系极明白而合理的社会。

如此,苏联社会的宗教一直存在的原因,在于这个国家和社会的人与自然的关系、人与人的关系依然是"不明白"和"不合理"的。由于那里缺乏"一定的社会物质基础或一系列物质生存条件",人民并未完全控制自然力、成为自然的主人;由于那里的"社会生活过程"并非是"作为自由结合的人的产物",人民并未成为掌握自己命运的主人。以至于当苏联的各种宗教继续存在的时候,反而立志要消灭它的社会主义体制先崩溃了。③ 苏联人民用自己亲身经历的事实证明了宗教存在的长期性。因为马克思、恩格斯最终提出的使宗教消亡的条件在当今社会远未达到。

再有,即使建立了社会主义公有制,也未必就真正实现了社会对生产资料的有计划地使用,从而消除经济生活中支配人们的盲目性和异己性的力量,达

---

①　马克思恩格斯全集:第44卷[M].北京:人民出版社,2001:97.
②　马克思恩格斯选集:第4卷[M].北京:人民出版社,1995:254.
③　王大吉.宗教学通论新编[M].北京:中国社会科学出版社,2010:701.

到马克思和恩格斯所说的宗教消亡的基本条件之一。历史经验给了我们沉痛的教训:不顾社会发展的客观规律和现实的社会条件,从某种平均主义的道德理念出发而采取立即消灭一切私有制和实施纯粹的公有制,这种激进行动本身就给社会发展造成了更大的盲目性,人民并未因此而成为经济关系和社会生活的主人,人的命运仍在很大程度上被各种力量所支配。人民仍将与各种异己力量作"长期的、痛苦的"斗争,甚至在"痛苦"之余跑到宗教幻想的天国去寻找精神上的安慰。①

历史经验告诉我们,忽视宗教存在根源的复杂性和根本性,只是简单地通过废除私有制来消灭宗教的做法,结果总是事与愿违。其实,马克思、恩格斯后来关于宗教存在根源和宗教消亡条件的研究,已很大程度地揭示了这种复杂性和根本性。今天,我们从理论到实际的考察不难得出结论:从理论上说,宗教绝不是永恒存在的;在实际生活中,它将是长期存在的。正如任何自然和社会现象固有其存在的历史性,宗教同样最后会走向自身历史的终结。但在现实中,由于导致宗教存在的各种条件没有消除,所以宗教仍将长期存在。因此,我们与其直接致力于宗教本身的消亡,倒不如着手建设一个不断进步的社会,积极创造导致宗教消亡的历史条件,包括社会条件、个体条件和知识条件,实现人的自由而全面的发展。

就社会条件而论,宗教的存在既有经济方面的原因,也有文化方面的原因。如果在不确定的未来,宗教走向消亡,那必然是整个社会从经济基础到上层建筑、从物质层面到精神层面综合演变的结果。② 因此,我们既要着力于物质和制度层面的建设,也要加强精神和文化层面的建设,积极创造宗教自行消亡的全面性条件。就宗教本身而言,在未来漫长的历史过程中,对于黑暗势力利用传统宗教进行危害社会的非法活动,我们需要保持必要的警惕;同时,我们也应该以正面的态度,发挥传统宗教所包含的积极有益的文化因素,促进社会文化的建设。③ 但采用政治的强制力,通过废除私有制来消灭宗教,已被历史证明为不切实际的幻想。因为宗教赖以存在的文化和精神方面的原因,并未因私有财产制度的废除而自动消除。④

就个体条件而论,虽然从理论上讲,未来宗教自行消亡的社会中,人将成为

① 王大吉.宗教学通论新编[M].北京:中国社会科学出版社,2010:702.
② 王大吉.宗教学通论新编[M].北京:中国社会科学出版社,2010:705.
③ 王大吉.宗教学通论新编[M].北京:中国社会科学出版社,2010:706.
④ 王大吉.宗教学通论新编[M].北京:中国社会科学出版社,2010:705-706.

不受任何异己力量支配的人,达到"谋事在人,成事也在人"的自由境界,能够掌握自己的命运而不依赖于神灵。但在现实中,由传统社会向现代社会转型的现代化,尽管从物质上巨大地改变了人们的生活方式,但也对人们的精神生活产生了严重的影响。市场经济鼓励竞争,它一方面给人们提供更多的机会和可能,另一方面也给人们更大的压力和风险。在竞争中处于弱势地位的人,会感到命运的无常和社会的无情,心理失去平衡。在竞争中获得成功的人,对前景也有不确定感,怕得而复失。也就是说,不管成功与否、富人或穷人,都需要有精神寄托和信赖力量。除了少数精英人物能够采用科学、哲学、道德、美育等高雅深奥的文化形式作为精神理想,社会的芸芸众生只能在通俗的信仰体系中去寻找精神的慰藉。因而,绝大多数人都有可能信仰宗教。尤其当物质生活日益丰富后,人们会更加重视获得精神上的满足,追求自身需要的精神生活,探寻生命的价值和意义。在这种情况下,宗教就成为一个重要选项。①

　　就知识条件而论,人类关于外部世界的知识,在今天的科技条件下,已达到了空前的广度和深度。不过,人类最根本的知识还是人对自身的认知。然而,人关于自己的认知却十分有限,而且争议很大。宗教是探究人生的终极关怀的一个重要领域,因为人们所有的生活方式都是以对人生终极意义的某种信仰为前提的。任何人,不管他或她在社会文化生活中的处境如何,都必须面对一些终极性的问题:如何面对自己的必然死亡? 如何对待自己的潜力与成就之间的差距? 人为什么要活下去? 生活的目的何在……正是这些问题难以解答,所以古往今来的一切人类社会都在不断地遭受宗教幻想的折磨。在马克思、恩格斯和其他无神论者看来,宗教是一种幻想。所有宗教信仰的基本内容都是虚幻的,即假设在这个世界之外有某种人格的力量,它以某种方式在关心着我们的生活。为了治疗宗教幻想,马克思、恩格斯的宗教消亡理论与其他无神论者的理论,如弗洛伊德的精神分析理论、涂尔干的社会学理论、生物学家的进化论和基因说等,所有这些理论都以不同的策略试图从根本上解决人类的宗教问题。

---

① 冯今源.关于马克思主义宗教观研究的几点思考[J].宗教,2008(5).

参考文献

1.吕大吉,高师宁.马克思主义宗教理论研究[M].北京:中国社会科学文献出版社,2011.

2.[英]凯伦·阿姆斯特朗.神的历史[M].蔡昌雄,译,沈清松,校.海口:海南出版社,2007.

思 考 题

1.未来宗教消亡的基本条件是什么?

2.简述宗教的消亡与人的解放之间的关系。

第六章 马克思主义宗教观在中国是怎样发展的

马克思主义宗教观,是马克思主义的创始人马克思、恩格斯运用辩证唯物主义和历史唯物主义的基本原理来认识、分析宗教的本质,揭示宗教产生的起源与存在的根源、发展的规律与消亡的条件、功能和社会作用的基本理论和基本观点。随着马克思主义理论在中国的传播与发展,中国共产党的三代领导集体和以胡锦涛、习近平同志为总书记的党中央在领导中国革命、建设和改革的实践过程中,以马克思宗教观为指导,结合中国的具体实际,逐步形成了一系列有关宗教的重要观点,代表了马克思主义宗教观在中国发展的最新成果和最新阶段。

第一节 马克思主义宗教观在中国的发展过程

马克思主义宗教观在中国的发展过程,大致可分为三个阶段:初步形成时期、恢复和全面发展时期、趋向完善时期。初步形成与发展时期是指新民主革命时期、新中国成立后至 20 世纪 50 年代,以毛泽东为首的中国共产党人开始了马克思主义宗教观和中国具体实际相结合的探索。他们论述了宗教的本质、作用、存在根源和历史演变,提出宗教信仰自由是中国共产党对宗教的基本国策。20 世纪 50 年代后期至"文化大革命"结束,中国马克思主义宗教观受到歪曲,宗教信仰自由政策受到干扰。恢复和全面发展时期是指改革开放以后的二十多年,以邓小平为核心的中国共产党第二代领导人专门研究了宗教问题,并于 1982 年 3 月通过了《关于我国社会主义时期宗教问题的基本观点和基本国策》这一纲领性文件,体现了中国化马克思主义宗教观的成形。趋向完善时期是中国共产党第三代领导人在论述改革开放以来的宗教工作的政策基础上,全面阐述"积极引导宗教与社会主义社会相适应"的命题,完善了中国马克思主义宗教观,为中国宗教适应社会主义社会的实践提供了政策性的指导。2004 年11 月 30 日,国务院颁布了《宗教事务条例》,确立了政府依法管理宗教事务的制度。这些政策和措施全面推进了马克思主义宗教观在和中国具体实际相结合过程中的完善和发展。党的十八大以后,以习近平为总书记的新一代中央领导集体进一步发展了中国化马克思主义宗教观。习近平在 2016 年 4 月 22 日至23 日召开的全国宗教会议中发表了重要讲话,明确提出了中国特色社会主义宗教理论,深刻阐述了宗教工作一系列重大理论和实践问题,标志着我们党对宗教问题和宗教工作的认识达到了新的高度,是指导我们做好新形势下宗教工作的纲领性文献。

一、初步形成时期

在中国新民主主义革命时期,宗教问题成为新民主主义革命的组成部分。出于反封建的革命需要,出于在全国范围传播马克思主义历史观和宗教观的需要,早期共产党人对宗教的本质做出了论述,特别指出:中国数千年封建君主利用宗教神权思想维护其统治,使之成为束缚中国人民特别是广大农民的精神绳索,实际上是通过社会力量的神秘化,将宗教作为压迫人们的工具,把宗教与封建专制紧密联系在一起。李大钊是最早根据宗教是社会力量的异化这一观点来分析宗教问题的早期共产党人,他认为,宗教一方面是社会不平等关系的表现,另一方面又反过来加深和扩大这种不平等,"把那皇帝、王公、侯伯、世爵这等特权阶级放在神权保护之下",而使被统治者甘受其压迫。[①] 陈独秀也指出,封建君主专制存在的主要原因之一是人们"迷信君主是天的儿子,是神的替身,尊重他,崇拜他,以为他的本领与众不同"。因此要打倒封建专制制度,首先必须打倒宗教神权,使人们从宗教迷信的桎梏下解放出来。[②]

真正把马克思主义宗教观和中国革命实践结合起来,是从毛泽东开始,而这个结合的切入点是农民问题。在《湖南农民运动考察报告》一文中,毛泽东揭示了中国宗教的本质和宗教存在的阶级根源,他指出,神权、政权、族权、夫权"代表了全部封建宗法的思想和制度,是束缚中国人民特别是农民的四条极大

---

① 李大钊选集[M].北京:人民出版社,1959:506.
② 独秀文存:第三卷[M].北京:亚东图书馆,1922:224.

的绳索"①。神权存在的社会阶级根源，是由于中国农民因处于社会的最底层而不得不乞求神灵的保佑，封建势力则利用神灵作为统治农民的精神工具。② 但毛泽东反对使用暴力的方式推翻神权，他认为破除神权乃"政治斗争和经济斗争胜利以后自然而然的结果"③，共产党的宣传政策应当是："引而不发，跃如也。"④毛泽东还依据统一战线的原则，认为"共产党可以和某些唯心论者甚至宗教徒建立在政治行动上的反帝反封建的统一战线"⑤。明确把宗教徒纳入统一战线的范畴，这是毛泽东对马克思主义宗教观的重大发展。他在《论联合政府》报告中进一步把宗教信仰自由列为人民群众的基本权利之一："人民的言论、出版、集会、结社、思想、信仰和身体这几项自由，是最重要的自由。"⑥可见，对于宗教信仰自由问题，中国共产党早在新民主主义革命时期已经有了比较成熟的认识，这为后来正确认识和解决社会主义时期宗教问题奠定了坚实的基础。

　　新中国成立以后，通过对宗教制度的重大改革，宗教问题从以阶级矛盾为主转变为人民内部矛盾。毛泽东在《关于正确处理人民内部矛盾的问题》中指出，宗教是"思想性质的问题"、"属于人民内部的争论问题"，"我们不能用行政命令去消灭宗教，不能强制人们不信教，不能强制人们放弃唯心主义，也不能强制人们相信马克思主义"，"只能用民主的方法去解决，只能用讨论的方法、批评的方法、说服教育的方法去解决，而不能用强制的、压服的方法去解决"。⑦ 这些著名论断，已成为我们党和政府在社会主义时期处理宗教矛盾和宗教工作的基本方针。

　　尤其重要的是，毛泽东提出了宗教是文化的观点。毛泽东对中国的历史文化有着非常深刻的理解与研究，认为中国的文化深受宗教文化的影响，宗教是中国文化不可分割的重要内容，因此"不研究宗教，就写不好哲学史、文化史、世界史"⑧。深刻地揭示了宗教在文化中的地位、宗教与其他意识形态及其载体之间的关系。另外，毛泽东还将宗教与迷信严格区分开来。1947 年 10 月，还在延安时期，有一天饭后，毛泽东建议去寺庙看看，警卫员说："那有什么好看的，尽

---

① 毛泽东选集：第一卷[M].北京：人民出版社，1991：31.
② 毛泽东选集：第一卷[M].北京：人民出版社，1991：31-32.
③ 毛泽东选集：第一卷[M].北京：人民出版社，1991：34.
④ 毛泽东选集：第一卷[M].北京：人民出版社，1991：33.
⑤ 毛泽东选集：第二卷[M].北京：人民出版社，1991：707.
⑥ 毛泽东选集：第三卷[M].北京：人民出版社，1991：1070.
⑦ 毛泽东选集：第五卷[M].北京：人民出版社，1977：368.
⑧ 高占福.西北穆斯林社会问题研究[M].兰州：甘肃民族出版社，1991：20.

是迷信。"毛泽东纠正说:"偏激!偏激!那是文化!文化!懂吗?"①在认定宗教是唯心主义世界观的同时,将宗教视为一种文化而非迷信,这是唯物主义者对宗教性质认识上的一个重大进步。毛泽东还把宗教的文化性和宗教的群众性的联系在一起,1961年1月23日,他在同班禅的谈话中曾说:"我赞成有些共产主义者研究各种教的经典……因为这是个群众问题……要做群众工作,我们都不懂得宗教,只红不专。"宗教所具有的广泛群众性及其文化属性,可以说是对宗教采取保护政策的两个主要依据。着眼于全局、着眼于群众、着眼于文化发展,是毛泽东观察和处理我国宗教问题基本出发点,也是我国宗教工作的"中国特色"之所在。

　　周恩来高度重视宗教问题和宗教工作,他认为中国宗教具群众性的特点,宗教问题"首先是一个群众信仰问题"。② 我们党的宗教政策必须是从群众观点出发的政策。并进一步指出,信教群众和不信教群众的社会地位、政治地位一律平等,主张信教的和不信教的群众要相互理解、相互接受、相互尊重、彼此团结。③ 周恩来这种把宗教问题定位在群众问题的观点,是符合马克思主义宗教观和中国具体实际的,也为宗教工作的稳步开展找到了正确思路。周恩来正确认识到,在社会主义社会中宗教还会长期存在。1951年年初,针对有人认为宗教徒分到了土地就不信教的幼稚观点,周恩来说:"别说分了地的农民,就是进入社会主义社会,也有信教的。"甚至认为共产主义社会也有宗教存在的可能性,他指出:"信仰宗教的人,不仅现在社会主义的国家里有,就是将来进入共产主义社会,是不是就完全没有了? 现在还不能说得那么死。""当社会还没有发展到使宗教赖以存在的条件完全消失的时候,宗教是会存在的"。④ 另外,周恩来还指出,中国宗教的重要特点之一是政教分离,在中国历史中各宗教主要以一种文化方式存在,宗教信仰和政治反动不能画等号,宗教信仰问题属于人民内部的思想问题,而不是政治问题。因此,"不管是无神论者,还是有神论者,不管是唯心论者,还是唯物论者,大家一样可以拥护社会主义制度"⑤。"我国信仰各种宗教的人,向来就是合作的,不信仰宗教的人应当尊重信仰宗教的人,信仰宗教的人也应当尊重不信仰宗教的人。不信仰宗教的人和信仰宗教的人都可

----

① 曹琦云.毛泽东与佛教[J].佛教文化,1993(7).
② 周恩来统一战线文选[M].北京:人民出版社,1984:184.
③ 周恩来统一战线文选[M].北京:人民出版社,1984:309-310.
④ 周恩来统一战线文选[M].北京:人民出版社,1984:383-384.
⑤ 周恩来统一战线文选[M].北京:人民出版社,1984:383-384.

以合作，信仰不同宗教的人也可以合作，这对我们民族大家庭的团结互助合作是有利的。"①另外，周恩来还特别提出了宗教界要服务于人民，宗教活动要有益于社会的重要思想，这对于充分调动宗教界的积极性，为社会主义建设事业服务，具有重要意义。这些思想对于避免宗教问题上的"左"倾错误，对巩固和扩大爱国统一战线有重要的意义，也为马克思主义的宗教观注入了新的内容和活力。

周恩来更重要的贡献在于提出宗教工作应坚持独立自主自办的原则，摆脱帝国主义对中国宗教的控制和影响。由于我国宗教问题的特殊性，旧中国的基督教和天主教，受到帝国主义势力的操纵和控制，这种状况直到建国初期也没有根本改变。正因为如此，周恩来提出，中国的宗教应该由中国自己来办，并且应该采取谨慎态度，他说："对这个问题，我们只反对帝国主义，不牵连宗教信仰问题。我们主张宗教要同帝国主义割断联系。如中国天主教还受梵蒂冈的指挥就不行，中国的宗教应该由中国人来办。"②当中国的爱国教徒决定发起"三自革新运动"（现在称为"三自爱国运动"）时，当即得到周恩来总理的赞同与支持。并对天主教、基督教的教团在中国创办提出三点原则："第一，要把民族反帝的决心坚持下去，割断同帝国主义的联系，让宗教还它个宗教的本来面目。第二，宗教思想是唯心主义的，唯心主义和唯物主义不同就是不同，不必隐瞒。我国只要求宗教团体摆脱帝国主义的控制，肃清帝国主义的影响，我们不搞反宗教运动。第三，宗教团体本身要独立自主、自力更生，要建立自治、自养、自传的教会。这样基督教就会变成中国的基督教会了。"③

中国马克思主义宗教观初步形成时期的宗教理论，主要内容是分析新中国和新制度建立时期宗教的性质、特点和存在的根源，指出宗教性质已经从阶级矛盾转变为人民内部矛盾，强调宗教的群众性、文化性、复杂性以及宗教存在的长期性，并提出独立自主创办宗教的原则，这些思想和原则是中国第一代共产党人将马克思主义宗教观与中国宗教的具体实际相结合的结果，也是以后党和政府制定宗教政策、做好宗教工作的基本依据。依据这些观点，党和政府采取了一系列政策保护宗教的合法权益，其中重要的是 1949 年 9 月颁布的《共同纲领》明确提出了宗教信仰自由。1954 年 9 月召开的第一届全国人民代表大会通过的《宪法》明确规定公民有宗教信仰的自由。为了保证宗教信仰自由政策的

---

①　周恩来统一战线文选[M].北京：人民出版社，1984：387.
②　历次全国统战工作会议概况和文献[M].北京：档案出版社，1988：31.
③　周恩来统一战线文选[M].北京：人民出版社，1984：181-182.

落实,各级人民政府还陆续成立了宗教工作机构,由民政局和宗教局直接负责管理宗教事务。

二、恢复和发展时期

20世纪50年代后期,我们党对宗教的工作经历了一段曲折的道路,马克思主义宗教观和第一代共产党人提出的宗教理论和宗教政策遭到践踏和歪曲。50年代末,宗教工作中开始出现"左"的错误思想,60年代中期进一步发展起来,到"文化大革命"期间,党的宗教理论和宗教政策遭到肆意践踏。1962年9月党的八届十中全会上,毛泽东把社会主义社会中一定范围内存在的阶级斗争扩大化和绝对化,并将其严重性提到了不恰当的高度。这种错误认识也反映在宗教问题上。在宗教问题的性质已经发生根本变化之后,有些领导干部还错误地认为宗教领域存在着严重的阶级斗争,把属于人民内部矛盾的宗教问题当作敌我矛盾,不适当地提出"共产党的任务就是消灭一切宗教"的口号,使宗教工作中"左"的错误更加严重。"文化大革命"期间,一切与宗教有关的组织活动都被严厉禁止,政府里的宗教工作机构被撤销,从根本上取消了党和政府的宗教工作,有些地方的宗教活动被迫从公开转入隐蔽。

党的十一届三中全会以后,以邓小平同志为核心的党中央纠正了极"左"路线的错误,继承发展了马克思主义宗教观以及毛泽东、周恩来等第一代领导人提出的宗教理论和宗教政策,重新恢复了宗教信仰自由政策。邓小平同志的宗教思想是建设具有中国特色社会主义理论体系中的一个很重要的组成部分,成为中国实际宗教工作的指导思想。

邓小平在解决西藏问题时,提出和平解决西藏问题的十条政策,涉及宗教问题的规定是:实行宗教自由,保护喇嘛寺庙,尊重西藏人民的宗教信仰和风俗习惯。此后,邓小平在正确处理西南少数民族问题时,由于"执行三大纪律八项注意,尊重藏民的风俗习惯、宗教信仰,不住喇嘛寺等,这样就赢得了藏族同胞的信任"[1]。1979年6月15日,邓小平在全国政协五届二次会议开幕词中指出,新中国成立以来我国阶级状况发生根本变化,"各民族的不同宗教的爱国人士有了很大的进步"[2]。代表党和国家明确否定了"文化大革命"对宗教界人士的不公正待遇,正确估计了宗教界的状况。为了落实宗教自由政策,1981年,邓

---

[1]　统一战线工作干部基本读物[M].北京:北京燕山出版社,1992:471.
[2]　邓小平文选[M].北京:人民出版社,1994:186.

小平主持制定了《关于建国以来党的若干历史问题的决议》,对正确处理宗教问题做了明确阐述:要继续贯彻执行宗教信仰自由的政策;坚持四项基本原则并不要求宗教信徒放弃他们的宗教信仰,只是要求他们不得进行反对马列主义、毛泽东思想的宣传,要求宗教不得干预政治和干预教育。

1982 年,根据邓小平关于宗教问题的思想,中共中央书记处专门研究了宗教问题,制定了《关于我国社会主义时期宗教问题的基本观点和基本政策》(即中央 19 号文件),该文全面系统地总结了新中国成立以来宗教问题上正反两个方面的历史经验和教训,阐明了宗教的性质、内涵、根据;中国宗教的现状、趋势;处理宗教问题要注意的事项,以及处理一切宗教问题与贯彻执行宗教政策的根本出发点和立脚点等一系列基本观点。这是一个纲领性的文献,也是中国马克思主义宗教观走向成熟的标志。在这一文件精神指引下,党和政府有关部门拨乱反正,落实政策,做了大量工作,使党的宗教工作重新走上正轨。这份文件强调要区分正常的宗教活动与不属于宗教范围的迷信活动,指出迷信活动是危害国家利益和人民财产的。① 指出宗教与迷信的区别,为落实宗教信仰自由提供了有力的保障。1982 年通过的《宪法》,明确规定了公民的宗教信仰自由权利。这表明,我国的宗教工作已经从改革开放初期的以恢复宗教政策为主转变为完善和落实宗教政策,标志着政府宗教工作的法制化和规范化,标志着宗教界自身的成熟和社会地位的提高,标志着我国认真贯彻宗教信仰自由政策的成功。

三、趋向完善时期

以江泽民同志为核心的中国共产党第三代领导集体在处理宗教问题上,把马克思主义宗教观与中国社会主义初级阶段宗教问题的具体实践相结合,在1982 年中央 19 号文件的基础上,形成一整套被实践证明是正确的关于新时期宗教问题的基本观点和基本政策,1991 年,中共中央和国务院制定下发了《关于进一步做好宗教工作若干问题的通知》,重申了党的宗教政策,提出了依法对宗教事务进行管理等思想,对指导新形势下的宗教工作发挥了重要作用。之后在江泽民总书记的领导下,中共中央、国务院还相继召开一系列全国性宗教会议,根据国内外的复杂形势和特点,着重探讨了如何处理宗教与社会主义社会相适

---

① 中共中央文献研究室综合研究组,国务院宗教事务局政策法规司.新时期宗教工作文献选编[M].北京:宗教文化出版社,1995:68-69.

应的问题。概括起来,这一时期的宗教问题论述主要有五个方面内容:一是进
一步阐释了宗教问题的本质特征,指出宗教具有长期性、复杂性、群众性、民族
性、国际性的特征。二是尊重和保护公民宗教信仰自由的权利,保护正常的宗
教活动,保护宗教界的合法权益,并且依法对宗教事务进行管理。三是指出宗
教与邪教的区别,保护正常的宗教活动,同时坚决打击危害社会和人民的邪教。
四是从统一战线的战略出发,以"政治上团结合作,思想信仰上互相尊重"的原
则处理与宗教界朋友之间的关系,并且坚持政教分离的原则。五是积极引导宗
教与社会主义社会相适应。这五方面的内容是党对社会主义初级阶段宗教政
策最科学、最完整、最精辟的概括和总结。其中"积极引导宗教与社会主义社会
相适应"的观点,成为最具中国特色、最富于创新性的理论,为中国宗教适应社
会主义社会的协调发展开辟了广阔的道路,标志着中国化马克思主义宗教观的
进一步完善和发展。

　　党的十六大以后,以胡锦涛同志为总书记的新一届中央领导集体和中央政
府出台了关于宗教问题一系列文件和法规,其中最重要的是 2004 年 9 月下旬
发表的《中共中央关于加强党的执政能力建设的决定》和 11 月 20 日颁布的国
务院《宗教事务条例》。其主要精神是坚持以"三个代表"重要思想统领宗教工
作,立足于我国的基本国情,充分认识宗教存在的长期性、宗教问题的群众性和
特殊复杂性,重申宗教工作要全面贯彻党的宗教信仰自由政策,依法管理宗教
事务,坚持独立自主自办的原则,积极引导宗教与社会主义社会相适应的基本
方针,极大地提高了政府依法管理宗教事务的能力,使宗教工作在保持连续性、
稳定性的基础上继续向前推进。2006 年第 20 次全国统战工作会议提出了将
宗教关系列为政治和社会领域中涉及党和国家工作全局的五个重大关系之一
的意见。党的十六届六中全会审议通过的《中共中央关于构建社会主义和谐社
会若干重大问题的决定》指出:在构建社会主义和谐社会中,要促进五大政治社
会关系的和谐,其中包括宗教关系的和谐。并明确提出:"发挥宗教在促进社会
和谐方面的积极作用。""构建社会主义和谐社会",其目的就是要最大限度地调
动各方面的积极因素。党的十七大将"团结信教群众为经济社会发展作贡献"
写入了党章,并进一步强调要"发挥宗教界人士和信教群众在促进经济社会发
展中的积极作用"。这就进一步为我党处理社会发展与意识形态观念差异的矛
盾指明了方向,极大丰富和发展了马克思主义宗教观。

　　党的十八大以后,以习近平同志为总书记的新一代领导集体站在实现中华
民族伟大复兴的中国梦的高度,高度重视并重新审视宗教问题,做出了新论述。

首先,习近平阐明了宗教的文化特质,指出宗教是文化的重要组成部分,是人类文明的重要载体。早在 1999 年 10 月,习近平就指出:"宗教是人类社会发展到一定阶段的历史现象。它是社会意识形态,又是人类文化的重要载体。"①并具体阐述:"浩如烟海的宗教典籍,丰富了传统历史文化宝库;智慧深邃的宗教哲学,影响着民族文化精神;深刻完备的宗教伦理,强化了某些道德规范的功能……内涵丰富的宗教礼仪,演变为民族风情的习俗文化。"②基于对宗教的文化特质的深刻见解,习近平主张加强不同国家在宗教领域的友好交流,使之成为实现人类文明进步和世界和平发展的重要动力。2014 年 3 月他全面而深刻地阐述了不同文明、不同宗教平等交流的看法和主张,并强调:"我们应该推动不同文明相互尊重、和谐共处,让文明交流互鉴成为增进各国人民友谊的桥梁、推动人类社会进步的动力、维护世界和平的纽带。"③其次,习近平非常强调宗教工作的重要性,把它提高到关乎党的执政前途和命运的全局性和战略性的高度。2014 年 4 月,习近平指出:"必须站在政治和全局的高度,充分认识宗教问题的特殊复杂性,积极稳妥地做好宗教工作。""我们在今天的条件下做宗教工作,不仅是一个对宗教事务管理的问题,也不仅是一个对宗教界人士和信教群众的统一战线问题。做好宗教工作,对于密切党同人民群众的血肉联系,推动三个文明建设,加强民族团结和保持社会稳定都有着不容忽视的重要意义。"④对各级党委和政府,习近平提出要"切实把宗教工作摆上重要议事日程",无论是什么时候,都要"以高度的政治责任感,切实加强对宗教工作的领导,定期研究、部署和检查宗教工作,特别是要注意及时发现新情况、解决新问题"⑤。第三,习近平要求团结宗教界人士和信教群众,为实现中华民族伟大复兴的中国梦共同奋斗。2013 年 1 月 1 日,他在全国政协新年茶话会上要求"促进政党关系、民族关系、宗教关系、阶层关系、海内外同胞关系的和谐,最大限度调动一切积极因素,共同致力于实现中华民族伟大复兴"。⑥ 2014 年 2 月 18 日,习近平

---

① 福建省宗教研究会.宗教:世纪之交的多视角思维福建省宗教研究会论文集(三)[M].厦门:厦门大学出版社,2000:2.

② 习近平.干在实处,走在前列——推进浙江新发展的思考与实践[M].北京:中共中央党校出版社,2006:220.

③ 习近平.在联合国教科文组织总部的演讲[N].人民日报,2014-03-28.

④ 习近平.干在实处,走在前列——推进浙江新发展的思考与实践[M].北京:中共中央党校出版社,2006:218.

⑤ 努力做好新世纪初的福建宗教工作—访福建省省长习近平[J].中国宗教,2002(4).

⑥ 习近平.在全国政协新年茶话会上的讲话[N].人民日报,2013-01-02.

会见中国国民党荣誉主席连战及随访的台湾各界人士时,强调"两岸同胞要相互扶持,不分党派,不分阶层,不分宗教,不分地域,都参与到民族复兴的进程中来,让我们共同的中国梦早日成真"①。习近平殷切期望宗教界人士和信教群众积极投入到实现中国梦的伟大事业。2014 年 4 月 30 日,他在新疆乌鲁木齐同 20 位宗教人士代表座谈时强调:"我相信,新疆广大宗教界人士一定能够深明大义、站稳立场,从自己的职责出发,为祖国和新疆改革发展稳定作出新的贡献。"②第四,习近平提出,积极引导宗教与社会主义社会相适应的"四个必须"。2015 年 5 月 20 日,习近平同志在中央统战工作会议上发表重要讲话,指出:"积极引导宗教与社会主义社会相适应,必须坚持中国化方向,必须提高宗教工作法治化水平,必须辩证看待宗教的社会作用,必须重视发挥宗教界人士作用,引导宗教努力为促进经济发展、社会和谐、文化繁荣、民族团结、祖国统一服务。"③这"四个必须",尤其是宗教中国化命题的提出,是习近平对中国马克思主义宗教观的新发展。在 2016 年 4 月 22 日至 23 日的全国宗教工作会议上,就"积极引导宗教与社会主义社会相适应",习近平总书记首度展开了层次多元而丰富的内涵界定,重点指出,宗教与社会主义社会相适应的一个重要任务就是:支持我国宗教坚持"中国化方向",这是十八大以来党和国家领导集体在宗教工作领域具备思想建设意义和实践指导意义的重要创见。

从以上对中国化马克思宗教观的形成与发展过程的叙述中,我们可以看到,中国共产党人运用马克思宗教观的基本原理,结合中国宗教的具体实际,分析了中国宗教的本质、特点、产生和存在的根源和条件,提出了一系列新思想、新观念、新的宗教工作方法,逐步形成了富于创新性的中国化马克思主义宗教观。中国化马克思主义宗教观的内涵是深刻而丰富的,其创新性观点可初步概括为以下几个方面:第一,关于宗教的本质,提出宗教是人民内部思想信仰的观点,宗教是文化的观点,宗教是一种社会历史现象的观点;第二,关于宗教的特点,提出中国宗教具有"五性",即群众性、民族性、长期性、国际性和复杂性的观点;第三,关于宗教与政治的关系,提出把思想信仰与政治立场分开的观点;第

① 习近平.共圆中华民族伟大复兴的中国梦[N].人民日报,2014-02 月 19.
② 习近平新疆考察纪实:民族团结是发展进步的基石[N].新华网,2014-05-03.
　习近平.巩固发展最广泛的爱国统一战线 为实现中国梦提供广泛力量支持[N].人民日报,2015-05-21.
③ 习近平新疆考察纪实:民族团结是发展进步的基石[N].新华网,2014-05-03.
　习近平.巩固发展最广泛的爱国统一战线 为实现中国梦提供广泛力量支持[N].人民日报,2015-05-21.

四,关于信教群众与不信教群众的关系,提出信教群众与不信教群众在信仰上的差异是比较次要的差异,不存在着根本的对立,在思想信仰上要互相尊重的观点;第五,关于宗教的社会作用,提出在正视宗教消极因素的同时,重视挖掘、运用和发挥宗教积极因素的观点;第六,信教与不信教以及信仰不同宗教的群众,在政治上和经济上的根本利益是一致的,信教群众同样是社会主义建设的积极力量的观点;第七,执行宗教信仰自由政策,依法管理宗教事务的观点;第八,坚持中国化方向,积极引导宗教与社会主义社会相适应的观点;第九,发挥宗教在促进社会和谐方面的积极作用的观点。其中的"宗教的五性论"是中国马克思主义者运用马克思主义宗教观,在对我国宗教本质、具体现状充分认识的基础上,在长期的实际宗教工作经验和宗教问题的研究中得出的精辟而科学的概括。它既是对马克思主义宗教观的创新与发展,又是我们党和国家制定各项宗教政策、处理宗教事务的重要依据和出发点。而"坚持中国化方向,积极引导宗教与社会主义社会相适应"这一富于中国特色的社会主义宗教观命题,成为宗教与社会主义社会关系在理论上的最具创新性的结论。

第二节　马克思主义宗教观在中国的创新与发展

中国是社会主义国家,面对人数不少的宗教信仰群众,宗教问题的研究和宗教工作的展开主要围绕着怎样认识中国的宗教特点,如何处理宗教与社会主义社会的关系问题。这是我国社会主义建设事业中的一个重要课题,也是建设有中国特色社会主义的一个重要内容。中国共产党人依据中国宗教的本质、特点、社会作用等方面的具体情况,对中国宗教的特点,做出了宗教五性论的著名论断;围绕着正确处理宗教与社会主义社会关系问题,提出了"积极引导宗教与社会主义社会相适应"、"发挥宗教在促进社会和谐方面的积极作用"等最具中国特色的社会主义宗教命题。

一、宗教五性论的内涵与贡献

宗教五性论是中国共产党人在宗教实际工作中,对中国宗教现象进行分析得出的中国宗教的五种特征。宗教的五性,即宗教的长期性、宗教的群众性、宗教的民族性、宗教的国际性、宗教的复杂性。20 世纪 50 年代初期,由中共中央统战部李维汉部长提出来的宗教五性论,得到了毛主席、周总理和刘少奇同志的肯定。1958 年,第五次全国宗教工作会议上的文件正式提出了宗教的五性。1982 年,中共中央制定的《关于我国社会主义时期宗教问题的基本观点和基本政策》丰富和发展了这一认识。实践证明,宗教的五性论是马克思主义和中国国情相结合的科学概括,它既符合马克思主义宗教观的普遍性,又符合中国宗教的特殊性,是中国共产党把马克思主义宗教观同中国宗教的具体实际相结合的创新和发展。这一具有中国特色的宗教理论,是中国共产党正确处理宗教问题、制定宗教工作方针政策,引导宗教与社会主义社会相适应的重要理论依据。它在指导全党正确认识宗教,把党的宗教政策置于马克思主义的科学轨道上起了重要作用。

(一)宗教的群众性

宗教在我国有比较广泛的群众基础,面对庞大的信仰群众,中国马克思主义者在宗教问题上采取了谨慎的态度。从新中国成立起,中国共产党人就指出宗教方面的矛盾已经主要属于人民内部矛盾,广大信教群众和不信教群众在政治上、经济上的利益是一致的,信仰上的差异是次要的。党的十一届三中全会以来,信仰不同宗教的人民群众为国家的富强和民族的振兴做出了积极贡献,"他们也是建设有中国特色社会主义的积极力量"[①],信教群众是党的群众基础,"我们党代表最广大人民群众的根本利益,当然也包括广大信教群众的合法利益"。[②] 江泽民曾深刻分析宗教问题的群众性在新时代含义上的新变化,指出:我国各宗教联系着广大的群众;信教群众的政治面貌发生了根本性的变化;广大信教群众是建设中国特色社会主义的积极力量。这是中国马克思主义者对信教群众社会政治定位的明确、客观、积极的认识。根据这一认识,宗教工作就是要极大调动宗教界人士和广大信教群众的积极性,把信教群众的意志和力量集中到建设社会主义现代化这一共同目标上来。在 2015 年 5 月 18 日至 20 日召开的中央统战工作会议上,习近平专门强调,宗教工作本质上是群众工作。宗教工作的根本任务是做群众工作,其要旨也在于此。

(二)宗教的民族性

宗教信仰在各民族中广泛存在,对这些民族的风俗习惯、文化艺术、道德规范、心理素质以至人们的生产、生活和社会活动的各个方面都有深刻的影响。因此尊重少数民族的宗教信仰和风俗习惯,慎重地处理好少数民族的宗教问

---

① 江泽民.论宗教问题[M]//江泽民文选:第三卷.北京:人民出版社,2006:381.
② 江泽民.论宗教问题[M]//江泽民文选:第三卷.北京:人民出版社,2006:385.

题,是维护民族团结,保证社会稳定、领土完整的关键所在。中国共产党历来重视处理少数民族的宗教问题。邓小平在《关于西南少数民族问题》中指出:"尊重藏民的风俗习惯、宗教信仰,不住喇嘛寺等,这样就赢得了藏族同胞的信任……这个政策的影响很大,其力量不可低估。因为这个政策符合他们的要求,符合民族团结的要求。"①江泽民也强调"宗教问题是个大问题"、"民族宗教无小事"、"对于民族宗教方面出现的矛盾和问题,要及时地妥善解决,不可掉以轻心。"②并进一步指出:"我国是一个多民族、多宗教的国家,宗教在一些民族特别是边疆少数民族中有着广泛的影响","民族问题和宗教问题在一些地方往往交织在一起"。处理民族宗教问题时,要"全面正确地贯彻落实党的宗教政策"③,也即尊重和保护公民的宗教信仰自由,依法管理宗教事务,积极引导宗教与社会主义社会相适应,发挥宗教在促进社会和谐方面的积极作用。要按照"政治上团结合作,信仰上相互尊重"的原则,认真做好民族宗教工作,维护民族团结、社会稳定和祖国统一,广泛调动一切积极因素,努力促进社会主义社会的全面发展。

(三)宗教的长期性

在社会主义社会,宗教还会长期存在,不能依靠行政命令或其他强制手段来消灭宗教。党的领导人多次论述了不能采取强力的手段消除宗教。毛泽东在 1956 年 2 月 12 日同藏族人士的谈话中说:"人们的宗教感情是不能伤害的,稍微伤害一点也不好……别人强迫他不信教是很危险的……就是到了共产主义社会也还会有信仰宗教的。"④江泽民同志也依据宗教存在和发展的客观规律论述了宗教的长期性,指出"宗教作为一种社会现象,具有漫长的历史,在社会主义社会也要长期存在。宗教走向灭亡也必然是一个漫长的历史过程,可能比阶级和国家的消亡还要久远",观察宗教问题,"最根本的是宗教存在的长期性"⑤。依据宗教的长期性特征,在社会主义初级阶段,处理宗教问题的关键应本着和而不同、求同存异的原则,客观地对待宗教与社会主义社会的相容性,正确分析宗教有无和社会主义社会相适应的基础,努力探索如何使宗教成为社会

①   统一战线工作干部基本读物[M].北京:北京燕山出版社,1992:471.
②   十四大以来重要文献选编:上册[M].北京:人民出版社,1996:513.
③   十三大以来重要文献选编:下册[M].北京:人民出版社,1995:1837-1838.
④   毛泽东文集:第七卷[M].北京:人民出版社,1999:4.
⑤   在全国统战工作会议上的讲话[M]//江泽民论中国特色社会主义(专题摘编).北京:中央文献出版社,2002:371.

主义社会的和谐因素。由此江泽民创造性地提出:"我们必须正确认识社会主义条件下宗教存在的长期性,既不能用行政的力量去消灭宗教,也不能用行政的力量去发展宗教,而要积极引导宗教与社会主义社会相适应。"①胡锦涛也因之提出"发挥宗教在促进社会和谐方面的积极作用"。这些重要思想是我们党对马克思主义宗教观的重大理论创新。

(四)宗教的国际性

我国的五大宗教同境外都有千丝万缕的联系,国内宗教问题处理不当,就会在国际上产生不良的影响。在扩大开放的新形势下如何既要积极开展宗教方面的正常、友好的国际交往,又要坚决抵制渗透,是做好宗教工作的重大问题。在当代,宗教的国际友好交流,成为维护世界和平的一支重要力量,重视各国宗教之间互相往来、互相促进是中国共产党人的优秀传统。周恩来在1956年5月30日接见巴基斯坦、印度尼西亚两个伊斯兰教代表团时指出:"今后,我们和亚非伊斯兰教国家的来往将要更多。我们的邻居不仅有信仰伊斯兰教的国家,还有很多信仰佛教的国家,他们的代表团来我国访问,对于我们的工作也是一种推动,会推动信仰佛教的少数民族地区的工作发展。"他希望中外"伊斯兰教友之间今后多多来往,每年开斋节都应该彼此往来。"②这表明,在我国,做好宗教工作对于扩大我国的政治影响,发挥宗教与社会主义社会相适应的方面,加强我国与世界各国人民的友好关系,对于促进我国的改革开放、经济建设和发展,维护世界和平事业都具有重要的现实意义。

(五)宗教的复杂性

宗教是一种复杂的社会现象,其复杂性要求在具体的宗教工作中必须注意两点:一方面,由于公民信不信教是公民个人的私事,是宪法赋予公民的一项基本权利,我们必须坚定不移地全面贯彻宗教信仰自由政策。只有这样,才能把信教和不信教、信不同宗教或不同教派的群众团结起来,把他们的力量凝聚到建设有中国特色社会主义这个共同目标上来。这正是我们实行宗教信仰自由政策的根本出发点和落脚点。另一方面,由于宗教问题同政治、经济、文化、民族问题交织在一起,同国际斗争和冲突交织在一起,关系到党和国家的长治久安和改革发展稳定的大局,在宗教工作中必须依法加强对宗教事务的管理。宗教的一切涉及国家利益和社会公共利益的事项和活动,都必须纳入宪法和法律

---

① 江泽民.论宗教问题[M]//江泽民文选:第三卷.北京:人民出版社,2006:381.
② 周恩来统一战线文选[M].北京:人民出版社,1984:185.

规定的权利和义务范围内,不能以信仰自由为借口,放弃或摆脱国家对宗教事务的管理。在积极引导宗教与社会主义社会相适应、发挥宗教在促进社会和谐方面的积极作用的具体实践中,也应该清醒地认识到,任何宗教都有两重性,有积极的一面,也有消极的一面,宗教与社会主义社会相适应,就是抵制其消极面,发扬其积极面。

综上所述,宗教问题的"五性",是我国宗教作为一种社会现象的五种特征,这是我国马克思主义者在长期的宗教管理实践和理论探索中得出的精辟结论,是对马克思主义宗教观的重大创新与发展。宗教五性论是我国宗教工作的根本指导思想,也是"积极引导宗教与社会主义社会相适应"、"发挥宗教在促进社会和谐方面的积极作用"这些宗教观命题的理论基础。宗教五性之间是相互联系、相互影响和相互作用的。其中长期性、群众性、特殊的复杂性是基础,是本质属性,所以又可以把我国宗教问题的基本特征概括为三性。立足于群众性,把握长期性,关注其"特殊的复杂性",对于观察世界宗教发展历史,了解国内国际宗教现状,掌握其发展变化的规律,洞察宗教在当代国际关系中的作用和影响尤为重要。

二、"积极引导宗教与社会主义社会相适应"的理论创新

"积极引导宗教与社会主义社会相适应"是以江泽民为核心的党的第三代中央领导集体,在对中国的宗教本质、宗教特点、宗教现状、宗教社会功能等方面积极探索和充分认识的基础上提出的一个重要而科学的论断,是马克思主义宗教观上的一个重大理论创新。

这个命题最初提出于1982年年初。党中央起草《关于我国社会主义时期宗教问题的基本观点和基本政策》文件时,李维汉同志写了书面建议,提出宗教要与社会主义社会相适应,但当时未能写进这个文件。《中共中央关于加强统一战线工作的通知》(中发〔1990〕10号)明确写入了"要引导爱国宗教团体和人士把爱教与爱国结合起来,把宗教活动纳入宪法和法律的范围,同社会主义制度相适应"。这里的"同社会主义制度相适应"和"与社会主义社会相适应"是相同性质的表述。1991年2月5日,中共中央、国务院发出《关于进一步做好宗教工作若干问题的通知》(中发〔1991〕6号),在第6点"加强党对宗教工作的领导"中指出:"各级党委和政府要把宗教工作列入议事日程,定期研究分析宗教工作形势,认真检查宗教政策贯彻落实情况,及时解决存在的问题,动员全党,各级政府和社会各方面进一步重视,关心和做好宗教工作,使宗教同社会主义社会

相适应。"①这是中央第一次提出"宗教与社会主义社会相适应"这一命题。1992年中办转发的《九十年代统一战线部门工作纲要》也提出了"积极引导宗教与社会主义社会相适应"的要求。1993年,江泽民同志在全国统战工作会议上对宗教问题重点讲了三句话:"一是全面、正确地贯彻执行党的宗教政策,二是依法加强对宗教事务的管理,三是积极引导宗教与社会主义社会相适应。"②这三句话成为党中央研究宗教问题和指导宗教工作的基本方针。他还指出:"贯彻党的宗教信仰自由政策也好,依法加强对宗教事务的管理也好,目的都是要引导宗教与社会主义社会相适应。"也就是说,所有宗教政策和宗教工作,其目的都是为引导宗教与社会主义社会相适应,宗教与社会主义社会相适应是一切宗教政策和宗教工作的核心与目标。在社会主义社会,包括信教群众在内的广大人民群众的根本利益是一致的,因此宗教与社会主义社会相适应的命题,符合广大人民群众建设有中国特色社会主义的根本利益。

1993年3月,江泽民提出:"宗教是一种历史现象,在社会主义社会中将长期存在,如果宗教与社会主义不相适应,就会发生冲突。这种适应,并不要求宗教信徒放弃有神论的思想和宗教信仰,而是要求他们在政治上热爱祖国,拥护社会主义制度,拥护共产党的领导;同时,改革不适应社会主义的宗教制度和宗教教条,利用宗教教义、宗教教规和宗教道德中的某些积极因素为社会主义服务。"③这段话成为宗教与社会主义社会相适应基本内涵的全面而精辟的论述。可以把它概括为三方面内容:第一,宗教作为在社会主义社会中长期存在的一种社会历史现象,有着和社会主义相适应的可能性和必要性。第二,信教群众和不信教群众可以保持思想和信仰的差异,并应尊重彼此的思想和信仰,但在政治原则和政治利益上应保持一致,宗教与社会主义社会相适应有其政治基础和群众基础。第三,充分挖掘并发挥宗教中有益于社会主义建设的积极因素,抵制和消除宗教和社会主义社会不相适应的消极因素。

此后,"积极引导宗教与社会主义相适应"的内容在实践中不断丰富。1998年10月14日,李瑞环会见美国基督教会联合会访华团时表示:宗教教义中的

---

① 中共中央文献研究室综合研究组,国务院宗教事务局政策法规司.新时期宗教工作文献选编[M].北京:宗教文化出版社,1995:213.

② 中共中央文献研究室综合研究组,国务院宗教事务局政策法规司.新时期宗教工作文献选编[M].北京:宗教文化出版社,1995:253.

③ 江泽民.高度重视民族工作和宗教工作[M]//十四大以来重要文献选编:上册.北京:人民出版社,1996:512-518.

许多内容,比如在伦理道德方面的一些要求,与现时代社会发展的趋势、与我们所提倡的精神文明是一致的。宗教界对这些有益于社会、有益于人民群众的内容,要加以挖掘,加以整理,加以强调。① 江泽民同志在 2001 年 12 月的"全国宗教工作会议"中指出:"要积极引导宗教与社会主义社会相适应。这是我们党从社会主义初级阶段这一基本国情出发,总结新中国成立以来宗教工作的成功经验做出的科学论断,是我国宗教发展的正确方向。"在 2016 年的全国宗教工作会议上,习近平同志首度展开了层次多元而丰富的内涵界定。所谓"适应",不仅包括"服从服务于国家最高利益和中华民族整体利益"等政治层面、法律层面的相契合,同时还包括经济上、文化上、社会建设上全方位的同频共振。

关于如何引导宗教与社会主义社会相适应,中国马克思主义者做了积极的探索。周恩来曾经向宗教界提出过"怎样服务于中国人民",怎样"使宗教活动有益于新民主主义社会"②的问题,可以说是中国共产党人关于引导宗教与社会主义相适应观点的最初雏形。胡乔木同志也指出,"宗教界可以做的公益事业很多","以宗教名义办社会公益事业","这样,我们同宗教界的关系就加入了新的内容,也给了宗教界一条积极的出路"③。他还指出,引导宗教与社会主义相适应的具体任务,就是挖掘宗教中的积极因素为社会主义建设事业服务。这既是为社会主义建设事业团结一切可以团结的力量,使宗教界成为建设社会主义不可忽视的力量,也是为宗教界寻找一条积极的道路。当然,在挖掘宗教积极因素为社会主义服务的同时,也要警惕敌对势力利用宗教。陈云同志指出:"利用宗教,同我们争夺群众尤其是青年,是国内外阶级敌人的一个惯用伎俩,也是某些共产党领导的国家丢失政权的一个惨痛教训。"④因此,要引导宗教与社会主义社会相适应,就必须坚持独立自主、自办教会的原则,同时依法管理宗教事务。

在江泽民提出引导宗教与社会主义相适应的观点之后,关于如何使宗教与社会主义社会相适应的讨论也开始了。首先,为了阐述这一理论的具体内涵,江泽民多次说明"适应"的含义:"这种适应,并不要求宗教信徒放弃有神论的思

① 李瑞环.学哲学,用哲学[M].北京:中国人民大学出版社,2005:331.

② 周恩来统一战线文选[M].北京:人民出版社,1984:182.

③ 中共中央文献研究室综合研究组,国务院宗教事务局政策法规司.新时期宗教工作文献选编[M].北京:宗教文化出版社,1995:105-106.

④ 陈云.要高度重视利用宗教进行渗透的问题[M]//社会主义精神文明建设文献选编.北京:中央文献出版社,1996:398.

想和宗教信仰,而是要求他们在政治上热爱祖国,拥护社会主义制度,拥护共产党的领导;同时,改革不适应社会主义的宗教制度和宗教教条,利用宗教教义、宗教教规和宗教道德中的某些积极因素为社会主义服务。"①在 2000 年的全国统战工作会议上,江泽民同志又进一步明确了宗教与社会主义社会相适应的含义:"一是宗教界人士和信教群众要遵守国家的法律、法规和方针政策;二是宗教活动要服从和服务于国家的最高利益与民族的集体利益,宗教界人士要努力挖掘和发扬宗教中的积极因素,为祖国统一、民族团结和社会发展多做贡献。"②这两句话的含义有三:一是,适应是在政治上定位的适应,是思想信仰上有差异的适应,适应是要建立在政治利益上一致、思想信仰上尊重的基础上;二是,要适应,宗教界必须遵守国家法制,一切活动要服务于社会主义最高利益,这是对宗教界提出的基本要求;三是,要适应,就必须、也必然要挖掘和发挥宗教中的积极因素为社会主义服务。所以,要做到宗教与社会主义社会相适应,就必须从政府和宗教两方面来努力,体现了宗教和社会主义社会两者的互动。这一重要论述,在科学阐释宗教与社会主义社会的关系的基础上,深化了对宗教与社会主义社会相适应问题的认识,阐明了宗教与社会主义社会相适应的基本要求和努力方向,对进入新世纪后进一步引导宗教与社会主义社会相适应,有非常重要的指导意义。其次,宗教与社会主义社会相适应,从根本上说,就是要将宗教纳入法制的轨道上来。也就是说,一方面政府宗教工作部门必须按照法制做好宗教工作,另一方面宗教界的活动必须在遵守法律的前提下进行。将宗教纳入法制轨道,是依法引导宗教与社会主义社会相适应的基本途径,对于宗教与社会主义社会相适应的具有决定性的意义。

　　为了引导宗教与社会主义社会相适应,中国共产党第三代领导集体还提出了宗教界应该遵守的行为准则。在 1995 年 11 月 10 日,李瑞环指出宗教界必须遵守"四维护、四不许"的基本行为准则:宗教与社会主义社会相适应,从根本上说就是要做到四个维护,即维护法律尊严、维护人民利益、维护民族团结、维护祖国统一;都决不允许违反国家法律、损害人民利益、制造民族分裂,破坏祖国统一。③ 这些行为准则,是统一战线和宗教与社会主义社会相适应的一个共

　　①　中共中央文献研究室综合研究组,国务院宗教事务局政策法规司.新时期宗教工作文献选编.北京:宗教文化出版社,1995:254-255.
　　②　在全国统战工作会议上的讲话[M]//江泽民论中国特色社会主义(专题摘编).北京:中央文献出版社,2002:371.
　　③　李瑞环.学哲学,用哲学[M].北京:中国人民大学出版社,2005:334.

同的政治基础,也是全国人民共同的利益所在。

中国共产党第十六次代表大会以后,以胡锦涛为总书记的党中央也高度重视如何引导宗教与社会主义社会相适应理论的研究和经验的总结。十六届四中全会《中共中央关于加强党的执政能力建设的决定》中重申了宗教工作的基本方针:"全面做好党的宗教工作,贯彻党的宗教信仰自由政策,依法管理宗教事务,坚持独立自主自办的原则,积极引导宗教与社会主义社会相适应。"《决定》还提出了宗教工作的要点,要求紧密联系当前宗教工作的实际,始终坚持贯彻党的宗教工作方针,既要从路线、方针、政策的高度去把握宗教工作,又要从理论指导实践的角度,去深入地研究思考宗教实践中碰到的问题,与时俱进,探索创新,端正思想,积极引导宗教与社会主义社会相适应,为构建和谐社会发挥积极作用。2004 年 11 月 30 日,国务院颁布了《宗教管理事务条例》,对保护宗教团体、宗教活动场所和信教公民的合法权益做了明确规定,对涉及国家利益和社会公共利益的宗教事务做了规范。这对于团结广大信教群众,维护宗教和睦与社会和谐稳定,积极引导信教公民投入社会主义建设事业中来,实现全面建设小康社会的宏伟目标具有重要作用。

习近平总书记在 2016 年全国宗教工作会议上的讲话,特别强调了"积极引导宗教与社会主义社会相适应,一个重要的任务就是支持我国宗教坚持中国化方向"。他指出,要用社会主义核心价值观来引领和教育宗教界人士和信教群众,弘扬中华民族优良传统,用团结、进步、和平、宽容等观念引导广大信教群众,支持各宗教在保持基本信仰、核心教义、礼仪制度的同时,深入挖掘教义教规中有利于社会和谐、时代进步、健康文明的内容,对教义教规做出符合当代中国发展进步要求、符合中华优秀传统文化的阐释。特别是要将外来宗教与中华民族的传统文化相适应,嵌入民族文化的基因。习近平同志进一步指出,宗教坚持中国化方向,就应做到政治认同、社会适应、文化融合。习近平总书记有关坚持宗教中国化方向的论述,进一步丰富了"积极引导宗教与社会主义社会相适应"的内涵,为进一步做好宗教工作指明了方向;同时也丰富和发展了中国特色社会主义宗教理论,为中国特色宗教工作道路提供了基本遵循和行动指南。

宗教与社会主义社会相适应的理论,其实质就是怎样处理宗教与社会主义社会两者之间的关系,既涉及宗教如何去适应社会主义社会的问题,也牵涉到国家、政府和社会如何正确对待和管理宗教的问题。积极引导宗教与社会主义社会相适应,是我们党从社会主义初级阶段这一基本国情出发,总结新中国成立以来宗教工作的成功经验所做出的科学论断,是党和政府正确处理宗教问题、正确展开宗教工作的最佳选择。"坚持中国化方向,积极引导宗教与社会主义社会相适应"的理论,是马克思主义宗教观在中国的发展,既体现中国马克思主义者的理论创新,也体现他们的实践创举。

参考文献

1. 独秀文存[M]. 上海:亚东图书馆,1922.

2. 李大钊选集[M]. 北京:人民出版社,1959.

3. 毛泽东选集:第一卷[M]. 北京:人民出版社,1991.

4. 毛泽东与佛教[M]. 北京:中国书籍出版社,1996.

5. 毛泽东西藏工作文选[M]. 北京:中央文献出版社、中国藏学出版社,2001.

6. 周恩来选集[M]. 北京:人民出版社,1980.

7. 周恩来统一战线文选[M]. 北京:人民出版社,1984.

8. 邓小平文选[M]. 北京:人民出版社,1994.

9. 历次全国统战工作会议概况和文献[M]. 北京:档案出版社,1988.

10. 江泽民. 在全国统战工作会议上的讲话[M]//江泽民论中国特色社会主义(专题摘编). 北京:中央文献出版社,2002.

11. 全面建设小康社会,开创中国特色社会主义事业新局面——在中国共产党第十六次全国代表大会上的报告[M]. 北京:人民出版社,2002.

12. 中共中央文献研究室综合研究组,国务院宗教事务局政策法规司. 新时期宗教工作文献选编[M]. 北京:宗教文化出版社,1995.

思 考 题

1. 马克思主义宗教观在中国是怎样发展的?

2. 中国共产党对马克思主义宗教观的创新表现在哪几个方面?

3. 为什么说"积极引导宗教与社会主义社会相适应"这一理论从根本上解决了宗教与社会主义社会的关系问题?

第七章　当代中国宗教的基本状况如何

中国是一个多民族国家,同时也是一个多宗教国家。在漫长的历史发展过程中,形成了佛教、道教、伊斯兰教、天主教、基督教等五大宗教并存的格局。其中除了道教属于中国土生土长的宗教而外,其他各大宗教都是由国外传入的。此外,东正教也曾传入我国一些地区;民间信仰也在较长的历史时期内广泛地流传;一些少数民族特有的原始宗教依然有一定的影响力。在旧中国,上述各种宗教都不同程度地被国内的统治阶级和外来势力所控制和利用。中华人民共和国成立以后,伴随着社会主义制度的确立,我国的宗教状况发生了深刻的变化。不过,由于受到"左"的思潮的影响,我国宗教的发展曾一度遭遇较大的挫折。伴随着新时期的改革开放,我国宗教的发展又呈现出了新的面貌。①

第一节　中国佛教的基本状况

中国佛教是印度佛教中国化的产物。在保留印度佛教基本精神的同时,中国佛教又呈现出了自身的诸多特点。由于种种原因,当代中国佛教在发展过程中,面临着许多现实的问题和困难。

一、中国佛教的发展历程

佛教与基督教、伊斯兰教并称为世界三大宗教。佛教形成于公元前 6 世纪

---

① 关于当代中国宗教状况及其社会性质的论述,以大陆为主,未涉及或较少涉及我国台湾、香港、澳门等地区。

至公元前5世纪的古印度,创始人为释迦牟尼。释迦牟尼提出了"四谛"、"八正道"、"十二因缘"、"五蕴"等学说,为佛教及其佛学思想的发展奠定了基础。

佛教在两汉之际开始传入中国,经过与中土文化的碰撞、融合,逐渐形成了具有中国特色的佛教。一般认为,中国佛教可以分为三大系统,即汉地佛教(汉语系)、藏传佛教(藏语系)和云南地区的上座部佛教(巴利语系)。前两系统属于大乘佛教,后一系统则属于小乘佛教。

历史地看,汉地佛教大体上经历了四个发展阶段。第一阶段是东汉和三国时期。这是佛教的初传阶段。这一时期,无论是大小乘经论的翻译也好,还是传播也好,都采取了与中土思想(尤其是黄老道学)相比附的策略,以求得到大众的认同和接受。第二阶段是魏晋南北朝时期。这是佛教开始走上独立发展道路的时期。当时佛学研究蔚然成风,形成了众多的学派,诸如成实师、涅槃师、毗昙师、摄论师、三论师、十诵律师、地论师、四论师、四分律师、楞伽师,等等。并且,由于统治阶级的支持,佛教开始以独立的面貌发挥着对社会的影响。第三阶段是隋唐时期。这一时期,佛教义学蓬勃发展,出现了众多的宗派,诸如天台宗、三论宗、唯识宗、律宗、华严宗、密宗、净土宗、禅宗,此外还有三阶教,等等。其中禅宗是最具中国特色的宗派。第四阶段是唐末至中华人民共和国建立前。这一时期,佛教由极盛而逐渐走向衰落。

藏传佛教(又称喇嘛教),主要分布于西藏、青海、内蒙古、甘肃、四川、云南等地区。它是佛教(印度传入的密教与汉地传入的大乘佛教)与藏族地区的原始宗教——本教(苯教)相互影响、相互融合而形成的。其发展可分为"前弘期"和"后弘期"。"前弘期"大约是7世纪中叶到9世纪中叶,前后共200年左右。这一时期,佛教的传入与传播,得到了西藏统治者的支持,不过却遭到了本教的激烈抵抗。自印度僧人莲花生进藏(相传其公元752年抵达拉萨,把密教传入西藏)以后,形势才有所好转。莲花生将本教的某些神祇吸收到佛教中作为护法神,利用类似本教的巫术传教,并用密教法术战胜了本教巫师,最终为佛教的传播扫清了障碍。赞普赤松德赞为了确立和巩固佛教在西藏的地位,曾组织了一次佛、本辩论会,结果佛教告胜。于是,赤松德赞明令禁止本教,佛教成为唯一合法的宗教。9世纪中叶,赞普朗达玛实行"兴本禁佛"的政策,本教有了复兴,佛教的发展则受到了重创。直到10世纪末,佛教才有机会重新传入西藏,并获得复兴,这就是"后弘期"的开始。这一时期,佛教吸收了本教的许多内容,最终形成了具有西藏特色的佛教。10世纪以后,佛教逐渐分裂为许多教派。早期的教派主要有宁玛派(又称红教)、萨迦派(又称花教)、噶举派(又称白教)等。

15世纪初,宗喀巴实行宗教改革,创立了格鲁派(又称黄教)。在清政府的扶持下,格鲁派从17世纪中叶开始执掌西藏的政教大权。自此,再没有新的教派出现。格鲁派创立了达赖喇嘛和班禅喇嘛两大活佛转世系统,并且得到了清政府的认可。1653年,顺治皇帝册封五世达赖,正式确定了达赖喇嘛的封号。1713年,康熙皇帝册封五世班禅,正式确定了班禅喇嘛的名号。此后,达赖喇嘛和班禅喇嘛转世相承须中央政府册封,成为定制。从实际管辖情况看,达赖喇嘛在拉萨统治西藏的大部分地区,班禅喇嘛在日喀则统治西藏的另一部分地区。

云南地区的上座部佛教,主要分布在云南省西双版纳傣族自治州思茅地区、临沧地区,德宏傣族景颇族自治州及保山地区的傣族、布朗族、阿昌族和部分佤族,以及其他民族部分群众之中。约在公元6、7世纪,上座部佛教开始传入云南地区。最早传入的是缅甸系佛教,12世纪又有泰国系佛教传入。13世纪前后,这一地区开始刻写经文、修建佛寺。15世纪以后上座部佛教有较大发展。

中华人民共和国成立后,佛教的发展呈现出诸多新的变化。这些新变化体现在佛教的政治地位、经济地位、组织建设、教义建设以及功能定位等方面。

新中国成立初期,经过民主改革,在佛教寺院中废除了封建地租剥削,废除了等级制度和压迫制度,实行了民主管理,广大佛教徒在政治上、经济上都翻了身,并充分享受到了宗教信仰自由。1949年9月召开的第一届中国人民政治协商会议,便有了佛教界的代表参加,以后各届全国人大、政协,均有佛教界的代表参加,这表明佛教的政治地位得到了应有的确认。

1953年,全国性佛教组织——中国佛教协会成立,各地也相继建立了地方性的佛教协会和分会,这就为当代中国佛教的发展奠定了组织基础。

20世纪50年代末以后,由于受到"左"的思潮的影响,佛教受到了不少冲击,在"文化大革命"的十年动乱中,佛教更是遭到了严重破坏。

"文化大革命"结束后,特别是党的十一届三中全会以来,经过拨乱反正,中国佛教迎来了恢复和发展的新时期。突出的表现是:佛教界的冤假错案得到平反;修复并开放了一批重点寺庙;被占房产和散落在外的财产陆续得到清退;中国佛教协会重新恢复活动;流散的僧尼陆续回到寺庙;各地正常的佛教生活得到了恢复。

1983年,中国佛教协会举行纪念佛协成立30周年大会,会议总结了中国佛教界30年来弘法利生的经验,提出了为使佛教适应新的时代,应当提倡"人间佛教"的思想。为此,要求广大佛教徒要奉行"五戒"、"十善"以净化自己,广修

"四摄"、"六度"以利益人群,以实现"人间净土"为己任,为社会主义现代化建设这一"庄严国土、利乐有情"的崇高事业贡献自己的光和热,同时还要弘扬中国佛教"农禅并重"的传统,注重学术研究的传统以及国际友好交往的传统。"人间佛教"思想的弘扬,使中国佛教进一步走上了同社会主义社会相适应的道路。

二、当代中国佛教的特点

印度佛教与中国佛教是源与流的关系。中国佛教既继承了印度佛教的基本精神(表现为"契理"),同时又吸收了中国传统思想文化的内容和方法,为适应中国社会的需要而有所发展、有所创新,并形成了自身的一些特点(表现为"契机")。这主要有以下几个方面。

一是中国佛教在教理、修行方面有自身的特点。就教理方面而言,中国佛教强调"人人皆有佛性、人人皆能成佛"的众生平等说,鼓励每个人靠自己的努力来实现解脱,这既是对释迦牟尼创教基本精神的继承和发挥,也特别反映了中国佛教在儒家思想(如强调"人皆可以为尧舜")的影响下,对个人道德完善和自我价值实现的追求。就修行方面而言,中国佛教比较重"顿悟"的方式,并且比较崇尚简易性。各个宗派虽然在判教时都是兼融顿渐,以圆为究竟,但都是视顿高于渐的,其中慧能禅宗则更是以"顿悟成佛"号召。在中国得到最广泛流传的是印度佛教中所没有的禅宗和净土宗,而这两个宗派都以修行方式的简易(以及教理的简易)为特色。上述中国佛教在教理、修行方面的特点,作为一种遗传基因,在当代中国佛教中,继续得到了发扬和体现。

二是中国佛教具有十分明显的调和与圆融的特点。从佛教自身来看,既体现在天台宗的"一念三千"、"三谛圆融",华严宗的"法界缘起"和禅宗的"以空融有、空有相摄"等理论学说中,也表现在禅教内部、禅教之间的调和等方面。从佛教与其他文化的关系来看,佛教自传入始,就努力调和与儒、道等思想的矛盾冲突,不断地援儒、道等传统思想入佛。时至今日,中国佛教继续以特有的方式在体现调和和圆融的特点,譬如,"人间佛教"的倡导者们正在论证并践行着佛教与社会主义社会相适应等命题,试图将佛教劝善止恶的戒规和伦理规范——"五戒"、"十善"及大乘菩萨"四摄"、"六度"等做出现代诠释,使之与社会公德、公民道德建设和思想教育相会通,从而在社会主义物质文明、精神文明、政治文明和和谐社会的建设中发挥积极作用。

三是中国佛教具有注重现实社会和人生的特点。中国佛教把印度佛教中蕴含着的对人或人生的关注及肯定,做了充分的发挥与发展,再加上受到儒家的关怀现实人生的入世精神的影响,从而形成了它特有的注重现实社会和人生的特点。于是,本质上追求出世解脱的佛教传到中国以后,日益获得了关注现实社会和人生的品格。入宋以后,中国佛教的入世化、人生化倾向表现得更加充分。近现代复兴的中国佛教更是一步步走上了"人间佛教"的道路。20 世纪 60 年代以来,在我国台湾、香港地区兴起的新型佛教团体和佛教文化事业,均以面向现代社会和人生为主要特征;目前中国大陆的佛教界也正在大力提倡"人间佛教"的思想,以期自利利他,实现人间净土。这样,"出世不离入世"、"入世以求出世",不仅在中国佛教理论上得到了充分的论证和肯定,而且成为一种实实在在的具体实践。①

毋庸讳言,当代中国佛教在发展过程中还存在着诸多亟待解决的问题。从汉地佛教来说,主要表现为:一些寺庙在管理方面存在不少问题,比如戒律松弛,一些僧人从事与其身份不相符合的活动;佛教界人才严重匮乏,而且青黄不接;某些地区、某些宗教的寺庙发展失控,滥建庙宇、乱收僧尼的现象突出;一些地方的寺庙甚至在一定程度上恢复了宗教封建特权和剥削;等等。对于藏传佛教而言,最突出的问题就是其发展仍然受到以达赖为首的分裂势力的严重干扰。② 相对而言,云南上座部佛教的发展比较平稳一些。

第二节　中国道教的基本状况

如前所述,道教是五大宗教中唯一的土生土长的宗教,正因为如此,道教具有深厚的中土文化的底蕴,与其他四大宗教相比,具有自身独特的内容和形式。

一、中国道教的发展历程

大致说来,道教是以中国古代敬天祀祖的原始宗教信仰和春秋战国时期的道家学说、神仙信仰为根基,吸取儒家的伦理道德观念以及民间的宗教习俗,而形成的一种宗教文化体系。

一般认为,道教的创始人为东汉时的张陵。道教把"道"作为信仰的核心,

---

① 关于中国佛教特点的说明,参见:洪修平.佛陀本怀与中国佛教的特点[J].第二届世界佛教论坛,2009.

② 龚学增.宗教问题概论[M].成都:四川人民出版社,2007:114.

道教的基本教义便由此推演而来,析而言之,主要有以下几个方面。其一,"道"是道教的最高信仰。"道"是虚无的本体,是天地万物的根源,是超时空的永恒存在,"道"是唯一的。其二,老子是"道"的化身,"道"可以演化成众多的天神、地祇和人鬼。其三,"道"可因修而得。人通过修炼各种道术能使自身的神与"道"合,即为得道。其四,得道的人可有各种神通,可长生、成仙。其五,为得道成仙而从事的修炼,分为内修和外修。内修即从事养生修炼,其方法很多,如导引、服气、存思、服外丹等,后来逐渐归结为炼内丹,其基本原则是"性命双修":性即心性,命即生命,性命双修就是精神与肉体的双重修炼。外修即行善济世,积功累德。内外功成,即可进入神仙天国。记录道教教义的经典称为道经。道经非常多,历史上曾多次汇编在一起,称为《道藏》。

道教的发展经历了从形成、成熟、昌盛到衰微的过程。

东汉末年是道教初步形成的时期。东汉顺帝时,张陵入四川,创立"五斗米道"(因入道者须交"信米"五斗,故有此称谓),又名"天师道"(因道教徒尊张陵为天师,故有此称谓),把老子奉为教主,奉《老子五千文》(即《道德经》)为主要经典,这标志着道教的初步形成。当时道教的主要派别除了"五斗米道"之外,还有"太平道"(创始人为张角)。此时的道教因其教义简单、组织单纯,被称为原始道教。值得注意的是,这一时期的道教注重在民间发展道众,积聚力量,并利用道教发动起义(例如张角曾利用太平道发动黄巾起义)。

魏晋南北朝是道教逐渐走向成熟的时期。这一时期,道教从早期道教那种比较原始的状态发展成为有相对完整的经典、教义、戒律、科仪和教会组织的成熟宗教,并由早期民间信仰团体逐渐发展为官方承认的正统宗教。东晋时,葛洪撰写《抱朴子·内篇》,对战国以来的神仙方术进行了系统的整理和阐述,同时主张吸收儒家的纲常名教,因而极大地丰富了道教的思想内容。北朝寇谦之在魏太武帝的支持下,"清整道教,除灭三张(张陵、张衡、张鲁)伪法",提出了以封建礼教为主要内容,以礼拜、炼丹为主要形式的新教义,由此形成"北天师道"。南朝陆静修"祖述三张,弘衍二葛(葛玄、葛洪)",整理"三洞"(道教经典分洞真、洞玄、洞神三部,合称"三洞")经书,编著斋醮仪范,促成了道教教义理论和组织形式趋向完备,由此形成"南天师道"。南、北天师道的形成,标志着对原始道教改革的完成,道教进入了成熟的阶段。

唐朝和北宋是道教昌盛的时期。唐宋以后,南、北天师道与上清、灵宝、净明等较小一些宗派逐渐合流,到元代归并于以符箓为主的"正一道"(倡导"符箓斋醮、祈福禳灾")。金代王重阳创立了以道为主、兼融儒释的"全真道"(倡导

"全神炼气、出家修真")。金元之际，又有刘德仁创立"大道教"、萧抱珍创立"太一道"，但历时不久即告湮没。从此，道教正式分为"正一道"、"全真道"两大教派，一直流传至今。

清朝以后，道教进入其发展的衰微期。由于道教自身的原因，也由于统治者不再大力支持，道教遂逐渐衰落，以往的盛况不复再现。

中华人民共和国成立后，道教的发展进入了新的时期。新中国成立初期，伴随着社会主义制度的确立，道教的面貌也为之一新。第一，道教在政治态度方面发生了根本性的转变。逐步改变了超脱尘世、不问政治的状况，能够适应新社会的要求，自觉接受中国共产党的领导，走社会主义道路。第二，宫观经济方面发生了重大改变。土地改革没收了宫观多余的土地，取消了地租收入，道士们开始从事生产劳动，从而自食其力。第三，思想面貌方面也发生了变化。具体表现为：反帝爱国观念增强；劳动光荣、按劳取酬的观念逐步确立；逐步关心国家时事，消极出世思想有所改变；开始接受新文化，剔除了一些封建迷信的方术；重视了与其他宗教及各界人民的团结。第四，宫观管理制度也发生了改变。改变了封建性很强的等级森严的制度，通过选举组成了宫观的民主管理委员会。第五，组织机构逐渐健全。1957 年 4 月 12 日，全国性道教组织——中国道教协会成立，各地也相继建立了地方性的道教协会和分会，这就为当代中国道教的发展奠定了组织基础。中国道教协会将其宗旨确定为：联系和团结全国道教徒，继承和发扬本教优良传统；在人民政府领导下，爱护祖国，积极支持国家的社会主义建设，参加保卫世界和平运动；协助政府贯彻宗教信仰自由政策。各级道教协会成立后，按照协会的宗旨，开展了大量卓有成效的工作。[1] 尤其值得一提的是，中国道教协会的成立，结束了过去"全真道"和"正一道""道不同不相为谋"的局面，促成了道教内部不同派别间的彼此团结和共同发展。

1957 年以后，受"左"的思潮的影响，道教的一些上层人士被打成右派，道教受到了严重的冲击。"大跃进"时，道教的发展受到了严重干扰，许多珍贵的古鼎、古炉、古钟被熔化为钢铁，宫观生活方式几乎成了以生产劳动为主的生活方式，道教人数也在进一步减少。"文化大革命"期间，道教同样没能逃过厄运。

1978 年以后，道教逐步恢复了正常的宗教活动。从实际情况可以看出，道教的宗教活动主要涉及以下几个方面：第一，协助政府贯彻宗教信仰自由政策，平反道教界的冤假错案，落实有关道教的房产政策，贯彻落实汉族地区重点道

---

① 龚学增.宗教问题概论［M］.成都：四川人民出版社，2007：145.

观的确定和管理工作,并开发了一批宫观。第二,通过开办"道教知识专修班"等途径,在道教徒和信教群众中培养一批年轻、具有道教基础知识的爱国爱教的道教人才,从事各山宫观的管理工作和教务工作。第三,推动道教徒为社会主义建设多做贡献,逐步实现宫观"自养"。第四,协助一些地方道教界恢复或成立道协组织并开展工作。第五,继续发扬道教的优良传统,开展道教学术研究工作。第六,接待港澳同胞、海外侨胞及外宾访问。所有这些,标志着中国道教呈现出了崭新面貌,并走上了与社会主义社会相适应的发展道路。

二、当代中国道教的特点

道教作为五大宗教中唯一在中国土生土长的宗教,和其他四大宗教相比,具有诸多特点。

其一,从风格上看,道教是我国古老的神仙思想长期发展的结果,是原始的自然宗教和阶级社会里的神学宗教的结合体。比起其他四大宗教来,它存留着较多的民间信仰和方术,从宗教理论到宗教实践都和中华民族的传统文化、社会风俗密切相关。

其二,从结构形态上看,历史上的道教,无论是宗教内容还是传道组织上都有鲜明的层次性。梁代刘勰《灭惑论》云:"道家(指道教)立法,厥有三品:上标老子;次述神仙;下袭张陵。"北周时道安《二教论》讲道教:"一者老子无为;二者神仙饵服;三者符箓禁厌"。他们都旨在说明,道教从内容上说是由宗教化了的道家、神仙说和修仙方术、民间疗病去灾的鬼道三个相互联系的层次组成的宗教体系。在教团组织及传道活动上,道教也分为上层神仙道教和下层符水道教两个较大的层次。神仙道教以长生修仙为本,主要在皇帝和士大夫中间活动;符水道教以治病却祸为务,以适应下层劳苦大众的需要。相比之下,西方的基督教就没有出现过这样明显的层次性。这种宗教内容、传道组织的层次性,尽管明显地打上了以往时代的烙印,但在一定程度上也影响了当今的中国道教。

其三,从文化特征上看,历史上的道教,不可避免地带有封建宗法制的烙印。历史表明,道教神权始终在王权的支配和控制之下,而不可能平起平坐,更不要说像基督教神权那样凌驾于王权之上了。道教中包含着敬天崇祖的民族传统,在举行斋醮仪式和劝善说教时都极重孝道。道教一直受到儒家神道设教观念的左右,特别在唐宋后逐步成了维护封建秩序的政治工具。同时,由于道教是由齐学逐步演变而来,它还保留着齐学融合三教、杂取九流百家、兼收并蓄的文化特征。经过宗教改革,当今的中国道教依然保留着敬天崇祖、融合三教等文化特征。

其四,从宗旨上看,道教以得道成仙为目标,极为重视现世利益,这也和其他四大宗教歌颂死亡、重视来世利益的旨趣大相径庭。其他四大宗教都认为人生是短暂的,而天国的乐园生活才是永恒的,因而以冷漠的态度对待现世生活,热衷于追求死后的天国生活。道教却主张肉身成仙,否定死亡,想通过修炼达到长生不死,神通无边,永享人间幸福。①

目前,道教在发展过程中还存在着一些有待解决的问题。譬如,一些宫观由于滥收门徒,导致一些新入教的道士综合素质偏低;一些宫观由于组织松散,管理不严,对社会秩序的稳定产生了不利的影响;一些宫观由于经济管理混乱,导致纠纷不断出现;一些宫观由于受到利益驱动,伪道士层出不穷;等等。

第三节　中国伊斯兰教的基本状况

伊斯兰教传入中国以后,同样经历了漫长的中国化的过程。当代中国伊斯兰教在政治参与、宗教制度、宗教教义以及宗教性格等方面都具有自身鲜明的特点。在复杂的国际、国内环境之中,中国伊斯兰教面临着诸多亟待解决的问题和困难。

一、中国伊斯兰教的发展历程

作为世界三大宗教之一的伊斯兰教,形成于公元7世纪初的阿拉伯半岛,创始人为穆罕默德。一般认为,从7世纪中叶起,伊斯兰教开始传入中国。② 其传入路径,既有陆上的"丝绸之路",也有海上的"香料之路"。

历史地看,唐宋两代是伊斯兰教(中国旧称为回教、清真教或天方教)初步传入中国的时期。这一时期,阿拉伯、波斯穆斯林来华经商者,络绎不绝。经允许,他们可以长期生活在广州、扬州、泉州、杭州、长安、开封、洛阳等地。这些人

---

① 关于当代中国道教的特点的论述,参见:胡孚琛.道教特征刍议[J].哲学研究,1987(10).

② 据《旧唐书》记载,公元651年(永徽二年),穆罕默德逝世后的第三任哈里发奥斯曼派遣第一个使者到达中国,在京城觐见唐高宗,我国一些史学家把这一年作为伊斯兰教传入中国的标志。其实,伊斯兰教传入中国的确切年代,尚无定论。除了该说外,另有"隋开皇中"、"唐武德中"、"唐贞观初年"等说。

被统称为"蕃客"。唐肃宗继位时,为平定安禄山叛乱,曾从大食(唐时对阿拉伯的称谓)等国借兵 20 万,后来其中许多人落籍中国。这些"蕃客"和穆斯林兵士形成了早期的中国穆斯林群体。该群体相对聚居,自成社会,不向外传教,尽力与中国的经济文化相协调、相适应,从而获得了较为宽松的生存空间。

元代是中国伊斯兰教发展的关键时期。这一时期,伊斯兰教徒开始遍布中国各地,史称"元时回回遍天下"(《明史·西域传》,"回回"是元人对穆斯林的称谓)。形成此种局面的原因大致有三:一是蒙古人征服中亚、西亚的伊斯兰国家后,强迫那里的穆斯林参加其远征军,袭击中国,在征服中国后,作为兵士的伊斯兰教徒,开始散居中国各地;二是蒙古人从伊斯兰各国征调众多的穆斯林工匠来华,以从事各种手工匠作;三是当时的中国同西邻各伊斯兰国家,同属于蒙古人统治之下,从而为伊斯兰教迅速向东扩展,提供了便利条件。

明末清初是中国伊斯兰教的成熟时期。这一时期通常被视为中国伊斯兰教发展史上的"文艺复兴时代"。这一时期,具有标志性的事件,便是中国伊斯兰教教义学的勃兴及其初步形成。活跃在这一时期的王岱舆、马注、刘智、金天柱、马复初等穆斯林学者,作为"学通四教(儒教、道教、佛教、伊斯兰教)"、"中阿兼通"的"回儒",他们翻译和著述了大量伊斯兰教经籍,并用中国儒道佛的思想和方法解释伊斯兰教教义,从而促成了中国伊斯兰教教义学(宗教哲学体系)的建立。

中华人民共和国成立后,中国伊斯兰教进入了一个新的发展时期。

20 世纪 50 年代,中国伊斯兰教在机构建设、人才培养、消除封建特权和剥削制度方面做了大量工作。1953 年 5 月 11 日,中国伊斯兰教协会成立,这为中国伊斯兰教的发展奠定了组织基础。协会的宗旨为:协助人民政府贯彻宗教信仰自由政策,发扬伊斯兰教优良传统,爱护祖国,保卫世界和平。为了加强中国伊斯兰教人才的培养工作,1955 年 11 月,在北京正式成立了中国伊斯兰教经学院。1958 年,为了进一步促进信仰伊斯兰教的少数民族的发展进步,顺应少数民族的要求,在伊斯兰教界开展了废除伊斯兰教中的封建特权和封建剥削制度的工作。到 1960 年,宗教制度改革的基本任务全部完成,中国伊斯兰教的状况发生了根本变化。随着剥削阶级和剥削制度的消灭,伊斯兰教不再是剥削阶级利用的工具,不再有干涉国家行政、司法、教育、婚姻制度的合法权利。

"文化大革命"期间,伊斯兰教的发展处于低谷时期。从 20 世纪 70 年代末起,中国伊斯兰教进入了恢复和发展的新时期。由于逐步落实了宗教信仰自由政策,广大穆斯林过上了正常的宗教生活。广大伊斯兰教职人员和信教群众在社会主义物质文明、精神文明建设中做了许多有益的事情。譬如,有的倡导并支持偏远地区的义务教育工作;有的热衷于绿化祖国的工作;有的为社会公益事业而奔波;有的为调解教内、教派之间的矛盾不懈努力;有的则为维护民族团结献计献策;等等。

目前,我国信仰伊斯兰教的民族共有十个,他们分别是:回族、维吾尔族、哈萨克族、乌孜别克族、柯尔克孜族、塔塔尔族、塔吉克族、东乡族、撒拉族和保安族,人口总数约 2100 万。[①] 在中国,穆斯林的主体属于逊尼派,遵奉哈乃斐学派的教法。什叶派教义仅在维吾尔族(十二伊玛目派)和塔吉克族(伊斯玛仪派)的部分民众中流传。

二、当代中国伊斯兰教的特点

伊斯兰教在中国的传播和发展的过程,是伊斯兰教不断地方化和民族化的过程。在这个过程中,形成了中国伊斯兰教。和其他国家、地区的伊斯兰教相比,中国伊斯兰教具有自身的诸多特点。

一是非政治化。在绝大多数伊斯兰国家,伊斯兰教不仅是一种宗教,而且是一种政治制度,教权与政权密不可分。与之不同,中国伊斯兰教不仅不是一种政治制度,而且由于教徒散居全国各地,也不构成一种独立的政治力量。在旧中国,面对着强大的封建统治,它只能是依附和归顺。在社会主义的新中国,经过宗教制度改革,现如今伊斯兰教已成为主要是满足穆斯林宗教信仰需要的组织。

二是宗教制度的中国化。从宗教制度方面看,教坊制以及在此基础上出现的门宦制度,曾一度成为中国伊斯兰教的主要的组织形式。就其实质而言,门宦制度实际上是伊斯兰教神秘主义派别(即苏菲派)和中国封建社会的宗法制、世袭制相结合的产物。中华人民共和国成立后,随着宗教制度改革的完成,门宦中的剥削、压迫制度已被废除,封建特权也随之逐步消失,门宦仅作为历史上形成的一个宗教派别而存在,相应地,各级各类的伊斯兰教协会的创立,它们成为当代中国伊斯兰教的主要的组织形式。明嘉靖年间出现的中国伊斯兰经堂教育制度,是中世纪伊斯兰教国家以清真寺为校舍的办学形式与我国传统的私塾教育的有机融合。经堂教育的创立和发展,培养了大量的宗教职业人员,顺应了中国伊斯兰教发展的需要,在中国伊斯兰教史上占有重要的地位。当今的

---

①　资料来源:全国政协民族和宗教委员会.中国宗教概况[M].北京:中国文史出版社,2008:146.

中国伊斯兰教寺院教育,尽管采用了现代的教育手段和理念,但经堂教育的合理因素,譬如主张讲解经文要"精而专"、"精而熟"等传统,依然得到了一定程度的弘扬。

三是宗教教义的中国化。中国伊斯兰教一方面坚持了伊斯兰教的根本信仰,另一方面则又吸收了中国传统的儒道佛思想。如前所述,早在明末清初,以王岱舆、刘智等为代表的穆斯林学者,便将二者有机地结合起来,促成了中国伊斯兰教教义学的形成。如,伊斯兰教最根本的信仰是"认主独一",离开了这个信仰,也就背离了伊斯兰教。因此,他们将"认主独一"的教义与程朱理学中的"太极说"有机地结合起来,一方面承认太极说中关于万物统一于五行、五行统一于阴阳、阴阳统一于太极,即太极本无极的说法;另一方面,又提出在无极和太极之先,还有一个"造化之原主",这就是"真一"(即真主),又叫"真宰"。真宰才是造化天地人物的本体和世界万事万物的总根源。再者,西北地区许多门宦除吸收儒家思想外,还吸收了中国佛、道的思想,如门宦制度中的道主、道参、参禅悟道修炼等,从形式到内容都渗透了佛、道的元素。当今的中国伊斯兰教,在一定程度上依然继承了上述的做法,同时,还从与社会主义社会相适应的角度,对伊斯兰教的教义做了相应的阐释。

四是宗教建筑、节日、习俗,不同程度地受中国文化的影响。在建筑上,阿拉伯、中亚等伊斯兰国家清真寺的大殿上,均有圆顶建筑,另外还有供看月和呼唤礼拜用的尖塔(称为邦克楼)。而中国除沿海和新疆的某些清真古寺采用此种风格外,内地的大部分著名的清真寺,都采纳了中国传统的以殿宇式四合院为主的建筑式样。在宗教节日上,中国穆斯林虽然也重视伊斯兰教的三大节日,即开斋节、古尔邦节和圣纪节,但古尔邦节被中国穆斯林称作"忠孝节",从节日称谓上,已带有中国色彩。圣纪节,伊斯兰教历三月十二日,在国外通常是纪念穆罕默德诞辰,在中国则把它当作圣忌来纪念,并且不限于三月十二日(伊斯兰教历),可在整个三月份的不同日子里进行。从宗教习俗上看,中国穆斯林除饮食禁忌等少数几个方面与国外穆斯林完全相同外,其他如语言、姓名、衣着、婚丧嫁娶等方面,都已渗透了本土的习俗。

五是中国伊斯兰教更具宽容和温和的性格。这是因为伊斯兰教本身就具有和平、温顺这些美德,后经与注重仁爱的儒家思想的相遇及融通,就更加突出了这个特点。①

我国伊斯兰教的发展,总体上是健康向上的,但也还存在一些亟须解决的问题。一是某些地区教派之间和教派内部不够团结,争权夺利、制造矛盾的现象时有发生。二是某些清真寺的内部管理不够完善,缺乏必要的规章制度,少数人利用清真寺搞教派纠纷。三是少数清真寺的领导者,自觉不自觉地留恋已被废除的旧的宗教制度,有的甚至谋求恢复之。四是在复杂的国际、国内环境的背景下,有极少数伊斯兰教职人员和信教群众受到了民族分裂主义、恐怖主义等思想的影响,最终走上了违法犯罪的道路。

第四节　中国天主教的基本状况

近代以来,特殊的时代机遇,使中国天主教形成了自身的诸多特点,同时也使其面临着诸多新的问题乃至挑战。

一、中国天主教的发展历程

基督教有广义的基督教与狭义的基督教之分。广义的基督教包括天主教、东正教、新教三大分支,以及其他一些较小的教派。狭义的基督教则专指基督教新教(也称更正教、抗罗宗或耶稣教)。

公元395年,罗马帝国分裂为东罗马和西罗马。随后,基督教亦逐渐分裂为以罗马为中心、在拉丁语地区传播的西派教会,和以君士坦丁堡为主、在希腊语地区等传播的东派教会。由于教义上的分歧,加上政治、文化上的差异,自1054年起,东西教会便彻底断绝往来,史称"东西教会大分裂"。西派教会形成罗马公教(又称公教、天主教,有时也被称为旧教,以区别于基督教新教。天主教是罗马公教在我国的名称),而东派教会则构成东正教(又称为正教)。16世纪,罗马教廷腐败,在文艺复兴和人文主义思想的影响下,出现了资本主义萌芽,宗教改革应运而生。而伴随着马丁·路德等人的宗教改革,从天主教中又分裂出基督教新教来。基督教是基督教新教的中国称呼。

---

① 关于当代中国伊斯兰教的特点的论述,参见:米寿江.浅论中国伊斯兰教生存发展的原因及其特点[J].江苏社会科学,1990(1);伍贻业.中国伊斯兰教的特点及其与阿拉伯地区伊斯兰教之比较[J].回族研究,2003(2).

　　元朝时,天主教开始传入中国。元朝建立后,统治者对各种宗教都抱着宽容的态度,曾一度要求罗马教皇派传教士来华。1294年,意大利方济各会会士孟高唯诺,以教廷使节身份来到中国,并获准在京城设立教堂传教,这可视为天主教正式传入中国的标志。随后,外籍传教士不断来华传教。不过,由于其时的天主教(当时,所有的基督教派别均被人们称作"也里可温教"或"十字教")只是在王公贵族中传教,还没有在群众中传播,所以随着元朝的灭亡,天主教也就自行消亡了。

　　明朝与清朝前期,伴随着西方殖民主义的发展,天主教再度传入中国。明万历年间,耶稣会士利玛窦等人创新传教策略(接近汉文化,结交中国士大夫,传教的同时兼以传授西方科学知识),传教获得成功。继利玛窦之后,天主教其他修会的传教士,相继来华传教,并进一步得到朝廷和士大夫阶层的宠信,获得了在十余省自由传教的允诺,天主教势力因之得到了较快的扩张。至明末,天主教教徒已发展到4万人。到了清朝,外籍传教士继续以传授西方科学知识为进阶,康熙曾一度敕令准许民众信仰天主教。1700年,天主教教徒发展到30万人。后来因罗马教宗和外籍传教士无视中国的国俗民情,不准中国教徒"尊孔祭祖",从而引发了"礼仪之争",最终导致了清廷的"百年禁教"。由此,天主教在中国渐趋衰微。到18世纪末,天主教教徒总人数只有20万人。

　　鸦片战争后,帝国主义列强强迫清政府签订了《南京条约》、《望厦条约》、《天津条约》和《辛丑条约》等一系列不平等条约。在这些条约中,无一例外地把"在华传教自由"列为主要条款。自此,中国门户洞开,西方天主教势力由沿海地区迅速地渗透至内地。天主教教徒增加很快,1900年达到72万人,1921年超过200万人,1945年则增至300万人。显然,如果没有帝国主义的纵容和保护,天主教是不可能取得如此骄人的成绩的。而正由于这种特殊的关系,天主教自觉自愿地充当了帝国主义侵略中国的工具。

　　在近代中国,天主教完全受外来势力的控制。在天主教教会内部,外国的修会和传教士掌控财政大权,实行殖民统治,执行愚民政策。中国的天主教神职人员和教徒一直处于任人摆布的无权地位,一切活动都受制于人。

　　中华人民共和国成立后,天主教进入一个新的发展时期。由于历史原因,在天主教内清除帝国主义影响,走独立自主办教会的道路,成为摆在天主教爱国人士及广大信教群众面前的首要任务。

　　鉴于罗马教廷继续干涉中国内政,1949年至1955年间,中国天主教会掀起了不同凡响的爱国运动。其主要任务是:反对罗马教廷继续干涉中国内政,肃清天主教内的反革命势力,夺回办教自主权,挽救中国天主教会。特别值得一提的是,1950 年 11 月 30 日,四川省广元县天主教神甫王良佐和 500 多名教徒,联名发表了《天主教自立革新宣言》,号召中国天主教教徒"基于爱祖国、爱人民的立场,坚决与帝国主义者割断各方面的关系",建立"自治、自养、自传的新教会"。此举在全国天主教界引起了强烈反响,受到了广大天主教教徒的欢迎,并得到了党和政府的大力支持。到 1951 年 1 月底,天主教自立革新运动已从四川扩展到了全国大部分地区。

1957 年 8 月,中国天主教友爱国会成立。成立大会强调,在当信的教义、教规上服从罗马教宗,在政治、经济、事务上则执行独立自主自办的原则。会议还确立了教友爱国会的宗旨:团结全国神长教友,发扬爱国主义精神,积极参加社会主义建设和各项爱国运动,保卫世界和平,并协助政府贯彻宗教信仰自由政策。1958 年,中国天主教实行了自选自圣主教,从而使长期以来为外国势力操纵的中国天主教会,改变为由本国神职人员和教徒自办的宗教事业。

"文化大革命"期间,天主教的发展受到了严重干扰。

1978 年以后,由于恢复并贯彻了宗教信仰自由政策,天主教走上了恢复和发展的道路。从此后天主教的历届全国代表大会可以看出,天主教正在有重点、有步骤地推动着自身的发展进程。1980 年,中国天主教爱国会召开了第三届全国代表大会,决定成立中国天主教教务委员会和中国天主教主教团,决定筹办中国天主教神哲学院。1992 年 9 月,中国天主教召开第五届全国代表大会,决定调整中国天主教的"全国三机构",原来的"中国天主教教务委员会"隶属于中国天主教主教团,中国天主教爱国会则不变。1998 年 1 月,中国天主教召开第六届全国代表大会。会议号召在邓小平理论的指引下,全国神长教友继续高举爱国旗帜,继续贯彻独立自办教会的方针,以"四个维护"(即"维护法律尊严,维护人民利益,维护民族团结,维护国家统一")作为行为准则,努力促进宗教与社会主义社会相适应,为社会公益事业和教会自养找准位置,多做贡献。

截至 2007 年年底,中国天主教拥有教堂 6000 多座,每年约有万人领洗入教,全国共有教徒 530 多万、神父 1800 多位、主教 60 位、大小修院 24 所、70 个修女会、3000 多位发愿和初学修女;已经出版《圣经》和各种圣书 350 多万册。[1]

---

[1]　资料来源:全国政协民族和宗教委员会. 中国宗教概况[M]. 北京:中国文史出版社,2008:180-181.

二、当代中国天主教的特点

如前所述,近代以来,天主教在中国传播和发展的过程,是一个充满着各种冲突和矛盾的过程。特殊的时代际遇,造就了中国天主教的特点。

其一,中国天主教执行独立自主自办教会的方针。在当信的教义、教规上,中国天主教服从罗马教宗,但在政治、经济、事务上则努力摆脱外国势力的操纵,执行独立自主自办的方针。

其二,中国天主教较为完整地保持了传统的保守性。由于历史原因,梵二公会议精神对中国天主教的影响较弱,致使其相对保守、封闭、缺乏活力。在梵二公会议于 1962—1965 年召开期间及其后,中国逐渐陷入了"文化大革命"的十年动乱之中,所以中国天主教完全没有受其影响。及至"文化大革命"结束,中国天主教恢复之时,梵二公会议重大影响期已过,梵蒂冈开始转趋保守,所以梵二公会议精神并未对中国天主教产生足够影响。[①]

其三,中国天主教正在促进自身与社会主义社会相适应。近年来,天主教本着教义中的"成义得救"与"和谐"的思想,积极投身公益慈善事业,服务于社会,不断践行着宗教与社会主义社会相适应的主题。

目前,中国天主教面临的主要问题仍然是罗马教廷的渗透活动。罗马教廷企图重新控制中国天主教。它一方面诋毁、攻击我国天主教中的爱国神职人员;另一方面,则利用天主教的普世性和教徒、神职人员对教皇的宗教信仰,不断派遣人员来华或用其他方法,秘密委派主教,策动和扶植地下势力,妄图分裂我国天主教。罗马教廷的渗透活动,使我国一部分天主教神职人员和教徒群众对独立自主自办教会的方针发生动摇,思想比较混乱。此外,中国天主教还面临着神职人员素质降低、来源减少等问题。

第五节　中国基督教的基本状况

相似的时代机遇,使中国基督教与中国天主教具有相似的发展历程、相似的特点,并且面临的问题乃至挑战也较为相似。

---

① 安伦.天主教在当代中国社会面临的问题与挑战[J].中国天主教,2014(5).

一、中国基督教的发展历程

这里所说的基督教指的是狭义的基督教,亦即基督教新教。

与天主教一样,基督教也是在鸦片战争后才大规模传入中国的。可以说,基督教在中国的传播借助了列强的扩张,而帝国主义则又利用基督教加深了对中国的侵略。在战争中,一些传教士积极为英军提供情报或为侵略者出谋划策。据传,在战后签订的第一个不平等条约——中英《南京条约》的过程中,便曾有传教士参与其中。而在随后签订的几个不平等条约,都明确地规定了在中国的传教特权。在传教特权的保护之下,基督教的传教活动逐步在中国全面地推开。据统计,《南京条约》《天津条约》《北京条约》签订后,英国伦敦会、圣公会、长老会、侵礼会、安息侵礼会、循道会,美国侵礼会、长老会、美以美会等,纷纷派遣传教士深入中国内地。到 1949 年,中国约有 130 个外国基督新教差会①,其中较有影响的有圣公会、信义宗、长老会、公理会、侵礼会、美以美会、监理会、卫理会、内地会、救世军等教派,共有信徒 70 多万人。中华人民共和国成立前夕,教牧人员中,外国人约占 17%,教会的行政大权大部分把握在外国传教士手中,教会的政策仍由国外差会所决定。

中华人民共和国的成立为中国基督教走上全新发展道路提供了历史性的机会。1950 年 7 月,以吴耀宗为首的几十位中国基督教领导人,联合发表了《中国基督教在新中国建设中努力的途径》的宣言,号召广大基督徒,适应社会政治经济制度的变革,在党和政府的领导下,开展反帝爱国运动,肃清基督教内的帝国主义影响,实现中国基督教的自治、自养、自传(亦即"三自")。这一宣言得到了中国政府的大力支持,更得到了广大基督徒的热烈响应。到 1954 年,签名拥护宣言的基督徒超过 40 万人。

1954 年,中国基督教第一届全国会议召开,同时成立了中国基督教"三自"爱国运动委员会。其后不久,全国各地也先后成立了地方性的"三自"爱国运动委员会。鉴于一些敌视中国的西方国家利用传教士破坏中国的社会主义革命和建设事业,中国政府不得不采取了一些必要的应对措施。到 1959 年,随着留在中国的外国基督教教士最终离开中国,中国基督教教会彻底割断了与外国教会的关系,从而使中国基督教成为由中国基督徒自己主持的宗教事业。

1958 年以后,特别是"文化大革命"期间,中国基督教受到了诸多冲击,其发

---

① "差会"是国外基督教差派传教士进行传教活动的组织。

展处于停滞状态。

1978 年以后,由于党的宗教信仰自由政策的恢复和落实,中国基督教进入了恢复和发展的新时期。1980 年,中国基督教"三自"爱国运动委员会恢复办公,同年成立了中国基督教协会。为了推动神学教育和教职人员的培养,1981 年,金陵协和神学院复校并招生。

1998 年以来,在丁光训主教的倡导下,神学思想建设成为中国基督教全国"两会"(中国基督教"三自"爱国运动委员会、中国基督教协会)工作的重中之重。这一举措,旨在使教会信徒在持守基本信仰的同时,在神学思想上与社会主义社会相适应。

经过多年的努力,中国基督教会各方面工作都取得了长足的发展。神学思想建设、教会牧养、神学教育、人才培养、文字出版、社会服务、海外交往都出现了新局面。据 2005 年的统计,信徒人数达 1600 万人,教堂和聚会点近 55000 所,牧师有 2000 多人,教牧人员(包括主教、牧师、教师、长老、传道员)共 36000 余人,参加讲道的义工达 15 万人。神学院达到 18 所,在校神学生约 1700 人。自 20 世纪 80 年代以来,累计毕业神学生 6000 多人,大部分省、市、自治区、直辖市都有"两会"培训中心。[①]

二、当代中国基督教的特点

相似的际遇,使中国基督教的特点与中国天主教的特点也较为相似。

其一,中国基督教实行自治、自养、自传的办教方针。

其二,中国基督教信仰的群体主要在农村。信仰者以老人、妇女、文盲居多。大多数信仰者信奉的依然是殖民主义时代传进来的极度保守的观念,恪守的基本信条仍然是功利层面或基础层面的内容,较少涉及对来世的思考或追寻,更鲜能达到世界观、人生观、价值观的层次。[②]

其三,中国基督教注重神学思想建设,要求信徒在持守基本信仰的同时,在神学思想上与社会主义社会相适应。

不容否认的是,当代中国基督教在发展过程中,还存在着不少问题。一些地方盲目地发展,带来了教徒素质的低层次化,并使得宗教活动处于无序状态;有些自封传道人根本没传教资格,有的本人并不是教徒,却进行跨地区的传教

---

① 全国政协民族和宗教委员会.中国宗教概况[M].北京:中国文史出版社,2008:222-223.
② 李平晔.当代中国基督教发展透视[J].当代宗教研究,2004(1).

布道,有的自封传道人,公开反对社会主义制度和政府的领导,宣扬极端主义观点,传播异端邪说,煽动宗教狂热,惑众敛财,甚至戕害群众;一些非法组织常常打着基督教的旗号进行违法活动,却没有受到教内有效的抵制,从而损害了基督教的形象。在我国对外开放进一步扩大的情况下,西方基督教会的反动势力,更是卷土重来,图谋控制中国基督教会。他们以金钱为诱饵,动摇教会人士的"三自"决心,策动恢复基督教会内部的宗派活动,破坏中国基督徒的团结,妄图分裂中国教会,等等。①

第六节　其他宗教的基本状况

在中国,除了上述五大宗教(佛教、道教、伊斯兰教、天主教、基督教)以外,还有东正教、民间信仰、少数民族宗教等。

一、东正教

东正教作为基督教的三大分支之一,大约在 17 世纪康熙年间,由俄国传入中国。至 1906 年,教徒发展到 3 万人左右,主要分布在东北、新疆、北京、天津、上海等地。俄国十月革命胜利后,大量沙俄时代的东正教教徒涌入中国。至1929 年,东正教在北京、哈尔滨、上海、天津、新疆等地均先后建立了教区,并在一些城市建立了教会。从实际情况看,东正教教徒中俄侨占绝对多数,真正中国籍的东正教教徒很少。因而可以说,东正教是一个对中国社会鲜有影响的"侨民教会"。中华人民共和国成立后,这些俄侨东正教教徒又纷纷投奔其他国家,使我国境内的东正教教徒所剩无几。现如今,仅在哈尔滨一地开放了一座东正教堂,但进堂人数非常之少。

二、民间信仰

在中国历史上,曾形成和流传过一些民间信仰,其中影响最大的当属形成于宋代的白莲教。入清以后,该教曾盛极一时,影响遍及南北。白莲教在其发展过程中,曾先后形成了上百种支派。尔后,这些支派又各自成为独立的民间

①　龚学增.宗教问题概论[M].成都:四川人民出版社,2007:154.

信仰。到新中国成立前夕,这些民间信仰有的已经消亡,有的则转化为反动会道门,在中华人民共和国成立后被取缔。另一影响较大的民间信仰是在福建、台湾等地盛行的妈祖崇拜。妈祖为护航海神,对妈祖的崇拜自宋代开始,中经元、明、清等几代,历经千年而不衰。现在,在中国沿海各省、市,以及内地除青海、新疆、西藏等3省、区以外的其他省份,都有奉祀妈祖的宫庙——妈祖庙。

三、少数民族宗教

在中国,许多少数民族还在继续信仰原始宗教。分布于黑龙江及内蒙古地区的鄂伦春族、鄂温克族、赫哲族、达斡尔族及部分满族、锡伯族等少数民族,信奉萨满教;居住于青藏高原的门巴族、珞巴族以及部分藏族,信仰或兼信本教(苯教);生活在我国西南地区的纳西族,则普遍信仰东巴教。

参考文献

1.金宜久.伊斯兰教史[M].北京:中国社会科学出版社,1990.

2.杜继文.佛教史[M].北京:中国社会科学出版社,1991.

3.唐逸.基督教史[M].北京:中国社会科学出版社,1993.

4.卿希泰,唐大潮.道教史[M].北京:中国社会科学出版社,1994.

思 考 题

1.当代中国有哪五大宗教?它们各自有什么特点?

2.除了五大宗教以外,当代中国还有哪些宗教?

3.和世界大多数国家相比,我国的宗教势力并不强,这是为什么?

第八章　宗教在社会主义中国将长期存在吗

　　中华人民共和国成立后,随着社会主义制度的建立和发展,我国宗教的社会性质和地位发生了根本的变化。但是,我国的宗教并没有像一些人所设想的那样,随着剥削阶级和剥削制度的消亡而一并消亡,而是一直存在着,并且有迹象表明,它还将长期存在下去。随着我国改革开放和中国特色社会主义事业的发展,我国的宗教发展也出现了新的趋势。

第一节　当代中国宗教社会性质和地位的变化

　　新中国成立以后,伴随着社会主义经济基础和人民民主专政的国家政权的建立,以及马克思主义在意识形态中主导地位的确立,中国宗教的社会性质也悄然地发生了根本性的改变。

一、宗教组织褪去了殖民和封建色彩

　　新中国成立前,中国的宗教组织大多沦为帝国主义侵略中国的工具或带有浓厚的封建主义色彩。譬如,新中国成立前的中国基督教会和天主教会,都掌握在外国传教士手中,这些外国传教士利用教会,积极地为帝国主义侵略中国的战争服务,在把中国变成半殖民地、半封建的过程中,扮演着极其不光彩的角色。新中国成立后,中国基督教会和天主教会摆脱了外国教会的控制,由新中国成立前的帝国主义的侵略工具转变为教徒独立自办的爱国宗教组织。中国的其他宗教,如佛教、道教、伊斯兰教等,都是在长期的封建社会中存在和发展

起来的。新中国成立前,这些宗教的领导权主要掌握在国内地主阶级、封建领主、反动军阀和官僚资产阶级手中,因而都带有浓厚的封建主义色彩,在其内部不同程度地存在着封建特权以及封建剥削、封建压迫制度。经过新中国成立后的宗教制度改革,废除了这些封建特权及封建剥削、封建压迫制度,各寺院庙观组织教徒积极参加生产劳动和其他社会主义建设事业,广大教徒逐渐成为自食其力者。现如今,各宗教组织及其信徒爱国爱教守法,拥护中国共产党的领导,拥护社会主义制度,在社会主义建设事业中发挥着积极的作用。

二、宗教组织回归为从事宗教活动的群众性组织

新中国成立以前,在某些地区和民族,宗教有着极其广泛的影响。譬如,在回族地区,政治的、经济的、文化的领域,都无一例外地受到伊斯兰教的影响;在西藏地区,藏传佛教(喇嘛教)在政治、经济和社会生活方面,更是有着举足轻重的地位。新中国成立后,这种情况发生了根本性的变化。我国《宪法》规定,宗教信仰受国家保护,但宗教活动必须限制在法律允许的范围之内。宗教不能干预行政、干预司法,也不能干预婚姻与教育。这样,宗教组织的职能、影响力和过去相比,就大大地减少了。宗教组织作为群众性的组织,其主要职能是组织和开展宗教活动。于是,宗教问题一般只属于思想认识问题。周恩来同志对此曾有过论述:"现在我们只把宗教信仰肯定为人民的思想信仰问题,而不涉及政治问题。不管无神论者,还是有神论者;不管唯物论者,还是唯心论者,大家一样拥护社会主义制度。"①宗教问题上的矛盾主要属于人民内部的矛盾,而不再具有阶级斗争的性质。

三、宗教组织日益主动地适应社会主义社会

积极引导宗教与社会主义社会相适应,是我们党在新时期宗教工作的基本方针之一。中外宗教的历史发展表明,任何宗教只有适应其所处的社会和时代才能存在和延续。我国是社会主义国家,我国的宗教是在社会主义条件下存在和活动的,因而必须与社会主义社会相适应。这既是社会主义社会对宗教的客观要求,也是我国各宗教自身存在的客观要求。江泽民同志曾经指出:"宗教是一种历史现象,在社会主义社会中将长期存在,如果宗教与社会主义社会不相

---

① 周恩来选集:下卷[M].北京:人民出版社 1997:267.

适应,就会发生冲突。"①

关于宗教与社会主义社会相适应的含义,第五章已有说明,此处不再赘述。宗教与社会主义社会相适应,可以从三个层面来实施:其一是社会参与层面,其二是精神建设层面,其三是自身建设层面。

(一)社会参与层面

历史地看,在中华人民共和国成立初期的近十年当中,各宗教出于加强自身建设的需要,一般不大提倡过多地参与社会事务、过多地从事社会公益事业。宗教与社会主义社会相适应的口号的提出,激发了宗教界参与社会公益事业、参与社会主义现代化建设的积极性。人们发现,宗教组织或信徒个人,有的热衷于集资修桥铺路,有的热衷于为残疾人募捐,有的热衷于保护文物,有的热衷于绿化山林,等等,不一而足。

(二)精神建设层面

宗教作为一种历史文化现象,积淀了人类发展的文明成果,保护和弘扬宗教文化的优秀成分,可以使它成为社会主义先进文化的重要补充。譬如,宗教道德作为人类道德的一种表现形式,较为重视规范信徒行为,弘扬宗教道德中的积极因素,可以使之成为社会主义道德的重要补充。前述的五大宗教,大都蕴涵着较为丰富的伦理道德规范(往往以戒律的形式出现)。这些伦理道德规范,就其目的来说,当然是服从于"修来世"的需要,因而是宗教道德的有机组成部分;但就其具体内容来说,则与社会主义道德有着诸多相通之处。佛教讲"忍让"、伊斯兰教讲"服从"、基督教讲"爱人爱己",这些固然属于宗教道德,但在社会主义时期,经过一定的改造,它们同样也有助于塑造人格、升华人生境界的。人们渐渐注意到,一些宗教界人士正在为此"改造"而积极努力。

(三)自身建设层面

目前,宗教界已经自觉地意识到,根据时代的要求,加强自身建设,有多方面的要求。一是要坚持政治上靠得住、宗教上有造诣、品德上能服众、关键时起作用等标准,加强组织建设和人才的选拔。此举关系到宗教组织的办教方向以及是否具有感召力和凝聚力的问题。二是要加强制度建设,其中建立健全监督约束机制尤为重要。三是要加强思想建设。一方面,要加强爱国主义教育;另

---

① 江泽民:在全国统战工作会议上的讲话(1993年11月7日)[M]//历次全国统战工作会议概况和文献(1988—1998).北京:华文出版社,1998:163.

一方面,要在保持基本信仰、核心教义、礼仪制度的同时,深入挖掘教义教规中有利于社会和谐、时代进步、健康文明的内容,对教规教义做出符合当代中国发展进步要求、符合中华优秀传统文化的阐释。人们发现,对于上述各项要求,宗教界正在主动地加以践行。

第二节　宗教在社会主义中国长期存在的根源

在社会主义中国,宗教仍将长期存在。对此,周恩来同志曾经说过:"信仰宗教的人,不仅现在社会主义的国家里有,就是将来进入共产主义社会,是不是就完全没有了?现在还不能说得那么死……宗教是会长期存在的,至于将来发展如何,要看将来的情况……按照唯物论的观点,当社会还没有发展到使宗教赖以存在的条件完全消失的时候,宗教是会存在的。"[①]1982年颁布的《中国社会主义时期宗教问题的基本观点和基本政策》[②],对此问题也做出过相应的说明:"在社会主义社会中,随着剥削制度和剥削阶级的消灭,宗教存在的阶级根源已经基本消失。但是,由于人们意识的发展总是落后于社会存在,旧社会遗留下来的旧思想、旧习惯不可能在短时期内彻底消除;由于社会生产力的极大提高,物质财富的极大丰富,高度的社会主义民主的建立,以及教育、文化、科学、技术的高度发达,还需要长久的奋斗过程;由于某些严重的天灾人祸所带来的种种困苦,还不可能在短时期内彻底摆脱;由于还存在着一定范围的阶级斗争和复杂的国际环境,因而宗教在社会主义社会一部分人中的影响,也就不可避免地还会长期存在。"[③]

在社会主义中国,尽管宗教赖以存在的阶级根源不存在了,但宗教赖以存在的自然根源、社会根源(阶级根源是社会根源之一)、认识根源和心理根源并没有消除,因此宗教也就不可避免地将会长期存在下去。

一、当代中国宗教长期存在的自然根源

自然力量对人的支配和压迫是宗教得以产生和存在的自然根源。在社会

① 周恩来选集:下卷[M].北京:人民出版社,1997:267.
② 该文件中共中央于1982年印发,故又称"中央19号文件"。
③ 中共中央文献研究室综合研究组,国务院宗教事务局政策法规司.新时期宗教工作文献选编[M].北京:宗教文化出版社,1995:55.

主义社会里,尽管人们认识和利用自然的能力在不断提升,但在相当长的时期内,自然力量仍将继续支配和压迫人,宗教存在的自然根源仍将长期存在。

　　人类从自然界分化出来之后,便开始尝试着处理自身与自然之间的矛盾关系。随着生产力水平的不断提高,人类与自然之间的矛盾关系也会呈现出不同的形态,反映在宗教方面,便使得宗教有一个产生、发展与消亡的过程。诞生于原始社会的自然宗教,与原始社会生产力水平极度低下,自然作为完全异己的力量压迫人类、支配人类有关。可以设想,在未来的共产主义社会,随着生产力水平的高度发达,人类可以自由地利用自然为人类造福,自然的异己性随之趋于消亡,到那时,宗教得以产生和存在的自然根源便不复存在了。而在这之前,在生产力有了一定程度的发展,但还没有达到高度发达的社会里,宗教依然会继续存在。

　　社会主义制度在中国的确立,客观上为生产力的发展开辟了广阔的道路。新中国成立 60 多年来,中国的科学技术有了很大的发展,生产力也有了很大的提高,这无疑促进了人与自然关系的改善。但是,必须清醒地看到,中国整体的科学技术水平还不高,改造自然、利用自然的能力依然十分有限。不难发现,现实当中,自然的异己性仍在广泛而深刻地影响着人们的生活。譬如,作为一个传统的农业大国,农作物的收成在很大程度上仍然依赖大自然的"赏赐",要靠天吃饭。再譬如,由于预测与防治的技术手段十分有限,一些极端的自然灾害,如地震、飓风、洪水、干旱等,往往会给人民的生命财产造成巨大的损失,进而给人们的精神以沉重的打击。面对上述种种问题,一些人就难免会有皈依宗教的倾向,他们会把各种问题与某种神意或天命联系起来,视自然力量为一种异己的压迫力量或人格化的神秘力量,对之产生依赖和畏惧,进而产生盲目的信仰。

　　概而言之,在社会主义社会,由于科学技术水平和生产力水平的有限性,加上克服这种有限性是一个长期的渐进的过程,宗教赖以存在的自然根源在短时期内难以消除,从而导致宗教将在社会主义社会长期存在。

二、当代中国宗教长期存在的社会根源

　　社会力量对人的支配和压迫是宗教得以产生和存在的社会根源。在社会主义社会里,在相当长的时期内,一些社会力量仍将继续支配和压迫人,宗教存在的社会根源仍将长期存在。

　　众所周知,随着社会主义制度的建立,中国宗教存在的阶级根源已经基本消失,宗教存在的社会根源因此发生了很大的变化。但由于中国的社会主义社

会脱胎于经济文化比较落后的半殖民地半封建社会（没有经历过资本主义充分发展的阶段），建立社会主义制度的物质文化条件不够充分，使得中国社会将长期处于社会主义初级阶段。这一阶段的特点是：在经济基础和上层建筑中，社会主义成分占据主导地位；社会经济文化发展不充分，表现为生产力水平、科学技术水平还比较低，民族文化素质还不够高，经济的社会化、市场化、现代化的程度远远落后于发达国家；社会主义具体制度还不够完善，表现为社会主义经济基础发展的不完全和社会主义上层建筑的不完善。而社会经济文化发展不充分这一客观事实，难免会导致社会主义社会存在着一些难以完全控制的、盲目的、异己的社会力量，这就为宗教的继续存在提供了社会根源。

（一）贫困及愚昧落后的状况依然存在

中国是一个民族众多、地域辽阔的大国，由于历史和现实的诸多原因，各民族间和各地区间的经济、社会、文化的发展极不平衡。在中西部欠发达地区的一些农村，贫困及愚昧落后的状况，尤为突出。在这些地方，贫穷及生老病死的困扰，仍然是相当多的群众所面临的最大问题。由于物质生活的贫乏、文化教育水平的低下，许多人在精神追求上、在道德向往上，还不可避免地处在较低的层次，这部分人很容易为宗教生活所吸引。在这些地方，因病信教者也不在少数。一些人生了病不能治、治不好或无钱治，于是祈求神灵治病和保佑。中国近年来宗教的扩展，农村比城市突出，绝非是没有缘由的。这恰恰印证了列宁的那句名言："宗教偏见的最深刻的根源是穷困和愚昧。"[①]

（二）宗教传统继续发挥着影响作用

唯物史观告诉我们，一切社会意识都是社会存在的反映，但社会意识一经产生以后，就具有相对的独立性。这种相对独立性有诸多表现。譬如，社会意识不会随着社会存在的变更而立即改变，往往滞后于社会存在的发展变化。尤须指出的是，社会意识一旦以成熟的形式出现以后，往往会转化为一种传统，从而在较长时期内存在于人们的脑海中。宗教作为一种社会意识，同样具有上述的相对独立性。就人为宗教而言，它虽然主要是阶级剥削、阶级压迫的产物，但它不会随着阶级剥削、阶级压迫的消灭而立即消灭，它还会在阶级剥削、阶级压迫的现象消灭之后很长的历史时期内继续存在。

在中国，历经千百年来的流传，主要的宗教均已具备了"成熟的形式"，作为

---

① 列宁全集：第 35 卷[M].北京：人民出版社，1985：181.

特定的传统,作为"巨大的保守力量"①,它们曾长期影响乃至统治着人们的精神世界。在社会主义时期,要完全摆脱千百年来积淀起来的宗教影响,在短时期内是根本不可能的。

(三)社会主义民主和法制还不完善

中国的社会主义民主是全国各族人民共同享有的最广泛的民主,其实质是人民当家做主,充分享有民主权利。中国的社会主义法制指的是体现工人阶级领导的广大人民意志的法律和制度。

公允地说,新中国成立以后,尤其是在十一届三中全会以后,中国的社会主义民主和社会主义法制建设取得了很大的成就。但是,社会主义民主和法制建设的进程并非是一帆风顺的,在实践过程中,曾出现过这样那样的失误,包括像"文化大革命"那样的严重错误。这些失误往往使得一部分群众感到命运多舛,进而逃避现实,到宗教中去寻找精神慰藉。历史表明,在"文化大革命"中,由于社会主义民主和法制被肆意歪曲和践踏,不少领导干部和群众无端地遭到迫害,使得他们对现实的社会和人生深感绝望,有的人便从不信教转向信教,有的则从信教态度比较冷漠转向比较虔诚。而"文化大革命"中因信仰问题而受到迫害的宗教徒,不仅没有改变其信仰,相反激起了他们的宗教狂热。有些人尽管在"文化大革命"中没有受到迫害,但由于他们对现实感到失望,于是也转而信仰了宗教。

此外,前述的在对外开放条件下国外宗教势力不断地对中国施加影响、国内外敌对势力往往借助于宗教对我国进行种种破坏活动,也成为中国宗教长期存在的社会根源。

三、当代中国宗教长期存在的认识根源

人们认识水平的局限性以及认识上的错误,是宗教得以产生和存在的认识根源。

新中国成立以来,尤其是实行改革开放以来,随着科学技术的日新月异和不断普及、中国化马克思主义的广泛宣传,以及国民教育程度的不断提升,人们对自然的奥秘、社会发展的规律,以及人自身生命现象的本质等的认识,在不断

---

①　恩格斯说过:"在一切意识形态领域内传统都是一种巨大的保守力量。"参见:恩格斯.路德维希·费尔巴哈和德国古典哲学的终结(1886年初)[M]//马克思恩格斯全集:第21卷.北京:人民出版社,1965:351.

地深化。这使得人们认识上的局限性不断地被突破。然而,人们对客观世界的认识,相对于"已知"而言,还有更多的"未知"等待着人们去探究。诚如爱因斯坦所言,人类得到的"已知"越多、越广泛,那么就会发现在他们之外,我们面对的"未知"也越多。譬如,探月工程的实施,使我们知道月球上并没有嫦娥的存在;深海探测技术的发展,使我们知道东海龙宫的存在只是一种虚构;对什么是社会主义、如何建设社会主义的追问,使我们走上建设有中国特色的社会主义道路,对国家和民族的命运有了新的积极的期待;人工合成牛胰岛素的成功,使我们在揭开生命之谜方面迈出了巨大的一步。然而,还有更多的问题,作为问题仍然摆在那里。譬如,宇宙产生、存在、变化发展的规律问题;社会主义改革的进一步深化问题、社会主义的前途与命运问题;由社会主义改革所引发的各种社会问题,以及每个个体的遭际变化问题;生命的繁衍与终结问题,等等,不一而足。恰恰是这些"未知"的领域,往往成为诱发一些人信仰宗教的土壤。

诚然,新中国成立以来,随着辩证唯物主义和历史唯物主义的宣传和普及,人们认识上的唯心主义和形而上学的错误,在一定程度上有了减少,但仍然不可避免地大量存在着。由于各种主客观条件的限制,人们仍然会犯诸如主观性、片面性、表面性、直线性和死板僵化之类的错误。一般而言,这类认识上的错误容易使人们离开科学的认识之路,而滑入宗教有神论的泥沼。对此,列宁有过精辟的说明:"人的认识不是直线(也就是说,不是沿着直线进行的),而是无限地近似于一串圆圈、近似于螺旋的曲线。这一曲线的任何一个片段、碎片、小段都能被变成(被片面地变成)独立的完整的直线,而这条直线能把人们(如果只见树木不见森林的话)引到泥坑里去,引到僧侣主义那里去……"①

总之,在社会主义社会,由于人们对自然、社会以及人自身的认识还有很大的局限性,由于人们在认识上难免会犯这样那样的错误,加上克服这种局限性和错误是一个渐进的、漫长的过程,所以在社会主义社会宗教的长期存在,就依然具有认识根源,宗教的神创论、宿命论、来世说等,就会继续拥有一定的市场。

四、当代中国宗教长期存在的心理根源

宗教既表现为人类特有的一种认知现象,同时也表现为人类所特有的一种心理现象。因此,它不仅与人的认知活动直接相关,而且与人的心理活动直接相关。人的心理素质和心理活动的复杂性,在一定条件下成为宗教存在的根源之一。

---

①　列宁.谈谈辩证法问题(1915年)[M]//列宁选集:第2卷.2版.北京:人民出版社,1972:715.

就宗教产生的心理根源来说,最根本、最重要的当属人对自然界和社会的依赖感。费尔巴哈曾经视依赖感为宗教心理的总根源。他说:"除了依赖感或依赖意识以外,我们就不能发现其他更适当、更广泛的宗教心理根源了。"①这种依赖感表现为自己必须绝对依赖"他者"(他物或他人)而生存的感觉和意识,它源自于人类对自然事物和社会事物的依赖关系。信教者的特征就在于把自己的依赖对象加以神话,奉为神灵,加以膜拜。依赖感固然是宗教心理的总根源,其实围绕着依赖感而展开的心理活动,即宗教产生的心理根源,还有恐惧感、孤独感、感恩感、需求感、罪恶感、有限感等。可以说,只要依赖神灵等心理活动还存在,宗教就仍将继续存在着。

在社会主义条件下,随着生产力水平的提高,人们的物质生活水平有了很大改善。与此同时,人们的政治地位也有了极大的提高,人们成了社会的主人,享有充分的思想、言论、信仰的自由。这些都使得人们的精神面貌、心理素质大为改观。但是,在现实生活中,人们在面对自然、社会与人自身的时候,难免会遇到这样那样的问题,其中包括挫折和失败等问题。一些人由此而产生复杂的情感体验,如依赖感、恐惧感、孤独感、苦闷感、压抑感、失落感、内疚感、空虚感,等等,由此导致接近并皈依宗教,希望借助于宗教来获得精神上的慰藉与情感上的满足。

诚然,在社会主义条件下,人们认识自然、改造自然的能力有了很大的提高,但是,自然界依然尚有无数的"未知"等待人们去探究,自然界还在很大程度上作为异己的力量存在着,并不时地"捉弄"人们,巨大的自然灾害时有发生,人们"靠天吃饭"的局面没有得到根本改观。于是,一些人不免会对自然充满着不同程度的依赖感、恐惧感。

新中国成立以后,社会主义革命和建设取得了举世瞩目的成就,但无论在经济建设方面,还是在民主和法制建设方面,都曾出现了不少失误。这些失误,曾对一些人的命运和前途产生了深刻的影响,并在他们的心理上留下难以磨灭的印记,苦闷感、压抑感如影随形般伴随着他们的人生。

在改革开放的新形势下,由于社会经济体制、政治体制乃至社会体制的转变,带来了社会利益格局的大调整,这些大调整时刻在考验着人们的心理素质。在社会大变革时期,出现了诸多前所未有的状况,下岗、失业、就业难、经济活动

① 费尔巴哈哲学著作选集:下卷[M].北京:商务印书馆,1984:257.

的不确定性增大、贫富差距扩大、少数官员腐败、道德失范、离婚率上升、养老难、人际关系冷漠……面对着如此状况,一些人的失落感、内疚感、孤独感、空虚感等油然而生。

生老病死本是一种自然规律,任何人都无法抗拒,但对于生老病死的心理体验,却因人而异。其中,有些人内心总是渴望健康、长寿,畏惧疾病和死亡。于是,宗教所宣扬的得道成仙、轮回说、来世说以及种种"神迹"说,对他们便具有非同一般的吸引力和亲和力。

综上所述,在社会主义社会,由于宗教存在的自然根源、社会根源、认识根源以及心理根源将长期存在,这就决定着宗教也将长期存在,换句话说,就会有人信仰宗教有神论。这种"长期性"提醒人们:不能用行政命令的方法消灭宗教,而应把主要精力用在发展社会主义的经济、政治、文化、教育、科技等各项事业上,亦即用在消除宗教有神论产生和存在的根源上;无神论同有神论的斗争具有长期性,有必要采取正确的方式、方法开展科学世界观(包括无神论)教育,开展科学文化知识教育;在社会主义社会发展过程中,宗教组织、宗教仪式乃至宗教信仰、宗教感情都会发生与社会相适应的变化,不可能保持一成不变;公民个人宗教信仰是后天得到的,不具有"长期性",随着科学世界观的确立,科学文化知识的丰富,公民个人宗教信仰可以有所改变;尽管从历史发展的大趋势来看,宗教在社会主义条件下,其社会影响将会日趋减弱,但不排除在一定条件下和一定时期内,它还会有较大的发展。

第三节　当代中国宗教发展的新趋势

如前所述,早在新中国成立初期,中国共产党人便敏锐地觉察到,中国宗教具有"五性"(即群众性、民族性、国际性、长期性、复杂性)的特征。这一概括和总结至今仍然契合中国宗教发展的实际,它也因之成为中国共产党人制定宗教政策的基本依据。不过,随着时代的变迁以及宗教自身的自我调整,中国宗教又呈现出了一些的新变化和发展趋势。[①]

---

① 关于当代中国宗教的新变化和发展趋势的论述,参见:王作安.我国宗教状况的新变化[M]//金泽,邱永辉.中国宗教报告(2008).北京:社会科学文献出版社,2008.

一、信教人数持续增长,宗教的社会影响力日渐扩大

如前所述,20 世纪 50 年代末到 70 年代中期,由于受到"左"的思潮的影响,中国宗教的发展经历了一个曲折的过程。改革开放以来,随着宗教信仰自由政策的恢复和逐步落实,中国的宗教有了快速的发展。首先表现为信教人数有了快速的增长。以基督教为例,其信教人数从 20 世纪 50 年代初的 70 余万人,发展到 21 世纪初的 1600 万人以上,发展速度在所有宗教中位居第一。其他宗教的信徒人数也都具有不同程度的增加。粗略估计,中国的信教人数占总人口的 1/10 左右,这是一个不可小觑的数字。其次表现为宗教的社会影响日渐扩大。人们逐渐认识到,宗教不仅仅是一种意识形态,同时也是一种文化现象;宗教不仅具有消极的功能,同时也具有积极的功能。宗教社会影响的扩大,其突出的标志就是一波接一波的宗教文化热的兴起。①

二、信教群众结构正朝着均衡化方向发展

在"文化大革命"结束后的十几年里,中国信教群众的结构呈现出"五多"的特点:年龄上,以老年人居多;性别上,以妇女居多;文化程度上,以低文化水平居多;城乡分布上,以农村信教群众居多;区域分布上,以少数民族地区、经济不发达地区居多。

近年来一些地方的调查表明,中国信教群众的结构正在悄然发生变化,"五多"的特点逐步消解,正朝着均衡化方向发展。中青年信教的人越来越多,在信教群众中的比例持续上升。由于中青年信教群众的文化程度普遍比老年信教群众高,加上一些高学历人员信教,中国信教群众的平均文化程度逐步提高。随着农村人口向城市转移和城市居民信教人数增多,城乡信教群众分布一头沉的格局正在被打破。中国信教群众的职业分布更加广泛,除工人、农民外,在新经济组织和新社会组织中的非公有制经济人士、自由职业的知识分子当中,也有人陆续加入信教者队伍,宗教走进了更多的社会阶层。在区域分布上,经济发展较快的东部沿海地区,宗教也呈现出较快增长势头。

---

① 龚学增.宗教问题概论[M].成都:四川人民出版社,2007:154-155.

三、宗教发展呈现出明显的不平衡性

如前所述,在当今的中国社会中,宗教发展的基本格局是:佛教、道教、伊斯兰教、天主教和基督教等五大宗教并存,民间信仰和少数民族的原始信仰依然大量存在。细加分析,可以发现,不同宗教的发展并非齐头并进,而是呈现出了明显的不平衡性。其中有三个现象尤为值得关注:一是佛教作为中国最重要的传统宗教,在传统文化复兴的过程中,得到了社会各界人士的青睐和支持,佛教文化活动十分活跃,社会影响日益扩大;二是基督教经过长期磨合,开始融入中国社会,对时代变化的适应性强,具有强烈的传教意愿,同时又得到西方社会的关注和支持,近年来发展十分迅速;三是曾经式微的民间信仰,在一些地方重新抬头,恢复很快,受其影响的群众数量相当庞大。

四、宗教矛盾日益复杂

我国宗教方面的矛盾主要是人民内部矛盾,但在社会变革过程中,在复杂的国际背景下,对抗性矛盾与非对抗性矛盾相交织,国内宗教矛盾与国外宗教矛盾相交织,宗教自身矛盾与政治、经济、文化、民族等矛盾相交织,呈现出错综复杂的局面。概括起来,现阶段涉及宗教的矛盾大致可以分为以下三类。

第一类是各宗教自身存在的矛盾。在天主教方面,中梵之间的国家关系、政治关系和宗教关系交织在一起,对中国天主教的发展产生了重要影响;在基督教方面,一部分基督徒不依法向政府登记,擅自设立宗教活动场所和建立非法组织,对宗教法规和政府依法管理宗教事务构成挑战;在伊斯兰教方面,教派和门宦问题仍然突出,教派冲突的危险依然存在;在佛教和道教方面,一些地方争相修建寺庙、道观,露天宗教造像之风盛行,一些教职人员和寺庙道观过分追求世俗利益、道风不正的问题比较突出。

第二类是境内外势力利用宗教的问题。主要是三个方面:一是境内外民族分裂势力利用宗教从事分裂国家的破坏活动。如达赖集团利用藏传佛教在信教群众中的特殊影响和民众中上师崇拜的传统,在西方势力的支持下,不断变换花招,采取各种手段谋求"西藏独立",从事分裂祖国的活动。再如,"东突"势力在泛伊斯兰主义和宗教激进主义思潮的影响下,会继续打着维护伊斯兰教的旗号,进行分裂祖国的罪恶活动。二是境外势力利用宗教对中国进行渗透活动。对基督教来说,主要是通过经济上的资助和宗教上的密切交往,动摇基督

教界"三自"的信心,同时,加剧基督教内部的教派矛盾和冲突,破坏中国基督教的大团结;对于天主教来说,则是梵蒂冈以宗教事务为名,干涉中国教会管理的内部事务,扶植对抗中国政府的天主教地下势力;此外,一些新兴宗教和教派乃至邪教,仍有可能进入中国大陆。在一个较长的时期内,境外势力对中国的渗透以及对中国宗教事务的干预,将在宗教领域中的人权问题上有所加强。三是不法分子利用宗教从事非法违法活动。有的人利用宗教蒙骗群众,诈骗钱财,奸淫妇女。有的人利用宗教建立非法组织,从事违法活动,扰乱正常的生产、生活秩序。

第三类是宗教在发展过程中与社会有关方面产生的矛盾,尤其是涉及宗教界权益和宗教组织利益问题。此类矛盾主要表现在四个方面:一是落实宗教房产遗留问题;二是城市建设中涉及拆迁宗教房产的问题;三是风景名胜区宗教活动场所的权益问题;四是一些地方与宗教争利的问题。

五、"契理契机"成为中国宗教发展的策略选择

这里所谓的"契理契机"借用了太虚大师的说法。太虚大师当年宣传"人生佛教"思想时,曾提出了"契理"和"契机"的两大原则,认为"非契真理则失佛学之体;非协时机则失佛学之用"①,强调应该"依佛法契理契机原则,以佛法适应这现代的思想潮流及将来的趋势"②。对于中国宗教而言,"契理契机"则是指,宗教的发展一方面要注意恪守基本的信仰("契理"),同时还要使自身适应时代的变化("契机")。只有"契理",才能保证宗教的神圣性和纯洁性;只有"契机",才能使宗教在社会中发挥其应有的功能和作用。在社会主义条件下,"契理"之"理"自然依宗教类型的不同,而有所区别;"契机"之"机"则应具有共识,中国正处于社会主义初级阶段,宗教与社会主义社会相适应,理应成为"契机"的最根本的要求。

以佛教为例,进入 20 世纪 80 年代以后,倡导"庄严国土,利乐有情"的"人间佛教",成为践行"契理契机"原则的表率。"人间佛教"一方面倡导"续佛慧命",传承正信正法,另一方面又主张走与社会主义社会相适应的道路,在社会

---

① 黄夏年.近现代著名学者佛学文集·太虚集[M].北京:中国社会科学出版社,1995:226-227.
② 释太虚.新与融贯[M]//太虚大师全书:第 2 册.北京:宗教文化出版社,2005:450-451.

主义精神文明建设、政治文明建设以及和谐社会建设中发挥积极作用。①

当代中国基督教也在积极倡导和践行"契理契机"的原则。如前所述,1998年以来,在丁光训主教的倡导下,神学思想建设已成为基督教全国"两会"工作的重中之重,目的是使教会信徒在持守基本信仰的同时,在神学思想上与社会主义社会相适应。据《中国宗教报告(2011)》称,近些年来,基督教一直积极投身于公民社会建设,其走向公民社会的路径是社会服务与社会关怀,其走向公民社会的根基则是神学思想与教会组织建设。②

伊斯兰教在倡导和践行"契理契机"方面,也有可圈可点之处。最突出的表现就是伊斯兰教中所蕴含的比较丰富的慈善思想,得到了很好的继承和发扬,促进了当代中国穆斯林的宗教慈善实践。20世纪90年代以来,中国穆斯林在抗震救灾、教育捐助、医疗救助、扶贫济困、植树造林等方面,做了大量的工作,得到了广泛的赞誉。

其他宗教在"契理契机"方面,也都具有值得称道之处,不一一而论。

参考文献

1. 龚学增. 宗教问题概论[M]. 成都:四川人民出版社,2007.
2. 陈荣富. 马克思主义宗教观研究[M]. 成都:四川人民出版社,2008.
3. 吕大吉,龚学增. 马克思主义宗教观与当代中国宗教卷[M]. 北京:民族出版社,2008.
4. 唐晓峰. 马克思恩格斯列宁论宗教[M]. 北京:人民出版社,2010.

思 考 题

1. 与旧中国的宗教相比,当代中国宗教的社会性质和地位有什么不同?
2. 如何认识当代中国宗教长期存在的根源?
3. 当前我国宗教的发展出现了什么样的新趋势?

---

① 关于"人间佛教"阐释,参见:杨曾文. 致力国家发展进步是当代人间佛教的基本要求[J]. 第二届中韩佛教学术论坛,2009.

② 金泽,邱永辉. 中国宗教报告(2011). 北京:社会科学文献出版社,2011:128.

第九章　当代中国宗教的社会作用是什么

对宗教社会作用的认识和评价,主要的是看宗教对所处社会的经济制度和政治制度抱什么态度,相比之下,宗教其他方面的社会作用,如宗教对文化的影响以及对个人精神生活的满足等,则处于从属的地位。这是由宗教的思想上层建筑地位决定的。根据历史唯物主义的观点,评价宗教社会作用的基本标准,就是看宗教意识和活动是否有利于社会生产力的发展,是否有利于巩固和发展先进的社会经济制度和政治制度,是否有利于推动人类精神文明的进步。当代中国宗教与社会主义社会基本上是相适应的,同时也存在不适应的方面,因此,它的社会作用具有二重性:既有积极作用,也有消极作用。充分发挥宗教的积极作用,努力克服宗教的消极作用,辩证看待,积极引导,这不但是党和政府以及社会各界的责任,而且是宗教界自身的责任。

第一节　宗教对经济建设的作用

经济建设是我国社会主义事业的中心,是我国全体人民的伟大事业。据估计,我国信仰各种宗教的信教群众约有一亿人,大多数处于生产第一线,是经济建设的主力军之一。我国绝大部分信教群众既是精神上的信仰主义者,又是世俗社会的劳动者。受社会主义文化和宗教文化的双重影响,一部分宗教信徒获得了一定的科学知识和道德修养,或一定的管理和经营能力。因此社会主义的经济建设必须把信教和不信教群众的积极性和创造性都激发和调动起来。

一、社会主义经济建设是包括信教群众在内的全体人民的伟大事业

社会主义经济建设是全体人民的根本利益所在,国家的兴衰与每个人的命运相连,因此社会主义经济建设的共同目标能够调动广大信教群体的积极性和创造性,能够使信教群众和不信教群众紧密地团结起来,成为我国现代化建设的重要力量。

在社会主义经济建设中,调动少数民族宗教信徒的积极性和创造性具有特殊的意义。我国有些少数民族几乎是全民族信仰一种宗教,如藏传佛教基本上是全体藏族同胞的宗教,伊斯兰教基本上是全体回族、维吾尔族等10个少数民族同胞的宗教。这些少数民族大多聚居在广大的边疆地区,这些地区基础薄弱,条件较差。边疆地区的社会主义经济建设必须依靠广大少数民族和广大信教群众。如果不团结广大信众,不调动他们的积极性和创造性,边疆地区的开发建设很难开展,因此发挥广大信教群众社会主义经济建设的积极性和创造性,对于我国民族团结与繁荣,对于逐步消除地区之间的贫富差距,增强整体国力是十分重要的。这是社会主义发展的一个重大战略问题。

二、宗教团体的正常经济活动有利于社会主义建设

在市场经济大潮下,我国宗教团体的经济活动十分活跃。基督教在自养的名义下开放场所,兴办经济实体。有的地方教会办起了三自企业、三自商店、三自医院,有的教会成立自养促进会办企业及工、商服务行业,他们提倡取之于教,用之于教,把办经济实体获得的收入用来装修教堂、添置设备等。佛教、道教以其寺庙景观和文物优势开发旅游业。有的寺院开设宾馆、饭庄、茶室、冷饮,成为综合性的服务业,有的恢复了传统的庙会市场。这些举措既获得了宗教自养和继续发展的资金,也增加了当地政府和有关部门的收入,用之于文化教育和社会福利事业。基督教和天主教还素有从事文教和科技以为社会服务的传统,如今各地教会兴办起诸如各种外语学校或补习班、体育强身训练班等等,均收到了为经济建设服务的良好效果。伊斯兰教方面,特别是一些大中城市的清真寺,利用其寺产和资金,或者由清真寺的管委会主持由穆斯林群众集资,开办了适合于城市服务行业的餐馆、旅社、书店、诊所等。宗教的这些正常经济活动,是有利于我国社会主义建设的。第一,宗教团体走自养道路,有助于改变旧的传统观念,并可减轻群众和社会负担,增加社会财富。第二,可扩大就

业渠道,缓解社会矛盾,有利于社会安定和政治稳定。第三,有利于宗教界增强自己的经济实力,抵御境外势力利用经济手段进行的渗透活动。

三、宗教也有不适应社会主义经济建设的因素

(一)宗教对超自然力的信仰会影响信徒的社会主义建设积极性

社会主义建设事业是在国内外复杂矛盾的环境下进行的,又是前无古人的崭新事业,要解决的都是一些尖锐的现实问题。只有富于创新开拓的进取精神,敢于冲破一些陈规陋习,发现现实生活的规律,才能有效地解决各种社会矛盾,理顺各种关系,推进社会主义现代化的建设事业。如果只注重于个人修身养性,回避现实问题,甚至消极厌世,把各种社会矛盾和现实中的困难留待上帝神灵和来世去解决,社会主义市场经济就无法建立,社会主义现代化建设就无法进行。

(二)宗教的避利传统不利于社会主义市场经济的发展

传统佛教追求的是超越现世,不以追求现世利益为主要目的。传统基督教追求的也不是财富和荣誉,并认为财富是虚幻的、危险的和应当抛弃的。这些观念与市场经济所需的竞争、效益及功利等价值观念相冲突,不利于产生导向市场经济和现代化建设的动力。

(三)宗教长期形成的保守性不利于社会主义市场经济发展

我国有相当多的教徒受传统宗教意识和教条的影响较深,特别是在一些边疆民族地区,不少教徒甚至至今还把宗教信仰同科学种田、科技致富、市场经济对立起来,认为学习科学知识、运用农业科技种田不属灵,不能上天堂,因而对科学种田、科技致富有抵触情绪,甚至不接受政府分给的化肥,也不施用化肥。他们对于长途贩运、做生意、智力致富等也不理解,认为这不道德,只有靠体力劳动挣来的收入才是应该的。

四、做好宗教工作,引导宗教为社会主义经济建设服务

事实证明,宗教是能够与社会主义经济建设相适应的,但是这种适应不是自然而然的,需要我们去做认真细致的工作,去积极引导。

(一)要最大限度地把各种宗教活动引向社会主义现代化建设的轨道

在一些边疆几乎全民信教的贫困山区,宗教信仰在相当程度上影响着经济

的发展,造成越信越穷,越穷越信的恶性循环。对生活在这些地方的信教群众,党和政府要满怀同情心,加以耐心教育和引导,帮助他们自己动手创造人间幸福,把意志和力量集中到生产致富和建设现代化社会主义强国这个共同目标上来。

(二)尊重和引导各种爱国宗教团体的经济活动,推动社会主义经济建设

政府要鼓励和支持各级爱国宗教团体和寺观教堂兴办生产和服务事业,主要是发展第三产业,逐步实现自养,减轻国家负担,同时为社会创造财富;利用各宗教的国际联系,积极为引进资金、技术和人才牵线搭桥;佛教、道教的名观大寺,既是宗教活动场所,又是祖国的文化遗产,要利用这一优势,大力开发旅游资源,发展旅游事业,举办社会公益慈善事业;对寺庙为自养而办的企事业要在政策上给予适当的照顾和扶持,动员寺庙组织僧尼通过自己的劳动逐步实现自养,使宗教工作更好地为社会主义现代化建设服务。

(三)做好宗教上层爱国人士工作,增强宗教对社会主义经济建设的适应性

宗教在社会主义经济建设中的积极作用,当然要靠整个宗教组织、宗教信徒和上层宗教爱国人士的共同努力,但宗教界上层人士有巨大的影响力和号召力。上层爱国宗教人士的工作做好了,能够使他们通过层层宗教组织,做好全体宗教徒的教育、疏导和团结工作,调动全体教徒建设社会主义的积极性。

第二节　宗教对文化建设的作用

文化是民族之魂,是社会的精神支柱。我国文化软实力的构建不能缺少宗教文化的内容,我国的文化战略必然涉及防止或消减宗教纷争、促成宗教和谐。中国宗教具有包容性和互通性,中国传统宗教的主体儒、佛、道交织存在,相互渗透,而中国民间信仰的存在与发展更是交融性的,大多体现并涵括这三大宗教的思想精神和文化内容,甚至包容了基督教、伊斯兰教等从中华文化传统区域之外传入的宗教。团结宗教界,发挥宗教促进文化建设的积极作用,这已不是简单的章句之争、学理之考,而是涉及中国社会能否继续前进、中华民族及其文化生死存亡的大事。从世界现代化进程来看,美国、欧洲各国、日本等都经历了从中古、近代到现代社会的转型,它们都没有抛弃和否定其文化传统中的宗教,而是将之有机结合进今天的社会结构之中,成为其文化传承和社会的重要精神支撑,为普通民众提供了心理保障的底线,为其对外扩张准备了必要的软实力。中国的国情虽然不同,但在制定自己的文化战略时,应研究和借鉴这些经验,以建设中国特色的社会主义精神文明。

一、宗教与社会主义思想道德建设

社会主义的思想道德建设包含了共产主义理想的培养,共产主义的理想与宗教信仰当然是不同的。但是,在爱国主义与建设中国特色社会主义方面,两者又是相通的。在爱国主义和社会主义的旗帜下,宗教作为信教群众的一种共同的精神力量,对促进和发展信教地区安定团结的政治局面可以起到较好的作用。我们不能用强制的办法要求宗教徒放弃宗教信仰而接受共产主义世界观,也不能因为思想信仰上的差别而否认宗教徒能够积极参加社会主义精神文明建设。社会主义精神文明是一个多层次、内容广泛的体系。其中,共产主义理想是高层次要求,不是对广大信教群众的要求。信教群众和宗教界只要是拥护共产党的领导,拥护社会主义制度,爱国守法,维护民族团结和祖国统一,不进行反对马列主义、毛泽东思想的宣传,也可以按照社会主义的思想道德要求去行动,并在社会主义精神文明建设中做出贡献。社会主义思想道德所要求的道德和纪律、主人翁思想、集体主义思想、社会主义劳动态度、爱国主义等,广大信教群众不仅积极地身体力行,有的甚至堪称楷模。

宗教"诚信友爱"的信条和社会主义所追求的求人际关系是一致的,诚信、友善是社会主义核心价值观的重要内容,也是社会主义和谐社会的基本特征。宗教的传统教义中包含了大量规范人们行为的伦理道德方面的内容。各种宗教都主张行善去恶、平等、博爱,要求信徒讲奉献,远离名利,祛除烦恼,豁达大度,要为社会做出贡献。在宗教看来,要实现社会的大同,必须像耶稣或先知那样,要舍己,要以社会为中心,并服务于社会。佛教主张因果报应、不杀生,基督教坚持不杀人、不奸淫、爱人如己,伊斯兰教强调穆斯林四海之内皆兄弟、相互平等、孝敬父母等。当今世界许多人加入教徒行列,相当大的程度上是由于受到宗教教义中的伦理道德内容的吸引。从一定意义上讲,宗教的目标是使人类尽可能从自私自利的要求、欲望和恐惧的奴役中解放出来。为了在当今世界中求得生存和发展,宗教除了关注现实利益以外,开始对自己的传统教义进行改革,对传统教义中那些有利于调整人与人之间、人与社会之间的关系伦理道德内容,进行适当的加强和扩展。

由于我国社会处于变革之中,人际互动情景向城市化、个性化转变,社会的流动性、离散性、多元性增加,同时我国的社会规范系统尚有待于完善,部分社会成员自身规范意识淡薄、缺乏自律能力,思想混乱、行为失范,致使社会关系失调,影响了社会公共生活的正常秩序,破坏了社会的和谐。而宗教教义则能有效地约束信徒的行为,宗教教义中的不说谎、不欺诈、不盗窃、关心人、重视家庭等这些内容对信教群体有极大的道德教育和约束作用,可以成为社会主义道德建设的有益补充,有助于调整社会秩序,维护社会稳定,弥补社会主义道德体系中的缺失,成为促进社会和谐的积极因素。宗教道德的有些内容可以引导教徒弃恶从善,有利于社会主义的思想道德建设。宗教道德是一种以宗教形式出现的道德规范,有些是人们为之披上了一件宗教信仰外衣的社会道德,其内容主要通过各种戒律来体现。宗教的戒律吸取了人类社会在悠久的历史发展过程中为维护人类生存和人际关系形成的一些伦理道德观念。不管宗教道德的出发点和归宿如何,但其保障社会公德的作用是客观事实。在社会主义道德占主导地位的条件下,宗教道德对社会主义道德的建设有一定的促进作用。如惩恶扬善、讲和平、守信义、倡平等以及博爱、人道主义、保护生灵等伦理道德观念,在调节人际关系、规范宗教信仰者行为、维系社会安定团结等方面,都能起到一定的积极作用。

当然,必须明确,培养社会主义新人绝不能以宗教道德代替社会主义道德,也不能过高估计宗教道德的作用。但是,否定宗教道德对社会主义道德建设有一定的积极作用,也是不对的。社会主义道德作为人类更高类型的道德,不仅有革新性,而且有继承性,它要把历史上劳动人民长期积累的优秀道德成果在马克思主义指导下升华为崭新的伦理道德。

二、宗教与社会主义教育科学文化建设

宗教不仅与思想道德建设有相通之处,而且与教育科学文化建设有相通之处。

(一)利用宗教典籍,推进科学研究

宗教与科学在内容、形式和作用上各不相同,它们相互对立,但又相互联系、相互作用、相互影响。在庞杂的宗教思想体系中,蕴藏着一些反映自然和社会的科学思想与命题,保存着一些科学资料。有着悠久历史的各种宗教在其漫长的发展过程中,都分别吸取了同时代社会精神生产和精神生活的某些成果,自觉或不自觉地反映了人与自然、人与社会的关系,并且留下了浩如烟海的宗

教经籍。这些宗教经籍规模巨大,蕴藏着丰富的哲学、天文、地理、生物、化学、医学、体育等学科的知识,是人类思想的一个重要宝库。例如,《古兰经》中包含有健身、卫生方面的有益知识,《道藏》中包含有很多如强体、健身、炼丹、化学、阴阳五行等古代的科学资料,今天仍有实用价值。当然这些合理的科学成分,需要我们去挖掘、分析、过滤、鉴别、消化,去其宗教神学的糟粕,取其科学成分的精华,这样才能为当代科学研究服务。

(二)发挥宗教教育作用,为社会主义教育服务

宗教教育是指宗教的教育实践活动,即某种或某些宗教信仰及其活动的导入、传承或者教授。宗教教育是民族文化传承乃至弘扬的一种方式。宗教教育的内容包括宇宙观的教育、教义的教育、行为规范的教育、文化艺术与体育的教育等。宗教与宗教教育难以分开,可以说有宗教就有宗教教育。甚至现代民族学校教育系统的发展,在很多地区也遇到了来自宗教教育的强大挑战。宗教教育在一些民族教育中常常能决定或影响该民族的其他教育实践活动。

宗教教育的合理性和保守性并存,是我们对宗教教育性质的总体认识。宗教教育的合理性包含两个方面,宗教教育产生的合理性;宗教教育存在的合理性。宗教是人类文化发展史的一个必经阶段,宗教及其教育的产生是符合人类认识事物能力的发展规律的。无论艺术、文学、哲学、社会学等人文科学知识,或者是天文、历法、数学、生物、地理等自然科学知识,都能够在宗教教育的内容中找到其萌芽、演变及其发展的历程。借助宗教教育,人类文化的一部分精华才得以反映和传承。从现实来看,宗教教育的存在也有其合理性。社会主义制度的建立使不少民族的生活发生了重大变化。但是,宗教及其教育却有其相对的独立性。特别是当宗教及其教育的作用已深深地渗透到民族文化的方方面面,成为一种风俗习惯、一种行为和生活方式的时候,就不是社会制度一经改变就可以立即改变的。既然宗教教育的产生和存在有合理性,我们在社会主义教育中就要认真研究并借鉴其有益的方面。既然宗教教育在民族文化形成和传承中起到过一定的作用,那么它对普及和提高信教群众的文化知识就是有重要作用的。当然,宗教教育也有其保守性。宗教教育尽管在客观上起到传承民族文化的巨大作用,但也对发展民族文化中的科学知识起到了不可低估的消极作用。

宗教教育的合理性意味着社会主义社会将在相当长的一段时间内都必须与宗教、与宗教教育发生关系。我们要承认宗教教育的合理性,允许其存在和发展,又要充分认识其保守性,不能听任其阻碍民族进步作用的发挥。宗教教育要服从民族教育,担负起民族教育的责任,并超越宗教教育,如在南传上座部佛教教育中白天让入寺学经的小和尚集中学习现代科学文化知识,而晚上再让其随佛爷等一起学经;又如在伊斯兰教的经堂学校开设国民教育课程等,由此引导宗教教育推动现代民族学校教育,为社会主义教育事业服务。

(三)吸取宗教文化精华,发展社会主义文化事业

宗教文化包括宗教经典、宗教文学、艺术、体育及有关科学文化知识等。中国宗教文化的精华和优良传统,是中华民族文化的重要组成部分,蕴含着丰富的科学文化知识。我国五大宗教在其产生、传入、演变、发展的历史长河中创造了丰富多彩的宗教文化。其精华是灿烂的中华文明宝库中光彩夺目的瑰宝。不仅在哲学、文学艺术、伦理道德、科学技术等领域具有较高的价值,而且留下了星罗棋布、蔚为壮观的文物古迹和博大精深的经典论著。尤其需要指出的是,我国一些少数民族传统文化的主体就是宗教文化。

我们应当重视宗教文化的正面价值,探索其深层文化内涵,使其为社会主义文化建设服务。社会主义文化大厦是在历史文化基础上建立起来的,因而应当批判地继承包括宗教文化在内的一切历史文化。只有继承和发展历史文化,才有可能构建创新型文化,这种文化才会有强大的生命力和活力。对宗教文化中的哲学、文学、史学、民俗、音乐、舞蹈、美术、天文、地理、生物等中的精华,社会主义文化的建设者必须加以消化和吸收。这些宗教文化尽管其内容是宗教的,但它是现代民族文化生活中不可缺少的东西,是历代劳动人民伟大智慧和创造才能的结晶。在社会主义建设的新时期,对作为历史传统文化重要组成部分的宗教文化应当结合时代特点、推陈出新,为创造社会主义新文化服务。

三、宗教的唯心主义世界观与社会主义精神文明建设有矛盾

必须指出,宗教作为一种世界观,一种意识形态,本质上是唯心主义的神学世界观,是颠倒了的世界观,是非科学的。它不能使人们自觉地接受先进的科学技术,勇于探索自然的奥秘,它以求神拜佛来妨碍科学知识和文化教育的普及。宗教神学思想和一些宗教活动不仅束缚和牵制着宗教徒,而且也影响和恫吓着社会上一部分不信教的群众,特别是一些在现实生活中遭受挫折和痛苦,暂时无力摆脱或者由于愚昧落后对宗教缺乏科学认识的人,其中包括不少青少年和一部分基层干部,妨碍他们顺利地接受科学知识和先进的道德观念,削弱他们参加社会政治生活和文化生活的积极性,继续起着麻醉人民精神的消极作用。

传统宗教大都按照虚幻的想象构建出一个支配人间世界的超人间的世界，不是要人们用自己切实的努力去争取现实的改善和现世的幸福，而是要人们寄希望于虚幻的来世或者彼岸世界，并且把希望的实现寄托在本不存在的人格化的超自然力量的恩赐，这自然不可能激发人们改造自然、改造社会的积极的愿望和行动。而只会使人们对现实采取迁就态度，忍受现实世界的一切痛苦和不幸，并且在向并不存在的人格化超自然力量的祈求中，在幻想来世或者彼岸的幸福中，获得虚假的解脱和安慰。宗教的这种虚幻本质，禁锢了人们的思想，使人们意志消沉，不利于社会主义精神文明建设。

但是宗教界可以通过对某些教义、道德规范进行重新解释，从而使之与社会主义精神文明相适应。如佛教界提倡的"人间佛教"思想、"庄严国土，利乐有情"的号召；基督教的"爱国爱教，荣神益人"；天主教的"爱国爱教都是天主的诫命"；道教坚持的"济世利人，护国爱民"；伊斯兰教的"爱国是伊玛尼（即信仰）的一部分"、"两世吉庆"等。宗教界以其特有的道德说教方式，对教徒进行扬善止恶的道德教诲，要求教徒恪守社会公德，有助于维护社会秩序的稳定和良好的社会风气的树立。宗教界对博大精深的宗教文化的学术研究，对优秀宗教文化的弘扬，对文物的保护都有助于社会主义文化事业的发展。

第三节　宗教对社会建设的作用

宗教和我国社会主义和谐社会建设是有契合点的，只要适当加以引导，就能让宗教在构建社会主义和谐社会的过程中发挥积极作用。

一、建立理想社会是宗教与社会主义和谐社会共同追求的目标

建设美好社会，实现社会和谐，始终是人类孜孜以求的一个社会理想，也是包括中国共产党在内的马克思主义政党不懈追求的一个社会理想。胡锦涛同志明确提出："我们所要建设的社会主义和谐社会，应该是民主法治、公平正义、诚信友爱、充满活力、安定有序、人与自然和谐相处的社会。"各种宗教教义中都有对理想社会的描述，如佛教的极乐世界，生活在那里的人们聪明智慧，颜貌端庄，社会秩序井然，所有人充分享受各种快乐，没有诸多痛苦。道家的至德之世，生活在那里的人们共同占有、共同享用财产，衣食丰足、无忧无虑。基督教

的天堂、伊斯兰教的田园等，都为我们描绘了一个人人平等、社会公正、组织成员身心得到巨大愉悦的理想社会。尽管各种宗教设想的理想境界各有千秋，差别很大，但是公平公正、人们能充分享受社会生活是共同的价值追求，它们对理想社会的描绘，反映了追求自由平等、公正，追求和谐是人类共同的信念。我们的和谐社会是在继承人类共同理想基础上，吸收各种传统文化的合理因素，站在时代的高度，建立在社会主义制度基础上的，在实现途径上有各种制度和手段作为保障的理想社会，是建立在民主、富强、文明基础之上的社会主义和谐社会，它是远比任何一种宗教的理想社会都更加坚实、积极、广泛的和谐社会。但是，宗教的理想社会和社会主义和谐社会的构想显然有很多一致的方面。

二、以人为本是宗教与社会主义和谐社会的共同理念

人是社会发展的本质，是社会发展的动力，是社会发展的目的，人的个性和谐是社会和谐发展的根本前提。因此，以人为本是构建社会主义和谐社会的前提与目的，是我们一切工作的根本理念，也是构建社会主义和谐社会的根本理念。和谐社会强调在社会发展中，人们各尽其能，各得其所，和谐相处，强调人与人之间、人与社会之间、人与自然之间的和谐，本质上都以促进和实现人的全面发展为终极目的。和谐社会建设的核心是保证人与人关系的和谐，即人与人之间和睦相处，平等相待，大家共同生活在社会的大家庭中。在各种社会人际关系中，宗教关系具有特别的重要性，因为宗教是属于深入人内心、惯性极强的一种精神文化，它关系着亿万信徒的精神世界和日常生活，蕴藏着巨大的精神力量。随着宗教的发展，宗教信仰出现了以神为本到以人为本的转变，强调以我为中心而得到内心的释放或精神上的满足。各种宗教都非常重视人的价值，重视生命的存在。如佛教强调"无缘大慈、同体大悲"，怜悯一切有情众生，以"诸恶莫作，众善奉行"为本旨。道教重生贵命，主张功德成神，积善成仙。基督教和伊斯兰教强调社会的发展与人的发展密不可分的，甚至可以说社会的发展就是人自身的发展，两者的发展是一个双向同步发展的统一运动过程。因此，以人为本，重视人的存在和价值，成为社会主义和谐社会和宗教的共同理念，虽然二者的前提和内涵不同。

三、建立公平公正的社会秩序是宗教与社会主义和谐社会共同的基石

公平公正是社会主义和谐社会赖以存在和发展的基石。维护和实现社会

公平和正义,就是要坚持把最广大人们群众的根本利益作为制定和贯彻党的方针政策的基本着眼点,正确反映和兼顾不同地区、不同部门、不同方面群众的利益,在促进发展的同时,把维护社会公平放到更加突出的位置,综合运用多种手段,依法逐步建立以权利公平、机会公平、规则公平、分配公平为主要内容的社会保障体系,使全体人民共享改革发展的成果。而有序是和谐社会的前提和基础,如果一个社会处于无序状态,一切规则都不可能发挥作用,公平、公正、平等、自由人权等价值理念都无从实现。社会主义和谐社会绝不是没有利益冲突的社会,相反,它是一个有能力解决利益矛盾和化解利益冲突,并达到某种程度和谐的社会。宗教的产生实际上是人类建立自然秩序和社会秩序的一种努力。从人类社会秩序建构的历史来看,宗教最早是通过树立神圣王权的观念来全面统摄社会秩序。他们希望能建立一种秩序来维护现实社会的稳定,中西方文明共同经历了神圣王权就充分说明了这一点。而当社会秩序建构的神秘外衣被脱去以后,神圣王权也就自然而然地消亡,宗教也不再担负着为社会秩序的合法性给予神圣性解释的使命。在现代社会中,宗教依然占有一席之地的原因主要在于借助与维持社会秩序不可缺少的道德的关系,以有限的方式参与社会秩序的维护与稳定。如基督教强调要服从有权柄的人,认为抗拒掌权的人,就是抗拒神的命令。伊斯兰教提出,爱国是伊玛尼(信仰)的一部分,你们当服从真主,应当服从使者和你们中的主事人,大到一国、一州的统治者,执政者,小到一地、一寺坊的长老或首领。历史上,制度化的宗教无论从信仰层面还是仪规组织均与世俗制度、与社会秩序有机地结合在一起。宗教以信仰形式,约束每一个信众的行为,规范社会秩序,实现社会正义,并具有与信仰崇拜相联系的神圣性。而随着人类文明的发展,民主制度与法制建设的不断完善,法律和各项制度以国家公权形式,以国家机器的强大制约力为保障,依靠各种制度和手段来实现社会的公平、公正。我国社会主义和谐社会的实现,也有赖于民主法治的不断完善。

正因为有这些契合点,在当代中国的经济社会发展中,宗教可以为维护社会稳定、促进社会和谐发挥出独特的维稳功能。中国历代社会管理者都注意"神道设教",善于把宗教纳入社会调控系统,使宗教成为民族团结、边防巩固、社会稳定的因素。历史的经验可以借鉴。我国各宗教团体和广大爱国宗教界人士,作为党和政府联系信教群众的桥梁和纽带,在各自联系的信教群众中,有着社会整合的黏合剂和社会矛盾的稀释剂作用。

2012 年 2 月 26 日,国家宗教事务局联合中共中央统战部、国家发展和改革委员会、民政部、财政部和国家税务总局联合印发《关于鼓励和规范宗教界从事公益慈善活动的意见》(国宗发〔2012〕6 号)(以下简称《意见》)。《意见》的出台对我国宗教界积极参加社会公益慈善活动、以新的姿态投身当代中国社会建设,具有非常重要的意义。《意见》的出台建立在深厚的理论基础和深刻的现实基础之上,指导思想明确,任务目标务实,政策措施得力,指导性、可操作性强,为宗教界"服务社会、利益人群"这一优良传统的当代展现搭建了平台,建立了机制。

回顾新中国成立以来宗教界的公益慈善之路,可以看到,我国宗教界人士和信教群众高举爱国爱教旗帜,坚持走与社会主义社会相适应的道路,发扬济世利人的精神,积极参与和开展各种公益慈善活动,产生了良好的社会影响,为提高国民素质、促进社会公平和加强社会主义精神文明建设做出了贡献。应该说,宗教界从事的公益慈善活动与我国的公益慈善事业在方向、目标上是高度一致的,在服务的范围、对象上是互相交叉的,在取得的成果和社会收益上更是交相辉映的,呈现出优势互补的良性局面,宗教界是中国公益慈善事业的积极参与者和推动者。

我国宗教界一向具有爱国爱教、团结进步、服务社会的优良传统,在长期的实践中,宗教慈善公益活动形成了以下几个特点。一是更加符合时代精神。在党和政府的正面大力引导下,宗教界在神学思想建设方面取得了丰硕的成果,其公益慈善活动所反映出来的深刻信仰基础更加具有时代精神和民族气息,宗教界服务社会的意识增强,主动性和积极性逐步提高,服务观念不断更新,更加贴近社会需求。二是更加趋向专业化。近年来,宗教界紧随公益慈善事业发展的脚步,开始成立专业的公益慈善机构,完善制度、公开财务、科学管理、高效运作,并且逐渐形成了自己的特色,成为服务社会的重要力量,也起到了很好地示范作用。三是更加体现自身优势。宗教界从事公益慈善活动的领域随着实践的不断扩展,既有旧领域的深化,也有新领域的开辟,我国各宗教在不同的领域、地域形成了一些传统优势项目,在政府暂时难以顾及、社会保障尚不到位的"真空地带"起到了倡导和补充的作用。

应该说,今天宗教对我们社会的维系已经有着积极意义和正面功能,宗教是"自己"而不是"异己",应让宗教徒以社会主人翁的姿态、有更充沛的精力投入社会建设及其擅长的公益慈善事业之中。政府可以鼓励、支持条件成熟的宗教团体以专门机构出面来开展社会援助、赈灾、扶贫、兴办医院和从事一些特殊疾病的治疗康复工作的医疗卫生机构、开展帮助残疾人、进行特殊教育和心理治疗等工作;同时也应该允许新闻媒体公开报道宗教团体这些专门机构的社会服务活动与慈善公益事业,扩大其社会影响力,使之获得全社会的理解与支持。这种发展将有利于中国宗教政策的对外宣传和提高中国的国际影响力,有利于理顺国家与宗教团体的关系,有利于培养、鼓励、爱护、保护和支持宗教人士与信教群众服务社会经济发展的热情,有利于积极引导宗教团体与社会主义社会相适应,推动宗教团体结构、职能与角色的转变,有利于构建和谐社会、和谐社区、和谐家庭与和谐世界,传播中国文化与宗教自由政策。这样做也有利于将宗教团体的"教内事务、福传活动"与公益慈善、社会服务活动区别开来;这样,宗教团体内的敬拜和其教外社会中的服务亦可内外有别,使我们国家"政教分离"的基本原则得以体现,宗教界由此可以在社会建设和社会服务上找到自己的正确社会定位,并且可以大有作为。

同时,中国开放宗教慈善事业一定要有国家安全的意识。应当做到有利于中国本土宗教创造服务社会的新范式。虽然西方宗教在慈善事业方面拥有成熟的经验,但政府应该着力支持本土传统宗教,应当维护中国本土宗教在中国宗教慈善事业发展过程中的主体地位。

第四节　宗教对生态文明建设的作用

人总是生活在一定的自然环境之中,需要不断同自然进行各种物质、能量的交换和信息的交流,并通过改造自然和利用自然来满足自己的需要,因此,人与自然和谐相处,是人类现代文明的最高体现,是构建和谐社会的必然要求。各种宗教教义蕴含着深刻的环保思想,有许多关于协调人与自然关系的内容,这些思想使宗教在自然生态的保护中发挥着积极作用。

一、人与自然的和谐是宗教与社会主义共同的契合点

佛教的不杀生,道教的贵生、节俭、天人合一、好生恶杀等,基督教有谨守安息日的传统,通过安息日使整个生态得到休整,让自然从人类的使用中得到恢复等观念都是与环保观念相符的。现在许多神学家在重视宗教自身伦理道德建设的同时,对困扰人类生存和发展的社会问题,如生态问题、人口问题、战争与和平问题等重大问题进行研究和探讨,创立了伦理神学、生态神学等门派,主张要实现人与自然的协调,促进人与社会的和谐发展。全球化时代,人类文化的格局是多元并存,其基本运行轨迹是在冲突中共处,在竞争中整合,总体发展

趋势是相互吸纳、相互学习,共同推进人类的进步。因此,我们在构建社会主义和谐社会的进程中,要正确贯彻执行党的宗教政策,科学认识宗教的作用,发挥政府的导向、制衡和管理作用,使社会所有成员,包括信教与不信教的群众,都能够各美其美、美人之美、美美与共,天下大同。

二、发挥宗教对于环境保护的独特作用

近年来,我国各宗教大力弘扬重视环境保护的优良传统,积极阐发宗教思想中蕴含的生态智慧,组织和开展了各种形式的生态环保活动。这些活动虽然还处于起步阶段、自发阶段,但体现了中国宗教界对于环境保护的承担与追求,见证了中国宗教的社会责任,值得肯定、引导和支持。这也从一个侧面启示我们,要解决当今中国的生态问题,不能仅仅着眼于技术和物质的层面,而是要从更为深广的人类精神生活的层面来思考解决问题的办法,特别是要吸取宗教中有益的生态智慧,发扬宗教重视环保的优良传统,发挥宗教界在保护环境中的独特作用。

第五节　宗教在对外交往中的作用

我国宗教在开展国际友好往来,推动世界和平事业的发展方面,能起到独特的积极作用。宗教的对外交往功能,可以为促进祖国统一与和谐世界建设发挥积极作用,我们要支持中国宗教界在国际上积极参与文明对话,推动共建和谐世界。

一、宗教交往是民间外交的重要组成部分

在我国宗教中占有重要地位的佛教、伊斯兰教、天主教和基督教,同时也是国际上占有重要地位的几大宗教。天主教、基督教在欧洲、北美、拉丁美洲和其他地区,佛教在日本、朝鲜和东南亚,伊斯兰教在亚非几十个国家中,都有众多的信徒和广泛的社会影响,其中有的还在一些国家中被奉为国教。我国人民和世界人民在宗教方面的交往已经有上千年的历史。中华人民共和国成立以来,宗教方面的交往已经成为我国同世界各国民间交往的重要组成部分。特别是在社会主义建设新时期,随着我国对外开放的不断扩大,我国宗教界通过各种渠道出访世界各国,外国和我港澳台地区的宗教组织和人士也纷纷来访,通

过各种交往,宣传了我国社会主义建设的伟大成就,宣传了我国的宗教信仰自由政策,增进了我国人民同世界各国人民的相互了解和友谊,对我国的改革开放事业产生了良好的影响。

二、预防宗教成为敌对势力的工具

在我国宗教界的对外交往中,也要看到境外敌对势力利用宗教对我国的渗透日益加剧。他们在我国周边地区设立广播电台,进行空中传教;利用各种渠道向我国境内偷运宗教宣传品;利用来华旅游、探亲、经商、讲学等机会,进行传教活动;在我国出国打工、留学人员中进行传教布道;直接插手干涉我国宗教事务,培植地下势力,同我国爱国宗教组织争夺信教群众,对抗中国政府;利用宗教破坏我民族团结、祖国统一。在这种情况下,我国各宗教坚持独立自主自办的原则面临新的考验,也出现一些新情况、新问题,需要进一步解决。

总之,当代中国宗教对建设中国特色社会主义事业、构建社会主义和谐社会起到了积极的推动作用;同时也要看到它在一定的范围、程度上的消极作用。在我国社会主义时期,宗教的社会作用尚未彻底摆脱二重性品格,需要党和政府、宗教界和社会各界共同努力,正确认识和处理好我国现阶段的宗教问题,积极引导宗教与社会主义社会相适应,从而充分发挥宗教对我国社会主义事业的积极作用,克服宗教的消极作用。

参考文献

[1]龚学增.宗教问题概论[M].成都:四川人民出版社,2007.

[2]王作安.中国的宗教问题和宗教政策[M].北京:宗教文化出版社,2002.

[3]任杰.中国共产党的宗教政策[M].北京:人民出版社,2007.

[4]叶小文.宗教问题怎么看怎么办[M].北京:宗教文化出版社,2007.

[5]卓新平.宗教与文化战略[EB/OL].(2011-12-22)[2016-03-28].http://theory.people.com.cn/GB/16683894.html.

[6]赵伟.宗教与社会主义和谐社会建设的契合点[J].天府新论,2007(4).

思 考 题

1. 马克思主义判断宗教社会作用的基本标准是什么？
2. 如何正确引导宗教为社会主义经济建设服务？
3. 如何考量宗教在我国文化战略中的地位？
4. 如何发挥宗教在社会建设中的作用？
5. 如何正确发挥宗教在民间外交中的作用？

第十章　如何处理当代中国的宗教问题

　　中国共产党和政府基于中国特色社会主义宗教理论，根据宗教问题的长期性、群众性和特殊的复杂性，提出了一整套有效的处理宗教问题的基本方针和政策。

　　概括起来，党和政府处理宗教问题的基本政策主要有：全面实行宗教信仰自由政策，依法管理宗教事务，巩固和发展与宗教界的爱国统一战线，妥善处理少数民族地区的宗教问题，在全球化进程中确保宗教安全，积极引导宗教与社会主义社会相适应。由于本教材的第十二章将专门论述宗教信仰自由政策，本章将主要讨论与之相关的其他政策。

第一节　依法管理宗教事务

　　依法管理宗教事务是依法治国的必然要求。依法治国是我国的执政方略，社会生活各个领域都要大力加强法制建设、依法治理，宗教事务同样要依法进行管理。依法对宗教事务的管理是依法治国的组成部分，也是国家形势发展的需要。依法加强对宗教事务的管理，有利于加强和改善党对宗教工作的领导，是认真贯彻党的宗教政策的新举措。

一、宗教事务管理的内涵和法律依据

　　对宗教活动的管理可以概括为两类，即宗教组织的内部管理和国家的行政管理。古今中外各国的社会制度不同，宗教在国家社会生活中的地位和作用不同，因而宗教组织内部管理以及国家对宗教事务的行政管理的性质、内容、形式

和方法也各不相同;但是宗教组织都要进行内部管理,国家都要对宗教事务进行行政管理,在这一点上则是相同的。依法管理宗教事务是规范宗教行为的迫切要求,是现代社会文明进步的重要特征。

我国《宪法》第36条规定:"中华人民共和国公民有宗教信仰自由。任何国家机关、社会团体和个人都不得强制公民信仰宗教或不信仰宗教,不得歧视信仰宗教的公民和不信仰宗教的公民。国家保护正常的宗教活动。"同时也规定,"任何人不得利用宗教进行破坏社会秩序、损害公民身体健康、妨碍国家教育制度的活动。宗教团体和宗教事务不受外国势力的支配。"我国《民族区域自治法》《民法通则》《教育法》《劳动法》《义务教育法》《人民代表大学选举法》、《村民委员会组织法》《广告法》等法律规定:公民不分宗教信仰都享有选举权和被选举权,宗教团体的合法财产受法律保护,教育与宗教相分离;公民不分宗教信仰依法享有平等的受教育机会;各族人民都要互相尊重语言文字、风俗习惯和宗教信仰;公民在就业上不因宗教信仰不同而受歧视;广告、商标不得含有对民族、宗教歧视性内容。

1994年1月31日,国务院颁布了《宗教活动场所管理条例》和《中华人民共和国境内外国人宗教活动管理规定》。国家宗教事务局先后颁布了《宗教社会团体登记管理实施办法》《宗教活动场所登记办法》《宗教活动场所年度检查办法》。河南、青海、山东、天津、新疆、上海、黑龙江、海南、重庆、浙江、吉林及武汉、成都、广州、宁波等省市自治区、单列市也颁布了地方性的宗教法规或政府规章。2004年11月30日,国务院总理温家宝签署了国务院第426号令,发布了《宗教事务条例》,这是新世纪新阶段国家推进依法治国,在宗教法制建设上的一个里程碑。2012年2月26日,国家宗教事务局联合中共中央统战部、国家发展和改革委员会、民政部、财政部和国家税务总局联合印发《关于鼓励和规范宗教界从事公益慈善活动的意见》(国宗发〔2012〕6号)。

二、依法管理宗教事务的主要内容

宗教事务管理的主要内容有:宗教活动场所管理、宗教活动管理、宗教教职人员管理、宗教团体管理、对政府行政行为的规范、港澳地区宗教事务管理、宗教涉及事务管理。

我国的宗教团体和宗教活动场所依法向政府履行登记手续。宗教活动场所申请登记应具备基本的条件:有固定的处所和名称;有经常参加宗教活动的信教公民;有信教公民组成的管理组织;有主持宗教活动的宗教教职人员或符合各宗教规定的人员;有管理规章;有合法的经济收入。对不完全具备设立条件或在管理上存在一些突出问题的宗教活动场所,政府部门予以暂缓登记或者临时登记。对那些不具备条件的,如非法占用土地,违反城市规划法规,私自建立宗教设施的;假冒宗教教职人员擅自设立的;打着宗教的招牌,进行驱魔赶鬼等迷信活动的处所等,政府部门不予登记。宗教活动场所一经依法登记,便获得合法地位,其合法权益受到保护;遇有侵犯其权益的行为,宗教活动场所管理组织有权向政府有关行政机关申诉,直至向人民法院起诉,寻求行政和法律保护。基督教徒按照宗教习惯,在自己家里举行以亲友为主参加的祷告、读经等宗教活动,即习惯上所说的家庭聚会,不要求登记。

依法保护合法宗教活动,首先是依法保护宗教教职人员履行正常的教务活动,同时也意味着依法处置非法的宗教活动,尤其要坚决打击利用宗教进行的犯罪活动。对披着宗教外衣的敌对分子的犯罪行为,必须依法给予严厉的制裁。对危害社会的邪教组织,对那些刑满释放的原宗教职业者而又继续从事破坏活动的,应当依法从重处理。已被取缔的反动会道门和神汉、巫婆,一律不准恢复活动。凡妖言惑众、骗钱害人的,一律严加取缔,并且绳之以法。党政机关干部利用这类违法活动敛财牟利的,必须严加处置。对利用宗教进行破坏民族团结和祖国统一的罪恶活动,必须依法严厉打击。

依法对宗教事务进行管理的根本目的是更好地保护正常的宗教活动和宗教界的合法权益,也有利于防止和制止不法分子利用宗教和宗教活动制造混乱、违法犯罪,有利于抵制境外敌对势力利用宗教进行渗透。这都是为了更好地全面贯彻执行宗教信仰自由政策,而不是干预宗教团体本身的活动。

第二节　巩固和发展与宗教界的爱国统一战线

党同各民族爱国宗教界的统一战线是新时期统一战线的重要组成部分。同爱国宗教界人士建立统一战线是为了更好地团结广大信教群众,并促使全体信教和不信教的群众联合起来。宗教界人士同信教群众在精神有密切联系,争取了他们,对团结信教群众有直接影响。尤其是一些少数民族受宗教影响较深,通过这些民族的宗教界人士团结信教群众,对维护祖国统一,促进社会安定和民族团结具有重要的现实意义。

一、政治上团结合作，信仰上互相尊重

党处理同宗教界人士的关系，要坚持政治上团结合作，信仰上互相尊重的原则。我国宗教界的绝大部分人士是爱国守法的，他们同党和政府肝胆相照，荣辱与共，长期合作，是维护国家和社会稳定、联系和团结群众、办好教务的重要力量。建设有中国特色的社会主义，振兴中华，完成祖国统一是我们与宗教界朋友的共同目标和共同利益。这既是我们之间在政治上实现团结合作的基础，也是我们在信仰上互相理解、互相尊重的基础。实践证明，只有在政治上真诚团结合作，才能真正做到信仰上互相尊重；只有信仰上互相尊重，才能有效巩固和加强政治上的团结合作。这两者相辅相成，缺一不可。只要我们坚定不移地执行这个原则，就能够团结宗教界爱国人士和广大信教群众，不断巩固和扩大新时期的爱国统一战线。

二、培养一支爱国的高素质的教职人员队伍

争取、团结和教育宗教界人士，培养好一支爱国的高素质的教职人员队伍是党对宗教界统战工作的重要内容。宗教中的许多问题是与爱国宗教界人士队伍建设直接相关的。我国信教群众迫切需要大量既有政治觉悟又有宗教学识的教职人员去做团结、教育和引导的工作，以免为别有用心的人利用。解决好教职人员的数量和质量问题是宗教工作面临的一项紧迫的战略任务。我们近几年的工作存在着对宗教界代表人士重政治安排轻思想教育的情况，宗教界一些人士在思想上出现滑坡现象，应引起重视。这样不利于宗教的健康发展。

要认真抓好宗教教职人员队伍建设，帮助宗教界培养政治上靠得住、宗教上有造诣、品德上能服众、关键时起作用的一批宗教界代表人士。必须把培养爱国爱教的中青年教职人员的工作作为新世纪的一项战略工程来抓紧做好，要区分层次、采用各种有效的方式，加大培训力度，制定详细的规划和实施方案，把对中青年教职人员的培训制度化、规范化。

三、善于同宗教人士交朋友，发挥爱国宗教团体的作用

要善于同宗教人士交朋友。在实际工作中要大力提倡统战工作的作风和工作方法，要听取宗教界人士的意见和建议，真正做到平等待人，合作共事，平时多交流，遇事多协商；特别重大问题的决策要充分听取他们的意见和建议，共

同做好宗教工作。对不同意见要认真分析,正确的要真诚接受,不合理的要多做解释和说明,以理服人。不能高人一等,动辄发号施令。

要充分发挥爱国宗教团体的作用,特别要做好四方面的工作。第一,宗教团体的领导权必须掌握在宗教界爱国人士手中,努力建设政治上可信、作风上民主、工作上高效的高素质领导班子。第二,要切实维护宗教团体的合法权益。第三,切实帮助宗教团体解决实际困难。第四,要支持宗教团体自主地开展工作。

第三节　妥善处理少数民族地区的宗教问题

中国少数民族有近一亿人口,各级民族自治地方的面积加起来超过全国面积的一半。我国少数民族中的宗教问题很突出,民族和宗教有着十分紧密的联系,民族问题和宗教问题往往交织在一起,成为整个民族问题不可分割的组织部分。要处理好民族问题,必须处理好宗教问题。尊重和保护少数民族的宗教信仰,做好少数民族中的宗教工作,对于促进少数民族地区的经济发展、巩固和发展民族团结,维护国家安全和边疆稳定具有十分重要的意义。

一、宗教问题与民族问题既有联系又有区别

尽管宗教问题与民族问题往往交织在一起,但宗教与民族毕竟不是同一个范畴,要善于体察两者之间的实质性区别。在历史和现实中,尽管某个民族与某种宗教有紧密的联系,但宗教历来不是形成民族的条件,也不是构成民族的基本特征,不能混为一谈。某个宗教的起源和发端往往与某个民族相关,但是由于宗教中包含着某些超越性的因素,随着社会的发展,一种宗教可能突破民族的界限,为数个或数十个民族所信仰,甚至形成世界性的宗教。强调宗教与民族的区别是重要的,我们不能说某宗教对某民族有决定性的影响。

在我国的民族问题中,宗教信仰成为一个重要特性;在我国的宗教问题中,民族性成为一个重要特性。在少数民族地区,无论是做好民族工作,还是做好宗教工作,首先要善于体察民族问题与宗教问题的区别与联系。在处理宗教问题时,一方面要看到宗教与民族虽属两个不同的范畴,但宗教问题同民族问题往往交织在一起,难分难解,尊重少数民族的宗教信仰,就在相当大的程度上尊重了他们的民族,对促进民族团结意义重大;另一方面,又要注意把宗教问题与

民族问题区分开来,如果把宗教等同于这个民族,把宗教感情与民族感情混淆起来,宗教问题就容易演变成为民族问题,使之更加复杂和敏感,刺激事态的扩大和发展,从而增加处理的难度。

二、尊重和保护少数民族的宗教信仰自由,慎重对待和处理少数民族的宗教问题

中华人民共和国成立初期,中央政府认识到少数民族的宗教问题是一个历史性的民族性的群众思想信仰问题,它与少数民族落后的经济文化及社会发展状况有相当密切的关联。在少数民族的经济文化未得到发展,人民的觉悟未大大提高之前,宗教在少数民族人民的生活中还会保留有深刻的影响。因此对于少数民族宗教问题的态度应当十分慎重,切忌急躁,必须毫不动摇地坚持信教自由政策。在 1951 年 5 月,以李维汉为首席代表的中央政府代表团与以阿沛阿旺晋美为首席代表的西藏地方政府代表团在北京签署了《关于和平解放西藏办法的协议》(简称"十七条协议")后,毛泽东主席特意嘱咐进藏部队:在西藏考虑任何问题,首先要想到民族和宗教两件大事,一切工作必须慎重稳进。1950年 6 月,《中共中央关于慎重处理少数民族问题的批示》指出:在回族伊斯兰教教民学校中及藏族的喇嘛教民学校中,暂时也不要教社会发展史中猴子变人的课程,以免刺激他们的民族感情。有的地方修公路或其他设施,宁愿公路改道,建筑移址,也不挖神山、动圣地。部队和地方工作人员不得随意进入宗教活动场所。宗教方面的事务经过协商确定原则后,由宗教界自己处理。

随着少数民族社会改革的进程,为了使少数民族摆脱封建主义的束缚,党和政府组织专门力量对伊斯兰教和藏传佛教状况进行了深入调查研究,在此基础上,于 1958 年领导开展了伊斯兰教和藏传佛教的宗教制度的重大改革,废除了一切封建特权,废除了寺庙封建管理制度,实现了政教分离,宗教不再干涉国家的行政、司法、教育和婚姻等事务。这次宗教制度改革是反封建性质的改革,是民主改革的重要内容,对藏族、回族、维吾尔族、蒙古族等少数民族的发展与进步产生了深远的影响。

"文革"结束后,中国政府重新全面落实了宗教信仰自由平等政策,平反了民族宗教界人士的冤假错案,相继恢复了民族宗教工作机构,在保障少数民族公民宗教信仰自由权利方面做了大量工作。一是支持和帮助维修宗教设施和发展宗教文化事业;二是尊重少数民族的宗教信仰和正常的宗教活动;三是维护少数民族宗教界的合法权益。

20 世纪 80 年代以来,中央有关部门多次下发文件,要求全国各级各类新闻、出版和文艺影视部门要充分进行民族政策和宗教政策的教育,自觉地学习和掌握有关民族和宗教方面的知识,树立尊重少数民族、全心全意为各族人民服务的思想,坚决禁止在新闻、出版和文艺作品中出现伤害民族、宗教感情的内容。如《关于对涉及伊斯兰教的出版物加强管理的通知》和《关于严禁在新闻出版和文艺作品中出现损害民族团结内容的通知》。1997 年修订的《刑法》在第二百五十条规定:在出版物中刊载歧视、侮辱少数民族的内容,情节恶劣,造成严重后果的,对直接责任人员,处三年以下有期徒刑、拘役或者管制。这些措施充分体现了对少数民族的尊重,对少数民族宗教信仰的尊重。

三、同达赖祸国祸藏祸教的行径做坚决斗争

达赖在 1959 年武装叛乱失败后逃离西藏,几十年来坚持其背叛、分裂祖国的反动立场,从事分裂祖国、搞乱西藏的罪恶活动。达赖集团是有组织、有目的、有纲领的分裂主义政治集团,达赖是这个集团的总头目。1960 年 9 月达赖集团策划成立所谓流亡政府,在达兰萨拉召开了"西藏人民会议",公布了"西藏国宪法",在外国势力的支持下组建了四水六岗卫教军和印藏特种边境部队,成立了"三区团结会"、"西藏青年大学"、"西藏妇女协会"、"西藏全国民主党"等所谓"群众团体",为维持流亡政府、在国际上鼓吹"藏独"发挥了重要作用。达赖集团、台湾当局和"东突厥斯坦"等境外势力以及"民运分子"、"法轮功"顽固分子进一步相互利用、相互勾结,合流趋势加强。彻底揭露达赖集团的本质,团结和动员广大佛教徒同达赖集团利用藏传佛教进行分裂祖国的行径做坚决斗争,维护西藏及藏区的稳定和藏传佛教的正常秩序,是当前藏传佛教工作的重要任务。

分裂与反分裂斗争是当前藏传佛教的主要矛盾。对于任何打着民族和宗教的旗号分裂祖国、破坏社会稳定的行为,只要一露面就要坚决将其消灭在萌芽状态,不能让它们形成气候。在对达赖集团的斗争中,必须始终把教育、争取和团结广大信教群众的工作放在一个特别重要的位置。我们任何时候都必须坚持党的宗教信仰自由政策,承认和尊重信教群众对自己宗教信仰的选择,把信教群众当作自己的群众,不能把有神论和无神论的差别等同于政治上的对立,不能由于同达赖斗争而随意干涉群众宗教信仰自由权利。要重视做好宗教界上层人士的工作,通过细致的、经常的、耐心的思想工作和教育培训,帮助他们提高认识、站稳立场,发挥作用。要下大力气抓中青年教职人员的教育培养,解决好藏传佛教爱国爱教后继有人的问题。要继续依法管理好藏传佛教寺庙,

切实加强寺庙民管会的思想、组织和制度建设,认真解决活佛转世工作存在的问题和困难,使寺庙的领导权真正掌握在爱国宗教人士的手里。

中央政府对达赖的政策十分明确,就是达赖必须真正放弃"西藏独立"的主张,停止分裂祖国的活动,公开声明承认西藏是中国不可分割的一部分,承认台湾是中国的一个省,中华人民共和国政府是代表全中国的唯一合法政府。这个政策一直没有变,是一贯的。"西藏独立"不行,半"独立"不行,变相"独立"也不行。任何把西藏问题国际化的企图不但不能得逞,更无助于改善和中央政府的关系,而且只能设置障碍,必将遭到中国政府和人民的坚决反对。

四、坚决同三股势力做斗争

新疆维吾尔自治区是我们伟大祖国一块美丽富饶的好地方,是祖国不可分割的一部分。历来有一条经济、文化的纽带把新疆牢牢地和中原系在一起,经久不断。"东突"势力鼓吹泛伊斯兰主义是想从"教缘"上砍断这条纽带,鼓吹泛突厥主义则是想从"地缘"上砍断这条纽带,最终把新疆从祖国分裂出去。我们要针锋相对,在做好民族、宗教工作的同时,继续巩固和加强这一纽带。只有在经济利益上使新疆收获丰厚,才能为解决好新疆的民族宗教问题奠定坚实的社会经济基础,从而有效地维护祖国统一和国家利益。

我们必须超越宗教问题、新疆问题,不仅要关注宗教问题,还要关注经济发展和区域发展问题,不仅要把眼光投向新疆,还要穿过新疆投向中亚,再经过中亚投向欧洲,乃至投向作为中国和平崛起环境的未来世界大格局。我国经过 30 余年的持续增长,正在艰难地和平发展,面对世界范围的竞争,"向西开放"已经成为有识之士认真考虑的重要的地缘战略选择。中国向西开放的目标是以和平的市场经济的方式,通过中亚,重新打通欧亚大陆的联系,通过与欧盟的对话与合作,建构起远期欧亚大陆经济、政治合作的新秩序。由此在全球地缘政治权力结构中有效提升陆权,改革以海权政治为核心权力的地缘政治结构,营造出有利于中国和平崛起的世界大环境。

向西开放,处理好宗教问题是一个关键。现在境内外的极端主义、分裂主义和国际恐怖主义,特别是东突恐怖势力长期以来大肆进行分裂祖国、破坏社会稳定的罪恶活动,已经成为影响新疆发展稳定的主要因素。高度重视做好新疆的伊斯兰教工作,对维护祖国统一、民族团结、社会稳定、边疆稳固、中国和平崛起都具有极其重要的意义。

东突势力往往打着宗教的旗号进行分裂祖国、危害社会的犯罪活动。他们一方面以狭隘的民族主义为号召,挑起民族矛盾,制造民族分裂;另一方面又打着宗教的旗号,披着宗教的外衣,煽动民族分裂。他们把民族分裂主义、宗教极端主义和恐怖主义跟伊斯兰教捆在一起,为违法犯罪行为披上伊斯兰教的神圣外衣。宗教极端主义的极端主要表现在三个方面:一是思想上极端,把某些伊斯兰教思想极端化,宣扬只服从真主,蔑视政府;二是政治上极端,宣扬原教旨主义,认为只有建立在伊斯兰教法基础上的政权才是合法的,主张政教合一;三是手段上极端,主张用圣战即暴力恐怖手段来实现目的。宗教极端主义与民族分裂主义两种势力合流不仅具有更大的欺骗性,而且越来越具有恐怖暴力倾向。在当今世界上的一些国家,宗教极端主义泛滥,已经造成了民族失和、宗教纷争、社会动荡,经济倒退,人民遭难,教训十分深刻。

做好新疆的伊斯兰教工作需要重视以下几个方面:

第一,尊重和保护穆斯林的宗教信仰。能否贯彻执行好党的宗教政策,尊重和保护穆斯林的宗教信仰,在新疆是关系到人心向背的大问题。对宗教信仰自由权利的保护要让穆斯林群众看得见、摸得着,从而使他们真切地感受到这种保护是真心实意的。要谨慎防止任何伤害穆斯林群众民族感情的问题出现,以减少分裂分子利用宗教蒙蔽群众的口实。

第二,依法加强对伊斯兰教活动的管理。宗教必须在宪法、法律和法规和政策范围内活动。在享有法律规定的权利的同时,必须履行法律义务。要教育宗教界,在我国一切言行以法律为准绳,国法大于教法,教法必须服从国法,增强公民意识和法制意识。

第三,积极引导伊斯兰教与社会主义社会相适应。在新疆,引导伊斯兰教与社会主义社会相适应有三个方面的重要内容:一是提高爱国主义觉悟,激发爱国主义热情。教育各族人民在爱国主义的基础上实现大团结,共同抵制三股势力。二是正本清源,正确解释经典教义。近年来,三股势力以讲解经文的形式攻击社会主义制度,攻击党的领导,宣传分裂主义思想,产生了恶劣的影响。为了有效抵制、揭穿和批判这些歪理邪说,必须组织我国伊斯兰教界的权威人士对解经进行指导,用教规教义中的积极因素引导穆斯林群众,自觉抵制各种歪理邪说的侵蚀,从而为取得反分裂斗争的胜利奠定坚实的群众基础。三是要把各族穆斯林群众的注意力集中到发展经济、改善人民生活上来。

第四,加快培养爱国爱教的年轻一代宗教教职人员。三股势力在与我们争夺青年一代方面下了很大的功夫,举办地下教经点,向青少年宣传圣战,灌输反动思想,并以殉教精神培养暴力恐怖分子,培植分裂主义势力。为了确保新疆伊斯兰教的领导权牢牢掌握在爱国的宗教人士手中,必须高度重视培养宗教教职人员年轻接班人问题,采取切实有效的措施,有计划、有步骤地实施。

第五,高度警惕境外敌对势力利用伊斯兰教对新疆进行渗透破坏活动。近年来,西方反华势力以人权问题为借口,制造舆论对我国进行污蔑和攻击,收集情报,拉拢和培植代理人,由幕后走向台前,公然支持境内外分裂势力的活动,妄图把新疆变成科索沃。境外分裂主义势力与"藏独"、"台独"甚至民运势力相勾结,寻求国际反华势力的保护和支持,试图使所谓的新疆问题国际化,同时积极进行建立武装力量的准备。面对如此严峻的形势,我们一定要高度重视,采取切实有力的措施进行防范和抵制。

第六,加强打击三股势力的国际合作。上海合作机制在打击国际恐怖主义、极端主义和分裂主义方面达成了共识,相关具体措施的制定和落实,对维护我国新疆地区的社会稳定将产生积极的影响,是我国在区域合作中的成功范例。

第四节　在全球化进程中确保宗教安全

作为一种社会意识,宗教是社会经济政治矛盾的反映。当今世界因宗教问题引起的重大冲突,背后都是经济、政治和文化利益的冲突。现实的宗教往往是各种经济、政治、文化等利益关系和矛盾的"宗教表现",而这种宗教表现在国际关系中表现得尤为集中、突出、鲜明,显示出深谋远虑和高水平。宗教表现的国际性,要求以世界的眼光从世界时空的范围来观察和研究宗教问题,探讨全球化背景下我国宗教正在发生的变化及其未来走势,研究对策,迎接挑战。

一、我国宗教工作面临的国际挑战

我国改革开放成功应对了全球化的挑战,在宗教问题上恢复了正确的宗教政策,并针对国内外形势的变化采取了积极有效的措施,把宗教纳入了正常的发展轨道中,防止了因反弹而形成的狂热局面,维护了社会稳定,避免了苏东出现的那种情形。但应当清醒地看到我国宗教方面还存在着一些深层次的问题和潜在的不稳定因素,这些问题的根子在国内,但国外因素不可忽视。在全球化进程中,如果我们没有全局观念和世界眼光,就有可能应对失策,造成严重后果。

在全球化处境中,我国宗教工作面临诸多挑战。第一,抵制境外宗教渗透难度加大。利用宗教进行政治渗透,是西方国家对我国实行西化、分化战略的重要突破口。境外宗教机构本着宗教动机对我国进行的传教活动已经成为一种值得注意的思想渗透。西方国家一直运筹全球范围内信息无障碍流动和自由交换计划,网络布道将会取代空中布道成为最主要的传教方式,由于我国对互联网的控制力和信息的屏蔽能力还很弱,将面临严峻考验。第二,我国宗教基本格局面临冲击。当代世界新兴宗教的勃兴,已经对我国造成了直接影响,是到了必须认真对待的时候了。第三,坚持独立办教经受了严峻考验。第四,宗教人权领域斗争更趋尖锐。当前宗教方面直接涉及我国领土完整、国家安全的问题主要有:一是西方利用藏传佛教打"西藏牌";二是泛伊斯兰主义、宗教激进主义对新疆的影响。与我国外交大局密切相关的问题有:一是积极改善中梵关系与坚决防止梵蒂冈重新控制我天主教主导权、领导权;二是反击美国借口宗教问题对我施压。更加长期、潜移默化的是西方反华势力利用基督教对我国渗透的问题。面对这些挑战,我们要采取坚持独立自办的原则、在扩大开放中抵制境外宗教渗透、正确开展国际人权斗争等策略。

二、坚持独立自主自办原则,加强对内对外合作交流

在国际领域的较量中,我们一方面应当坚持独立自主自办的原则,采取"兵来将挡,水来土掩"的方式,对那些自封的"世界警察"、"世界牧师"开展有理有利有节的斗争;另一方面要在坚持这一原则中充分发挥这一原则的积极功能。也就是说,我们的重点不是放在敌对势力对我们的独立自主自办会说什么的问题上,因为无论我们做什么或不做什么,他们都绝不会说好话,我们做得越好,他们的反调会越高;而要把重点放到怎样搞好独立自主自办方面,使之由原则变为广大宗教信徒满意的身体力行的现实。按照"身正不怕影斜"的方式,既要积极开展宗教方面的国际友好往来,又坚决抵御境外势力利用宗教进行渗透,更要坚持走自己的建设和发展之路,在加强互相沟通和平等交流中,增进了解,减少误解,取得理解,争取国际舆论,维护、树立和扩大中国的国际形象及其影响力。更为重要的是,因为国际宗教领域的对立和斗争归根到底是围绕不同的现实政治、经济利益的斗争和争夺进行的,反华势力利用宗教问题对中国施压归根到底也是为了阻止中华民族的伟大振兴,阻止中国的和平发展与和平崛起。因此在宗教领域的这种国际斗争,是不可能仅仅在宗教领域解决的。只要公正合理的国际政治经济新秩序没有建立起来,宗教对于政治经济利益斗争的介入就会长期存在。

宗教作为一种文化,同样具有文化传播的双向性而不仅仅是单向性的输入或输出。把握这一规律就能把坚持独立自主自办跟加强对外交流合作结合起来,把国内的渗透与国际的主动出击结合起来,把战略防御与战略进攻结合起来,从仓促应付的被动性转到以我为主的主动性上来,由势均力敌的长期消耗战转到费省效宏的大建设上来,总之,由单一的宗教领域的反渗透的斗争性转到为中国和平发展争取一切资源的建设上来。在软实力的较量中,从历史到现实,从根基到实态,以中华民族文化为根基和养料的中国宗教有着丰富的资源,良好的记录和广泛的国际影响,我们应当自信自尊,自觉运用。

中国各宗教共同遵循独立自主自办的原则,在国内形成多元共存、和睦相处、相互借鉴、共同发展的格局,这对于当今世界上各宗教间的沟通与对话,避免因宗教问题引发的流血冲突具有启示作用。对中国宗教间关系的这一特点的弘扬具有抵御外部渗透、扩大对外影响、争取和平发展的多重效应。

第五节　积极引导宗教与社会主义社会相适应

积极引导宗教与社会主义社会相适应是一个长期的、复杂的过程。"积极"是指工作方法上要积极主动而不是消极被动,思想认识上要积极对待,而不是消极防范,要从"信教群众也是建设中国特色社会主义的积极力量"的根本前提和依据出发来引导和适应。"引导"是引领带动,而不是放任自流,是因势利导而不是强制命令,是过细工作而不是疏于管理,是水到渠成而不是越俎代庖,是循序渐进而不是拔苗助长,是宗教适应社会主义社会,而不是相反,是与社会主义"社会"相适应,而不是与"社会主义"相适应,是相适应,而不是同一或者消融,也不是排斥或对抗。因而积极引导宗教与社会主义社会相适应的标准要正确、恰当,态度要慎重、严谨,方法要稳妥、细致,要根据各个宗教、各个地方、各个对象的不同实际采取不同的方式、方法。要实现对宗教的积极引导,必须坚持中国化方向,必须提高宗教工作法治化水平,必须辩证看待宗教的社会作用,必须发挥宗教界人士的作用。

一、执政党、政府和宗教界各司其职,密切配合

不同的引导主体,在相同的大目标下,各自工作的依据、内容、形式、重点、渠道、机制等有很大差异。党和政府方面的重点在于在推进社会主义的自我发

展和完善中,从战略和全局的角度认识宗教问题,加强对宗教工作的领导,全面贯彻党的宗教政策,建立健全引导适应的法律法规及切实有效的工作体系、工作机制、工作方式和工作队伍,巩固和发展最广泛的爱国统一战线,切实解决在引导适应中存在或出现的困难和问题,为宗教与社会主义社会相适应创造一个良好的政治环境、法制环境、社会环境,为爱国宗教界人士和团体开展工作创造必要的条件。

宗教界方面的重点在于各宗教的爱国宗教团体和爱国进步人士要发挥主动性和积极性,牢牢掌握宗教领导权,加强自身的思想建设、组织建设和制度建设,加强爱国神职人员队伍培养,建立健全寺、观、教堂民主管理制度,自觉主动地对宗教教义、宗教道德和宗教文化做出有利于社会发展、进步和文明要求的阐释,不断巩固和壮大爱国爱教的教职人员、宗教组织和信教群众骨干力量队伍,正确认识和处理本宗教与社会、与其他宗教及本宗教内部的关系和矛盾,引导和带领信教群众同其他宗教信教群众和不信教群众团结起来共同致力于社会主义现代化建设事业。

二、引导适应工作的主要内容

积极引导宗教与社会主义社会相适应的内容、形式、途径甚多,党委、政府和宗教界以及社会各界都有许多工作可做,就其大者,主要有以下三个方面。

首先,鼓励和支持宗教发扬爱国爱教、团结进步、服务社会的优良传统,在政治上与社会主义社会相适应。

其次,鼓励和支持宗教界发挥宗教中的积极因素为经济发展和社会进步服务,在经济上与社会主义社会相适应。

最后,鼓励和支持宗教界人士努力对宗教教义做出符合社会进步要求,符合中华优秀传统文化的阐释,使宗教不仅在政治层面上和社会层面上,而且深层次地在思想文化上与社会主义社会相适应,支持我国宗教坚持中国化方向。

第六节   处理宗教问题的基本策略

宗教工作的基本政策是宗教信仰自由政策,而宗教事务管理的基本策略是正确处理宗教方面的人民内部矛盾。正确处理宗教矛盾的前提是正确认识宗教矛盾。

一、正确认识当前的宗教矛盾

第一，要看到，宗教方面的人民内部矛盾中有相当一部分还属于"还有阶级斗争性质的人民内部的思想斗争和矛盾"。这是因为国际敌对势力企图借着世界民族主义潮流的冲击，利用民族、宗教问题打开我们的缺口。他们不甘于中国的迅速发展和日益强大，已经试过了多种干扰中国发展的办法，又捡起了挑起民族、宗教矛盾的法宝。世界向多极化格局发展过程中，民族、宗教矛盾的突出，民族主义潮流的兴起，使他们看到民族纷争、宗教矛盾，对一个多民族、多信教群众的国家的潜在威胁。苏东的演变使他们梦想会出现一个分裂而弱小的中国。他们处心积虑利用民族、宗教问题做文章，企图进可以挑起我国内部的混乱和矛盾，退可以作为在国际舞台上向我国开展人权攻势、向我国施压的本钱。毛泽东在《关于正确处理人民内部矛盾的问题》中曾指出："社会主义国家内部的反动派同帝国主义者相互勾结，利用人民内部的矛盾，挑拨离间，兴风作浪，企图实现他们的阴谋。"这一论断并没有过时。

第二，宗教方面的人民内部矛盾在形式上相对容易激化，从非对抗性激化为对抗性，性质上容易转化，从是非问题转化为敌我问题。激化或转化有两个条件，一是敌对势力的促成，二是我们的失误。当矛盾以持续的、较大规模的群众性对抗形式出现时，不能以夸大坏人的作用和群众的落后来掩盖自己的失误，否则会混淆矛盾的性质，造成更大失误。

第三，对于我国的宗教矛盾要有恰当的估计。宗教方面的人民内部矛盾和敌我矛盾相互交织，人民内部矛盾中对抗性的一面或向对抗性转变的一面常常在宗教问题上有所表现。但是不能因此草木皆兵，把信教群众都看成"和平演变"的社会基础。从总体上看，我国宗教方面不存在发生大乱子的社会基础，这方面大量的内部矛盾也不会转化为对抗性矛盾。如果我们把内部的民族关系、宗教关系搞得很紧张，就是自乱阵脚，自开缺口，客观上是帮助国际敌对势力来毁灭自己。这方面一定要具体分析情况，沉着应付，准确判别，恰当处置。

第四，当前围绕宗教事务管理问题的争执和冲突最为复杂，最为突出。宗教作为人们的信仰问题，作为远离经济基础的意识形态，利益矛盾往往以曲折、复杂的形式表现出来，当前比较集中、大量表现在要不要依法管理宗教事务，怎样管理等问题上的意见分歧、争执，乃至具体涉及宗教场所、宗教人员、宗教活动管理的冲突上。

二、宗教矛盾的特点

宗教方面的矛盾在形式上有五个重要特点：

一是累积性。宗教方面的人民内部矛盾，往往量大面广，往往是各种情绪、意见的累积，是各种小摩擦、小纠纷的积累。量的累积到一定程度，就会发生质变。

二是突发性。偶然的小事，星点的火花，或因互不相让迅速升级，或因官僚主义处置不当激化矛盾，或因意见不一，当报不报，当断不断，贻误时机，很快由小事变大事，由大事酿大乱。

三是扩展性。宗教意识和宗教信仰在一定范围内具有特殊的凝聚力、号召力，而且特别敏感，传播快速。一旦有事，民族意识或宗教信仰中的自我保护心理会很快蔓延开来，煽动一种抗争的激情或盲目的热情。信息社会中大众传播手段更有助于加速这一扩展进程。

四是变异性。或因矛盾性质转化，是非问题转化为敌我问题。或因矛盾激化，非对抗性激化为对抗性。

五是沉淀性。事情闹大了，靠说服教育的手段已经难以奏效，不得不动用行政手段。结果是表面上矛盾处理了，缓解了，实际上却沉淀于更深层次的民族心理或者宗教心理中了，成为潜意识的民族隔阂，同时也累积了今后再度爆发的动因。

以上五个特点构成了一个循环过程。如果陷入这个循环，宗教方面的人民内部矛盾在性质上就容易转化，在形式上就容易激化。如果再加上处理失策，措施失当，这些转化激化的矛盾就可能酿成社会事端，甚至上升为社会冲突、社会动乱，严重影响社会稳定。

三、处理宗教相关突发事件的策略

在处置宗教相关的突发事件时要坚持一个重要策略：处理大量涉及群众而又严重影响稳定的宗教相关事端，要高举四个维护的旗帜，拉出来打，钻进去管。高举"四个维护"的旗帜——维护人民利益，维护法律尊严，维护民族团结，维护祖国统一——就能占住理，赢得群众。"拉出来打"——从宗教问题中拉出来，把大多数群众摘开来；"钻进去管"——深入引起事端的具体原因中去，深入宗教事务的具体环节中去，深入广大信教群众关注的焦点问题中去，剥夺敌对势力利用宗教煽动群众的资本,挖掉深藏的不稳定因素的根源。拉出来打,才能打准敌人,争取群众;钻进去管,才能孤立敌人,争夺群众。

参考文献

[1]龚学增.宗教问题概论[M].成都:四川人民出版社,2007.

[2]王作安.中国的宗教问题和宗教政策[M].北京:宗教文化出版社,2002.

[3]叶小文.宗教问题怎么看怎么办[M].北京:宗教文化出版社,2007.

[4]卓新平.宗教与文化战略[EB/OL]. http://theory. people. com. cn/GB/16683894. html.

思 考 题

1.如何概括我国处理宗教问题的基本方针?

2.如何理解依法对宗教事务进行管理与宗教自由政策表面上的矛盾?

3.如何处理民族问题中的宗教问题?

4.如何做好新疆的伊斯兰教工作?

5.如何在全球化进程中确保宗教安全?

6.处置宗教相关的突发事件时要坚持怎样的策略?

第十一章　为什么要坚决抵制邪教

　　霸权主义、恐怖主义和邪教作为当今世界的三大"肿瘤",正在严重危害着世界和平、社会和谐和家庭安宁。其中邪教组织遍布世界各大洲,给多国造成了严重的危害。认清邪教的本质和危害,把握邪教与宗教的联系和区别,站在国家和人民的立场,坚决抵制邪教,是我们学习马克思主义宗教观的重要任务,也是一切正统宗教人士应该担负的使命。

第一节　什么是邪教

　　研究邪教问题,首先需要弄清楚什么是邪教? 邪教的特征是什么? 邪教的本质是什么? 邪教有哪些基本类型? 只有认清邪教的真面目,我们才能在思想和行动上坚决地抵制邪教。

一、邪教的定义、本质和特征

(一)邪教的定义

　　对于邪教的定义,世界上并无统一的说法。但各国都根据自己的政治、经济、社会、文化和历史特点,对邪教做出了自己的解释。1999 年 10 月 28 日,我国最高人民法院、最高人民检察院发布了《关于办理组织和利用邪教组织犯罪案件具体运用法律若干问题解释》,其中第一条对邪教组织的定义是:"邪教组织是指冒用宗教、气功或其他名义建立,神化首要分子,利用制造、散布迷信邪说等手段蛊惑、蒙骗他人,发展、控制成员,危害社会的非法组织。"这个定义,为我们识别、判定邪教组织提供了法律依据。它告诉我们，邪教包含了以下五个要素：一是冒用宗教、气功或其他名义，二是神化首要分子，三是利用制造、散布迷信邪说等手段蛊惑、蒙骗他人，四是发展、控制成员，五是危害社会的非法组织。

如果一个团体仅是在信仰上偏离了正统宗教或主流意识形态和价值观，那它只能算是异端，还不能算是邪教；如果单独一个人仅仅宣扬了一种邪说，既没有形成组织，也没有造成社会危害，同样不能算是邪教；如果一个团体侵犯了人权，扰乱了公共秩序，但不是利用类宗教的邪说，也不能算是邪教；如果一个组织是非法的，危害社会，但没有"神化首要分子"，可判定为黑社会组织，也还算不上是邪教。因此，只有同时具备上述五个要素的非法组织才是邪教；只要具备了这五个要素就一定是邪教组织。

（二）邪教的本质属性

邪教具有反科学、反人类、反社会、反政府的本质属性。

邪教组织的反科学本质表现在：无视科研成果，诋毁科学，败坏科技文化；违反科学常识，背离科学方法，疯狂造神，编织谎言；妄谈宇宙起源，无视宇宙进化，编造"法"创世界。有时也借科学之名，打着"超自然"、"超能力"的旗号，鼓吹"伪科学"，做出危害社会的丑事。

邪教组织的反人类本质表现在：大搞教主崇拜，教主自立于人类之上，自绝于人类之外，攻击、恐吓、诬蔑人类；威胁、引诱、控制信徒远离正常人的正常生活，走向自虐、自残甚至自杀的道路。这是对人类生存和发展规律的反抗与对抗，是对人类生存和发展过程的反动和典型的异化。

邪教组织的反社会本质表现在：肆意攻击人类法律规范，反对社会法律制度，鼓吹法律取消论；消极遁世，憎恨、仇视社会，与社会对抗。这种对抗不惜触犯国家法律，破坏正常的社会秩序，成为蔑视、仇视社会甚至毁灭社会的毒瘤。

当代邪教组织的反政府本质，是它的反人类、反社会本质的必然延伸。为了掩人耳目，有些邪教组织似乎仅仅对抗某些政府领导人和领导集团，与政府的某项政策和法规产生对抗。其实这仅仅是表面现象，邪教组织的反政府行为带有根本性。

当今世界的邪教组织，之所以称其为邪教，其根本原因正在于它的反科学、反人类、反社会、反政府本质。

(三)邪教的基本特征

1.教主崇拜

唯教主是从,为教主而生,为教主而死。在邪教组织中,教主处于核心地位,具有至高无上的权力和威望,往往声称自己得到了来自神的启示,可以直接和神相通,甚至声称自己就是神的化身,具有无限的神力。教主的话成为绝对真理,教徒自愿为教主牺牲一切,包括财产、精神和肉体,甚至可以为之自杀或杀人。神化首要分子是世界上一切邪教组织的共同特征。美国的"人民圣殿教"教主琼斯声称自己是上帝;法国"太阳圣殿教"教主若雷声称自己是古代法国"圣殿骑士团"留下的精兵;日本"奥姆真理教"教主麻原彰晃,声称自己是超人类的"弥勒化身";韩国"统一协会"教主文鲜明,自称是基督教救世主;中国"法轮功"邪教组织教主李洪志吹嘘自己是"把整个人类超度到光明世界中"的救世主,把自己打扮成能洞察一切的"神",自称"释迦牟尼转世",从生到死,从生存环境到人的最后归宿,都由他一人说了算。

2.精神控制

邪教教主为巩固其"神圣"地位,维持教徒效忠自己的基本手段是精神控制。一般而言,邪教组织实施精神控制的过程是步步紧逼,三步到位。一是诱骗。邪教组织会用一切手段来掠夺你的心灵圣地,用金钱、物品、帮助等进行利诱,从而在形式上让你接受邪教的那套歪理邪说。二是洗脑。邪教组织惯用"洗脑术",借以改变参与者的思维方式和信仰追求。一般是通过精神和身体两方面的控制,使参与者与外界逐渐产生隔阂,断绝联系,并采用制造幻觉等手法,强化对信徒的精神控制。三是恐吓。当已经入教的人出现怀疑和动摇时,邪教组织就会采用恐吓的策略对信徒实施精神控制,久而久之,信徒的自信心、自主性丧失殆尽,从而形成盲目服从的心理定式和行为模式。

3.编造歪理邪说

邪教组织大肆宣扬形形色色的歪理邪说,尤其是"末世论"和教主"万能论"。"太阳圣殿教"宣扬世界末日论,要求信徒把自杀看成是一种真正的解脱。"奥姆真理教"宣扬人类将面临一场毁灭全人类的战争。中国"法轮功"教主李洪志曾散布"人类大劫难"和"末世即将来临"的谎言,宣传地球现在就要爆炸,唯有他才能推迟地球爆炸的时间,唯有他才能度人上天,唯有"法轮大法"才是拯救全人类的"超常大法"。教主"万能论"与"世界末日论",是邪教组织相互匹配的歪理邪说。宣扬"世界末日",制造恐怖气氛,从而制造心理需求;宣扬教主"万能论",是为了信众的心理需求得到满足。

4.敛取钱财

邪教教主大都是非法敛取钱财的暴发户,他们靠盘剥信徒的血汗钱,偷逃国家税收,聚敛巨额财富。据美国联邦调查局调查,美国邪教教主每年骗财高达10亿美元。据不完全统计,中国的"法轮功"组织靠在全国各地非法出版和发行李洪志"传功"、"讲法"书籍、刊物、录音录像、磁带光盘等"法轮功"系列产品的非法收入就高达上亿元。难怪李洪志说:"传大法比抢银行、绑肉票还赚钱。"

5.秘密结社

邪教组织都有以教主为核心的严密组织,有各自的成员和组织结构。这种组织具有共同的特点,那就是以教主为核心,实行神秘的极权主义管理和控制,形成独立于主流社会之外的封闭体系、小社会。不少邪教甚至拥有自己的执行体系。他们通常秘密结社,活动诡秘。

6.危害社会

邪教之害,主要表现在用极端的手段与现实社会相对抗。邪教教主大都有政治野心,有的一开始就有明确的政治图谋,有的则是在势力壮大后政治野心随之膨胀。为了实现其政治野心,他们或者以教徒的生命作为牺牲品和政治赌注,或者以反社会、反人类的疯狂之举来震惊世界。"人民圣殿教"教主琼斯试图通过组织邪教实现其政治主张,在丑行败露后,竟诱迫900多名信徒集体自杀。日本"奥姆真理教"教主麻原彰晃试图通过选举进入日本政治中枢,图谋受挫后,竟在东京地铁施放毒气进行疯狂报复,导致5500人伤亡。从1996年8月李洪志指挥"法轮功"组织围攻光明日报社以后,聚集300人以上的非法游行事件就有七八起。1999年4月25日"法轮功"召集1万多人围聚中南海,说是为了"讨一个说法",实际上另有图谋。

大搞教主崇拜、实施精神控制、鼓吹歪理邪说、敛取钱财、秘密结社、危害社会,这六大特征是一个统一的整体,它们共同反映了邪教反科学、反人类、反社会、反政府的本质。

二、邪教的基本类型

由于历史、文化背景和经济、社会条件等方面的不同,不同国家和时代的邪教有着不同的表现方式,当代邪教在教义、组织、活动方式、社会影响等方面也有所不同。据此,可以将当代邪教划分为既有联系又有区别的几种类型:

(1)以宗教面目出现、以济人相标榜的邪教组织。这种类型的邪教组织善于滥用宗教自由和结社权利,钻法律空子。他们大多在借用传统宗教信仰外壳的基础之上,狂热地鼓吹和宣传极端"末日论"之类的邪说,针对社会的某些消极方面进行所谓道德"批判",打出"救世"的旗号;适合部分不明真相的群众对彼岸世界的精神追求以及在心理、社会等方面的某些现实需求。这一类邪教有的脱胎于某一传统宗教,或打着某一传统宗教的旗号;有的杂糅几种传统宗教的成分,在教义上呈混合主义的特点。如"上帝的儿女"、"大卫教派"、"人民圣殿教"、"被立王"等,都是由基督教团体蜕变而成的邪教;"恢复上帝十戒运动"是打着天主教旗号的邪教;而"奥姆真理教"则是吸收了佛教、印度教某些教义的邪教组织。由于这些邪教组织打着传统宗教的招牌,歪曲利用传统宗教的教义、修炼方法和仪式,所以容易蒙骗对传统宗教缺少常识又十分崇拜的人。

(2)以神秘主义面目出现,以神异能力、超能力相标榜的邪教组织。这类邪教组织大多沿袭印度瑜伽功、中国气功的某些理论和方法,并结合本土迷信加以改造和发挥,极力吹嘘拥有"特异功能"、"超能力"、"天行力"之类的所谓"神异能力",并以益智强身、祛病消灾、驱邪赶鬼为诱饵招徕信徒,迎合他们强身健体、祛除疾病以及超越自我等生理和心理方面的现实需要。这类邪教组织大多数都有东方文化的传统背景。如日本的"法之华三法行"、中国的"法轮功"等,都是打着所谓"功"、"法"旗号,对社会有危害的团体组织。此外,美国化的印度邪教"迄里什那意识国际协会"也属于这种情况。这类邪教组织吹嘘玄而又玄的所谓"神异能力",实质上是愚弄人的巫术和玄学。其教主往往摆出一副"识时务"、"顺潮流"的面孔,大肆玩弄障眼法,以探索人类未知领域、揭示宇宙奥秘、开发人类潜能等为大旗,从物理学、医学、心理学、哲学、天文学、考古学等学科中东拼西凑一些名词、理论、概念、预测和猜测,对封建迷信进行现代包装,美其名曰"科学"、"特异功能",并理直气壮地公开兜售,甚至与真正的科学真理叫板,混淆是非,弄得人们真假难辨。

(3)以科学面目出现,标榜开发人的潜能或治疗人类身心痼疾的邪教组织。这类邪教组织大多搬用西方心理学和精神分析学的理论、方法,编造一套关于提高人类心智体魄的理论和方法,声称能够以此消除人类自身的缺陷和疾病,开发人的潜质、潜能,达到自我实现和升华,在现实生活中获取成功,获得幸福,在自然界中能够与宇宙合一,达到永恒。此类邪教组织多有西方文化背景,与第二种邪教组织实属"异曲同工",代表性团体有"科学神教"、"人类心理学会"等。实际上,它们所谓的理论和方法全是哄人骗财之道,缺乏科学依据,根本不为学术界所认可。

（4）以科学幻想小说面目出现，标榜外层空间是人类天堂的邪教组织。此类邪教组织大多用天体物理学、天文学、航空航天学的知识以及关于宇宙、外星的科学幻想小说"刷新"宗教的"天堂地狱说"，编造出人类世界毁灭之时，信徒被外星人救出，接引回"故乡"——外层空间，从此开始永恒美好生活的核心教义。最为典型的是"天堂之门教"和法国人雷尔在加拿大创立的神秘教派"拉尔雷恩运动"。雷尔宣称：他本人于1973年在法国中部见过外星人，并接受了外星人传给的神秘信息。他和他的信徒们深信：一名叫作艾洛希姆的宇宙超人将乘UFO（不明飞行物，即飞碟）到地球，拯救他们这些先知先觉的人。由于该邪教将宗教彼岸世界与科学、科学幻想巧妙结合，所以吸引了一部分对现实社会极度失望但又沉迷于科学幻想的遁世者，他们中不少是有科技知识的精英层，生活在科学技术和物质文化较为发达的国家或地区。与贫困国家、地区文盲半文盲人群信仰的邪教不同，此类邪教更适合这些精英们的学识、世界观、地位和身份。随着现代社会自身存在问题的频频出现，此类邪教组织可能会从这类人群中获得越来越多的信徒。

以上关于邪教类型的划分不是绝对的，只是就其主要特征相对而言的。其实，这四种类型之间并无十分明显的界限，有一些邪教可以同时兼有几种类型的特点。如"奥姆真理教"既取佛教教义，又宣扬超自然能力，声称入其教者能学会行空、潜水、透视等特异功能，在"世界末日"来临时可以逢凶化吉。"法轮功"剽窃了佛教、道教的部分概念，打着"佛法"旗号，同时又吸取中国东北地区"萨满教"因素，以"法力"、"特异神功"为名，贩卖巫术迷信；此外它还自称是最深奥的"科学"，声称可以使人了解宇宙、社会、人生奥秘，使练习者强身健体，完善道德人格，甚至成仙成佛。"天堂之门"教虽然充满了科幻小说的荒诞，但其世界观实际上来自基督教传统，所宣扬的极端"末世论"和救世论与第一种类型的邪教实质上并无二致。

第二节　邪教与宗教的关系

邪教常常冒用宗教的名义，打着宗教的旗号，把宗教的教义当作幌子招摇撞骗，但是在信仰理念、信仰方式、组织方式和社会作用等方面，邪教与正常的宗教信仰都有着本质的区别。

一、邪教与宗教的联系

(一)邪教常常冒用宗教名义

"法轮功"邪教组织利用佛教、道教在我国存在的深厚社会基础和广泛影响,盗用其某些词汇和概念,以欺骗群众。如李洪志盗用佛教的标志"法轮"和道教的"太极图"组合成"法轮功"的标志,并在《转法轮》一书中多次强调"因为我们是佛家的","我们法轮大法是佛家八万四千法门中的一法门"。其意图无疑是想利用佛教在民间的深远影响,使自己一出场就赢得人们"似曾相识"的好感。可是他又通过大肆诋毁传统宗教,抬高自己,宣称自己高于释迦牟尼、老子和基督,是"主佛"、"最大的佛",是当今世界上唯一"传大法"的,以蒙骗更多的人。

(二)邪教常常篡改宗教教义

基督教(新教)是 16 世纪宗教改革后产生的,在当时特殊的历史背景下形成相对宽松的教会组织和体制。基督教没有严格的教阶制度,人人平等,人人可以解释教义,每个信徒都有传道的职责,都可成为祭师。邪教组织头目往往就是利用基督教(新教)这种特点,篡改其教义,自立教派,打着基督教的旗号干着非法勾当,蒙骗不明真相的群众。

(三)邪教常常打着宗教的旗号进行非法活动

邪教组织都有其明确的政治纲领和政治图谋,有的还在境外敌对势力的支持下开展活动。可是它们既不敢公开注册登记,从事的也不是合法的宗教活动,为了不可告人的目的,他们打着宗教旗号,宣传歪理邪说,蒙蔽欺骗群众,不择手段拉人入教,秘密发展组织,进行秘密聚会、聚集滋事、对抗政府等非法活动。

二、宗教与邪教的本质区别

(一)信仰理念不同

宗教追求超越精神,邪教宣扬教主万能。

宗教信仰是对宇宙"超然力量"的信仰,它所崇信的对象是一种"绝对"、"无限"、"超然"的精神本体,它体现了人类精神对有限存在的超越和对无限整体的追求。例如,天主教、基督教的"上帝"、伊斯兰教的"真主"、佛教的"佛性"、道教的"道"与"仙境"等，这些对象都是一种超现实、超自然的抽象精神本体，其最大的特点是人间的信仰追求一种超人间的力量，是人间力量采取了一种超人间的力量形式。

而邪教教主却把抽象的对象具体化，把超人间的"神"降临到人间，把自己誉为上帝在人间的代言人，取上帝而代之，要求广大信徒把他们奉为神明，对之顶礼膜拜。"法轮功"崇尚教主神威，大搞人间造神运动。李洪志宣称自己就是"万能的神"，是活着的唯一的救世主。这是一种极端的现代迷信，与宗教中追求绝对、终极的信仰理念有着根本的区别。

（二）道德行为不同

宗教强调积德行善、助人济世，邪教却贪权、贪财、贪色，集邪恶于一身。

宗教道德作为人类特有的道德现象，它既是宗教的一部分，又是道德的一个门类。它把宗教和道德这两种不同的意识形态结合起来，是宗教与社会文化生活相互渗透、相互融合的体现。宗教道德的实质是世俗道德在宗教领域中的折射和反映，是现实社会人际关系宗教化的表现。宗教道德虽有其神秘、虚幻的一面，但总体上看，崇尚与社会进步相适应的道德理念和道德规范，是各大传统宗教基本的道德追求。因此，积德行善、助人济世、慈悲为怀、恪守人道，奉行仁爱、宽容、谦恭、友善、和平，就成为宗教求善的基本象征。从这个意义上说，"恶"与"贪"就是宗教大忌。

反观邪教，却偏偏以"贪"、"恶"为中心，贪权、贪财、贪色包揽无遗。邪教教主往往集世俗社会中的种种"贪婪"于一身。为满足其贪欲，邪教在行为上更是恶迹斑斑：摧残生命，践踏人权，骗取钱财，妖言惑众，秘密结社，玷污妇女、贬损宗教……邪教给社会构成的危害不胜枚举。由此可见，在道德理念和道德行为上，邪教与宗教有着根本的不同。

（三）信仰方式不同

宗教的正常活动奉公守法、尊社爱教，邪教却宣扬"神迹神力"，鼓吹迷信与盲从，妖言惑众。

经过长期的历史积淀，世界各大宗教都有自己成文的教义和规范化的宗教活动仪式，各种宗教活动方式均以严格的教规和礼仪来规范监督。这些仪规在长期的宗教实践中形成，并已成为宗教活动及相关社会活动的习俗和传统，为信众所公认和信守。正常宗教在现代发展中一般都能顺应社会进步，在社会法律认可的范围内展开活动，在世俗化的过程中与社会主流文化并行不悖。

　　邪教的信仰方式则是利用骗术、巫术来编造所谓"神迹奇事",通过鼓吹所谓"神力"来达到功利的目的。当代邪教则往往利用科学之名来违背科学常识、歪曲科学真理,形成各种"伪科学"来为其骗术遮掩、包装或张目,从而迷惑、愚弄和欺骗群众。这些骗术的特点是胡编乱造、牵强附会、随心所欲,形式粗糙而荒诞。例如,李洪志所宣扬的练"法轮功"能包治百病、阻止有病者吃药就医,以及他所谓能给人安"法轮"、让人"开天目"、"规定"和"推迟"地球爆炸、"超度"世人躲过"末世劫难"等,都是封建迷信用以迷惑人、欺骗人的典型活动方式。其结果是对受骗群众的身心健康造成伤害,给社会带来混乱和不安。

(四)活动方式不同

　　正常的宗教组织公开、合法,邪教的组织形式则多具非法性和诡秘性。

　　一般而言,正常宗教都在法律和政策允许的范围内结社活动,是受到法律保护的合法社会团体。这些宗教在崇尚神圣世界的同时,亦承认现实世界的合理存在,并致力于服务社会、净化社会、参与社会的发展与进步。自成体系的宗教组织是历史发展的产物,并在长期的发展中得到社会的认可,它们与社会秩序和民众健康保持一种适应、协调的和谐关系。

　　而各种邪教均有以教主为核心的严密组织结构,采取秘密的联系方式,进行诡秘的非法活动。例如,李洪志自称"法身"无处不在,可以洞察出多层空间,有着巨大的"神通法力",是唯一能把人超度到"光明世界"的救世主。声称他所下的"法轮",可以对每一个信徒起到保护和监督的作用。这无疑是给人套上了一种"顺者昌、逆者亡"的精神枷锁,从而使信徒精神被控制、行为被操纵,完全丧失了一个正常人的独立思维和行为自由,不少人在其精神控制下走火入魔,自我毁灭,甚至摧残他人生命,酿成严重恶果。

(五)社会作用不同

　　正常的宗教对社会发展有较强的适应性,邪教则是阻碍社会进步的逆流。

　　世界现存的各大宗教,经过漫长的历史变迁,形成了与各种社会形态的良好适应性。它们多以济世、护国、利民为宗旨,以遵纪守法为己任,故其活动能在法律范围内进行。作为一种文化体系,它们吸收了人类文明史上创造的许多精神财富,成为传统文化的重要组成部分和广大宗教信仰者的生活方式之一,在社会生活的各个方面发挥着特有的协调功能和平衡机制作用,与社会进步保持一种良好的和谐关系,成为影响和平衡社会稳定的一支力量。

　　邪教则不然。邪教教主及其组织,诈骗钱财,奸污妇女,秘藏武器,施毒纵火、妖言惑众、残害生命。邪教所作所为,腐蚀人们的思想,扰乱公共秩序,破坏社会安定,对抗国家法律,危害人民生命财产。邪教给人类社会带来的是破坏和灾祸,是恐慌和痛苦。其种种邪恶的组织活动具有明显的反社会、反人类的性质。

由此可见,邪教不是宗教,邪教与宗教泾渭分明,宗教与邪教的本质区别不容混淆。

第三节 国内外的主要邪教组织

据估计,目前世界上有邪教组织近 7000 个,信徒达数千万人。光是美国就有 700 多个邪教组织。美国堪称世界邪教王国,震惊世界的邪教事件,多发生在美国。中国在改革开放以后,也出现了多种邪教组织,其中影响较大的是"法轮功"、"全能神"。

一、国外的主要邪教组织

国外的邪教有悠久的历史传统,目前影响较大的邪教组织有:

(一)"人民圣殿教"

"人民圣殿教"全称为"人民圣殿基督教(使徒)教会"。1955 年,该教由美国基督教新教牧师吉姆·琼斯在其家乡印第安纳州波利斯建立,拥有教徒 20 多万。"人民圣殿教"没有系统的神学理论。其教主吉姆·琼斯声称自己是全能的上帝,要信徒像崇拜上帝一样崇拜他。此外,他还声称自己是"在另一个星球上出生的,像超人一样,所以具有神力"。他喜欢表演他的"超自然神力",使患病的人减轻痛苦,甚至当场治愈所谓的癌症病人,借此把信徒搞得神魂颠倒。"人民圣殿教"是一个大家庭式的组织,琼斯是这个"家庭"的父亲,他的妻子马西琳则是大家的母亲。在这个家庭里,琼斯拥有至高无上的权力,信徒要断绝与外界的一切联系,要把收入的相当一部分交给教会,要为事业做出牺牲,甚至要做好自杀的准备。

1976 年,琼斯决定把"人民圣殿教"迁往南美圭亚那的丛林中,建立所谓的"世外桃源"。1978 年 11 月 18 日,在强大的内外压力下,"人民圣殿教"信徒 913 人被迫服毒自杀,教主琼斯随后也开枪自杀身亡,"人民圣殿教"消失在南美的丛林之中。

(二)"太阳圣殿教"

据称"太阳圣殿教"是当年法国"圣殿骑士团"的后裔。在 20 世纪 70 年代，它只是西方数千个新宗教中的一个，后来该组织被比利时医生吕克·若雷和德·芒布罗两人操纵，逐步演变为一个在欧洲有着广泛影响力的邪教组织，有数千名成员。"太阳圣殿教"教主吕克·若雷视自己为"圣殿骑士团"留下的精兵，今日下凡，是为了解救世人，声称天狼星是教派的最后归宿地，世界末日来临之时，唯一的解脱就是在他的帮助下登上天狼星。信徒对教主必须绝对服从。

20 世纪 80 年代，"太阳圣殿教"组织日趋完善，拥有许多忠实的追随者和巨额资产，达到它的"顶峰"时期。然而到了 20 世纪 90 年代，"太阳圣殿教"开始出现危机。1994 年 9 月 24 日，"太阳圣殿教"在法国阿为尼翁地区的南诺沃泰勒乡镇举行会议，做出了让"太阳圣殿教"自行消灭的决定，敲响了"太阳圣殿教"的丧钟，短短几天时间里，在瑞士和加拿大的信徒自杀死亡人数就达 53 人之多，引起了欧美国家的巨大震动。

(三)"大卫教派"

该教建立者为保加利亚移民维克多·霍特夫，他原是安息日会的信徒，于 1934 年离开基督复临安息日会，在洛杉矶创立"牧羊者的手杖"教派。1943 年将教派名称改为"基督复临安息日会大卫支派"。教主维克多·霍特夫宣称自己是基督的助手，将前去巴勒斯坦建立真正的教会。在其教派总部——德克萨斯州韦科镇的卡梅尔庄园中，有信徒 1000 多人。霍特夫于 1955 年去世。1984 年年轻的弗农·豪威尔经过内部争斗，最终成了"大卫教派"的新教主。随后，他自称大卫王，把名字改为大卫·考雷什。他自诩是活先知，是耶稣基督再世。他声称世界末日就要来临，只有他才能把信徒接到天堂，并把灾祸降临到所有不信上帝的人身上。在"大卫教派"的总部卡梅尔庄园里，考雷什成了绝对的独裁者。由于崇尚暴力的考雷什试图把"大卫教派"变成一个军事王国、武装团体，引起了美国警方的高度注意。1993 年 2 月 28 日，在卡梅尔庄园，终于爆发了警察与邪教组织"大卫教派"的激烈枪战，在双方相持 51 天后，一场大火在庄园内燃起，包括教主考雷什在内的 86 名教徒葬身火海。

(四)"天堂之门"

这是一个成立于 1975 年的以 UFO 崇拜为内容的宗教团体，教主为马歇尔·荷夫·爱泼怀特,1931 年 5 月生于德克萨斯州一个长老会牧师家庭,曾是大学音乐教授。"天堂之门"信徒有近百人。该教派认为:人类社会是一个被魔鬼统治的地方,而天国是宇宙真实的存在。其教主爱泼怀特则是天国派来的救世主。UFO 将在地球登陆,地球将会毁灭,而凡是他的信徒,都可以搭乘 UFO 升天,获得天上的福乐。1996 年 10 月,"天堂之门"租下了美国加利福尼亚圣迭戈的一幢豪华住宅作为总部。利用其所经营的电脑公司作掩护,通过互联网络传教,招募新教徒。当得知海尔-波普彗星将临近地球时,他们在网上发布了一则声明,表达了他们通过自杀以实现升天的愿望。在声明中他们说,他们本是一些异类,在 20 世纪 40 年代到 90 年代间因宇航器损坏而流落地球。"天堂之门"的教主 20 世纪 70 年代来自天国,化为人的身体,把散落的信徒召集在一起。在海尔-波普彗星后面必定有一个 UFO 将降落在地球上,把他们带到向往的天国去。因此,他们要选择自杀的方式"回家"。终于,在 1997 年 3 月 22 日,海尔-波普彗星飞临地球时,39 名"天堂之门"的信徒在其总部心甘情愿地结束了他们的生命。

(五)"奥姆真理教"

这是诞生于日本的著名邪教组织。1984 年创立,取名为"奥姆神仙会",1987 年改名为"奥姆真理教",1989 年获东京政府颁发的"宗教法人"地位。这是一个拥有 4 万名信徒的宗教团体。"奥姆真理教"创始人、教主麻原彰晃,生于 1945 年,先天局部失明。他号称是超人类的"弥勒化身",肯定先知先觉的功能,能够自由飞来飞去,能透视和水上行走,具有心灵感应能力。他曾预言:日本各大城市将于 1997 年毁于核武器、生物武器和化学武器。人类不久也将面临一场能灭绝全人类的战争,只有"奥姆真理教"的教徒能从战争中生还,重建"奥姆理想乡"。

由于该组织的活动构成了对日本政府的严重威胁,日本警方于 1994 年起,开始着手对"奥姆真理教"进行调查。这引起教主麻原彰晃的恐慌,他为了拖延警方对"奥姆真理教"的搜查时间,向教徒发出"为真理而战"的"神圣"指令。从而制造了 1995 年 3 月 20 日发生在东京地铁车站震惊世界的沙林毒气事件,导致 12 人死亡,5000 多人中毒。这是迄今为止发生的最严重的邪教毒害无辜事件。事件发生后,警方立即封锁了富士山脚下的"奥姆真理教"总部,并于 3 月 22 日对其进行了强行搜查。5 月 16 日,教主麻原彰晃被捉拿归案。10 月 30 日,东京地方法院对"奥姆真理教"做出了解散的判决,"奥姆真理教"遭到了惨重打击。2004 年 7 月,麻原彰晃被东京地方法院判处死刑。

二、中国大陆的主要邪教组织

1999 年 7 月 22 日,我国政府正式取缔"法轮功"邪教组织。此外,中国大陆的主要邪教组织还有呼喊派、全能神、门徒会、血水圣灵、统一教、观音法门、全范围教会等。这些非法组织常常打着宗教旗号在校园内活动,我们必须提高警惕。当前,境内较为活跃的主要有以下几个邪教组织。

(一)"法轮功"

中国当代第一大邪教组织。1992 年由李洪志创立,随后在北京设立"法轮大法研究会",李洪志自任会长。其教主李洪志自称"8 岁得上乘大法,具大神通,有搬运、定物、思维控制、隐身等功能⋯⋯功力达极高层次,了悟宇宙真理,洞察人生,预知过去、未来"。他自封为"释迦牟尼转世",宣扬"末世论",宣称人类即将面临"毁灭","法轮大法"是拯救人类社会的"唯一大法","全世界上只有我一人在传正法","我要是度不了你,谁也度不了你"。

李洪志自诩是宇宙中最大的"佛",他利用佛教、道教和中国传统文化中的一些言辞术语,欺世盗名、迷惑群众,吹嘘"法轮大法"是最高"佛"法,"可以度一切人"。"法轮功"利用邪教书籍《转法轮》等歪理邪说来恐吓群众,制造和散布"圆满"、"宇宙劫难"等邪说,蛊惑、蒙骗他人,进行非法活动,酿成了许多人间悲剧。

"法轮功"邪教组织一贯从事危害群众生命健康和社会稳定的邪恶活动。李洪志逃亡美国后,与西方反华势力和敌对势力公开勾结,通过互联网、电台、电视台、报纸等渠道,煽动指挥我国境内外"法轮功"分子与政府对抗,企图破坏社会稳定和经济发展。境外"法轮功"邪教组织多次攻击我国鑫诺卫星,干扰、破坏我国广播电视的正常播出,公然践踏国际准则,并妄图颠覆中国共产党和中国政府。

2008 年 5 月 12 日,四川汶川发生特大地震灾害。"法轮功"邪教组织不但对中国政府的赈灾行为指手画脚,在媒体上大肆造谣、诋毁和攻击中国政府,还企图干扰、阻挠广大群众及爱国华人华侨、国际友人为灾区捐款。为了破坏2008 年在北京举办的奥运会,"法轮功"邪教组织密谋在世界各地 100 多个城市上演"人权圣火全球巡回传递",散布"鸟巢将在开幕式当日坍塌"、"北京奥运会不可能办成功"等谣言,企图通过所谓国际"人权组织"干扰北京奥运会的正常举办。

（二）"呼喊派"

该邪教于 1979 年渗入中国，教主为美籍华人李常受，因要求信徒在聚会时大声呼喊而被称为"呼喊派"。它是冒用基督教名义、干着邪教勾当的非法组织，其主要书籍有《晨兴圣言》、《新约圣言（恢复本）》、《旧约生命读经》、《奥秘的启示》、《灵与灵的侍奉》、《新路生机的实现》等。

"呼喊派"歪曲基督教教义，妄称"基督是我，我是基督"，鼓吹"地球毁灭"、"瘟疫"等"末世论"邪说。在其非法印制的书籍和宣传品中，大量盗用宗教语言，借以敌视、反对和煽动推翻我国政权，图谋"改朝换代"，具有明显的反社会、反政府特征。"呼喊派"宣称教会面前有三大敌人：三自爱国会、共产党和人民政府，叫嚷要"把教会组织起来，与共产党和政府对抗到底"，"建立常受基督国"。

在我政府多年打击处置后，"呼喊派"如今又以"地方召会"、"地方教会"等名义申请合法登记，企图取得合法地位。它企图从农村向城市渗透扩张，竭力在知识分子、学生、干部中发展信徒。它在大专院校开展"校园服侍"活动，发展青年学生入教，还经常秘密举办"小子班"、"王子班"、"青年学生培训会"等向中小学校渗透，与我争夺青年一代。它的活动诡异，聚会没有固定的时间、地点，常在夜间活动。

（三）"全能神"

"全能神"又称"东方闪电"、"实际神"，是 20 世纪 90 年代初从"呼喊派"邪教组织分化演变而来的。该组织是冒用基督教名义、干着邪教勾当的非法组织，其主要头目是原"呼喊派"骨干赵维山。"全能神"邪教组织有一整套的歪理邪说，政治企图明显，矛头直指中国共产党和中国政府。

"全能神"邪教组织为宣传其歪理邪说和对内部成员实行精神控制，对《圣经》进行肆意篡改，炮制了几十种邪教书籍，主要有《话在肉身中显现》、《东方发出的闪电》、《基督的发表》等，宣称"圣经的记载已经过时"，耶和华的"律法时代"、耶稣的"恩典时代"已经过去，而"全能神"的"国度时代"已经来临；"全能神是唯一真主，以东方女性的形象再次道成肉身，降临在中国"。

"全能神"采用"特务化"活动方式。骨干人员单线联络，异地交流任职，使用化名不用真名。聚会的时间、地点临时通知，其内部交往还有一套暗语，如"大红龙"指"共产党政府"、"小红龙"指公安机关、"车间主任"指"小区带领"、"奶粉"指宣传品等。"全能神"邪教组织叫嚣"要向大红龙展开决战"，煽动成员推翻"大红龙政权",建立所谓的"全能神国度"。"全能神"用所谓"传福音"的方式发展成员,并明确提出"得人是目的"。不仅建立了"传福音"组织体系,制定"传福音"工作方式,而且不计代价、不择手段,千方百计对成员进行控制。

近年来"全能神"活动趋于活跃,2012年底借助玛雅历法说,制造"世界末日"谣言,在全国范围内公开传教、拉人入教,搞集体跪拜、闹访滋事等活动,围攻政府,袭击民警,危及家庭,危及生命,造成恶劣社会影响。2014年5月28日,山东烟台市发生"全能神"人员在麦当劳餐厅发展信徒,向人索要电话号码不成,就将一女子活活打死的人间惨剧。犯罪分子张某、张某某已被依法判处死刑。

(四)"观音法门"

"观音法门"是由英籍华人张兰君(释清海)于1988年在台湾发起,是冒用佛教名义,干着反党、反政府、反社会勾当的邪教组织。释清海把"观音法门"与佛教中的观音法门(佛教修行法门)混为一谈,标榜自己是"清海无上师",等同于释迦牟尼、耶稣基督、真主安拉等,并自编《即刻开悟之钥》等书宣传和神化自己。"观音法门"邪教组织公开散布攻击、推翻共产党的言论,称"人类是无法接受共产观念的,否则,我们会退回没有文明的时代"。释清海还坚持反动立场,称自己为"反共斗士"。

自1989年开始,"观音法门"邪教组织成员以旅游、探亲、投资办厂为名频繁入境活动,发展成员,秘密建立活动窝点,以开办合资、独资企业为掩护,运送、散发宣传品。近年来,又多次策动境内信徒出境参加"法会"或培训,回国后进一步发展邪教组织。他们打着"素食"、"环保"、"救地球"等口号,举办各类"素食"的活动,在境内设立素食企业,"以商养功",发展组织成员,向基层政权渗透,腐蚀拉拢意志薄弱党员干部,并试图在学校开设素食课程,向学生渗透。还向境内高价出售邪教物品、借教敛财。

(五)"门徒会"

它由原"呼喊派"成员、陕西省耀县农民季三保于1989年2月建立的,因季三保创立时设立"十二门徒"而得名;因该组织信奉"三赎",又称"三赎基督";因其主张走"窄门",不进教堂,在野外聚会,又称为"旷野窄门"或"旷野教"。

季三保自任"总会"负责人,内部称其为"圣父"。季三保挑选了12人为"十二门徒",作为组织核心骨干。"门徒会"编印的书籍资料,主要有《闪光的灵程》、《慈祥的母爱》、《圣灵与奉差》、《复活之道》等。目前,"门徒会"的活动已波及除西藏外的全国各地。"门徒会"的建立没有经过任何一级政府主管部门批准、注册或登记,是一个进行地下活动的非法组织。季于 1997 年车祸死亡。第二任"总会"负责人蔚世强于 2001 年 5 月因肝癌死亡,第三任"总会"负责人陈世荣因从事非法活动现已被依法处理。该组织内部层次分明,组织严密,其活动通常化整为零,昼伏夜出,接头通话使用暗语,行为十分诡秘,吸引大量较为落后的贫困山区的农民加入组织。其活动特征是:神化首要分子,制造教主崇拜;宣传"世界末日论",恐吓欺骗成员,实现精神控制;散布迷信邪说,欺骗愚弄群众;制定"婚办"规定,成员只能教内通婚,号召对抗计划生育;胡说"学生信主不学也自通","共产党的教育没有用"等,鼓动学生退学加入组织;还借此机会欺诈作伪,骗人钱财,甚至奸污妇女,严重扰乱社会治安,严重危害生命、家庭和社会,还反对党和政府,破坏社会秩序,具有明显的反科学,反人类、反社会,反政府性质。

(六)"血水圣灵"

"血水圣灵"的全称是"耶稣基督血水圣灵全备福音布道团",又称"圣灵重建教会",系邪教组织"新约教会"、台湾"石牌教会"负责人左坤于 1988 年另立的,该组织活动涉及 20 余个省、自治区、直辖市。主要书籍资料有:《全备福音》、《使徒职分》、《神迹奇事异能》等"教义"和《生命之光》、《属灵首领》、《进神国》、《作王的家谱》、《奉差遣的脚踪》、《属灵旋风》等书籍。

它的主要特征是:制造个人崇拜,构建严密组织;宣传"末世末临论"进行恐吓威胁;秘密聚会,诡秘活动;反对党和政府,破坏社会秩序;境外渗透活动频繁,政治图谋明显。鼓吹要"作王掌权",在学校周边设立传教点,大力发展青少年入教。近年来,血水圣灵头目左坤多次秘密潜入境内,组织骨干活动,恶毒攻击党和政府,出版著作,攻击"中共全国人大"为"中国头号的暴力犯罪集团"。同时每年都在缅甸、韩国、泰国等国和我国香港地区举办"法会"或"培训班",培养向大陆传教骨干分子。

除上面介绍的 6 种邪教外,还有 14 种冒用基督教的其他邪教:"全范围教会"、"灵灵教"、"新约教会"、"主神教"、"被立王"、"统一教"、"三班仆人派"、"天父的儿女"、"达米宣教会"、"世界以利亚福音宣教团"、"常受教"、"能力主"、"中华大陆行政执事站"、"华南教会";2 种冒用佛教名义的邪教组织:"圆顿法门"和"灵仙真佛宗"。

此外还有在境内有活动、对社会有害的气功组织 10 多种,已掌握的有:中华养生益智功、菩提功、香功、华藏功、人宇特能功、沈昌人体科技、三三九乘元功、元极功、一通功、中华昆仑女神功、中国自然特异功、慈悲功、万法归一功、日月气功及"大藏功"等。

第四节　大学生要坚决抵制邪教

在人类社会日趋文明的今天,邪教组织却犹如一场"瘟疫"破坏着整个社会有机体的稳定和健康。邪教的行为使其邪恶的本质昭然若揭:破坏社会秩序,危害社会和谐安定,阻碍文明进步;具有明显的反动政治图谋,妄图颠覆国家政权、分裂国家。大量的事实告诉我们,邪教是祸害,大学生必须要认清邪教的邪恶本质,远离邪教,抵御邪恶势力的侵害。

一、邪教对大学生的危害和影响

邪教组织对大学生身心健康的摧残是多方面的。在邪教蛊惑下,有的大学生丧失了理智,捧着邪教"经典",渴望升入"美好的天国";有的精神涣散、斗志削弱、思想道德素质下降,不再发奋图强、努力进取,而是以宿命论面对人生的美好与挫折,以邪教的黑暗与丑陋取代了心灵的光明与圣洁。

(一)沉迷邪教,严重影响大学生正常的学习、生活

误入邪教歧途的大学生,原本正常的学习、生活规律被打乱,根本无心向学,一些学生从成绩优异、各方面表现良好的优等生一下变为成绩落后、生活无序、精神涣散的"游民"。某高校学生王某在大二那年加入了"法轮功"邪教组织。起初王某将课余时间用来练功,之后他越陷越深,发展到后来所有的课程他都不再去听,都用来练功或参加"组织"活动。他的学习、生活完全失去秩序,整日眼神迷离、精神恍惚。

(二)沉迷邪教,断送大学生光明美好的前程

有的邪教甚至宣传"学习无用论",要求学生信众抵制学校教育,宣扬"学生信主,不学也自通"的谬论,导致一些学生放弃得来不易的接受高等教育机会,极大地危害了学生的健康成长。一名牌大学工学博士李某,从上大学以来一直是出类拔萃的佼佼者,不仅学习成绩好,科研能力强,而且获得了多项国家专利。但在这样的成绩之中,李某却迷失了自我,1996 年 5 月步入了邪教"法轮功",虽然两年后幸运地在家人朋友的帮助下走出了"法轮功"组织,但他的学习

与科研却已在这两年间完全荒废,妻子也受不了他对练功的痴迷与其离婚,只留下悔不当初的李某。

(三)沉迷邪教,危害到大学生的生命、财产安全

邪教组织的本质即是反科学、反人类、反社会、反政府,为达到政治目的,利用成员为其实施各类反政府行为,毫不顾忌成员的生命安全。最典型的例子是陈果的悲剧。陈果是中央音乐学院的学生,刻苦用功,成绩优良,琵琶演奏艺术出色。由于受"法轮功"的蒙骗和对母亲的盲目崇拜,她参与了 2001 年 1 月 23 日"法轮功"邪教组织北京天安门自焚事件,烧伤面积达 80%,被烧得焦黑如炭,生不如死,最终毁了自己的一生。变相的聚财敛财也是邪教的特征之一,大学生无经济来源,生活费大多来自于家庭和父母的血汗钱,但在邪教组织的"洗脑"之下,众多丧失了判断力的大学生信众将这些钱都用于购买那些邪教宣传书籍、光盘,以及听课等,以满足邪教教主的私欲和组织的需求。

二、大学生应该如何抵制邪教

同"法轮功"等邪教组织的斗争是正义与邪恶、文明与愚昧、进步与倒退的较量,作为新世纪接班人的大学生,有义务和责任来维护国家安全、社会稳定和校园和谐。所以,一定要时刻提醒自己,崇尚科学、提倡文明、抵制邪教。

(一)崇尚科学精神,反对迷信思想

科学是人类对于自然规律和社会发展规律的认识和把握,是推动历史进步的杠杆和基石。迷信则是一种无知,一种对于自然力量和社会力量的畏惧和屈服。科学与迷信是根本对立的。科学知识、科学思想、科学方法和科学精神,可以引导人们奋发图强、积极向上,促进人们牢固地形成正确的世界观、人生观和价值观,促进人们实事求是并创造性地进行社会实践活动。大学生要使自己成为国家有用之才,就必须崇尚科学、坚信科学,努力学习科学知识、科学方法、科学思维、科学技术去反对和揭穿一切形式的迷信和邪说。

(二)崇尚人文精神,反对践踏人类尊严

以人为本,珍惜人的生命,维护人的权利,尊重人的创造,这是人类社会文明的基本尺度。人类社会的历史,就是一个越来越珍惜人的生命、越来越维护人的权利、越来越尊重人的创造的历史。而邪教组织却摧残人的生命,践踏人的权利,污蔑人的创造。大学是培养和学习科学精神、人文精神的殿堂,大学生要高举人文精神和科学精神的"照妖镜",揭露邪教组织的反科学、反人类、反社会、反政府的丑恶本质。

（三）坚持唯物主义，反对唯心主义

唯物主义认为，世界的本质是物质，是不依赖人的意志为转移的，意识是物质存在的反映，世界是可以认识的。唯心主义则认为，世界是意识、精神的产物，客观世界是主观意识的体现或产物。辩证唯物主义和历史唯物主义才是科学的世界观，是认识世界、改造世界的武器。历史唯物主义认为，社会发展不是什么超自然、超社会的力量推动的，也不是某个"神"推动的，社会生产力决定社会发展，人民群众是推动历史前进的动力。大学生必须坚持科学的世界观和方法论，做一个坚定彻底的唯物主义者。

（四）重视心理健康，提高心理素质

有的大学生在学习、生活、恋爱等方面遇到困难和挫折，或者是身体有某种疾病而陷入苦恼时，为了摆脱精神压力，在心理上投向了"法轮功"等邪教组织，以为找到了灵丹妙药，因而越陷越深。提高心理素质，是抵御一切错误思潮侵蚀的有效措施之一。大学生要注重培养自己良好的心理品质和自尊、自爱、自律、自强的优良品格，增强克服困难、经受考验、承受挫折的能力，要重视心理健康，积极参加集体活动，提高自身的心理素质。

（五）培养健康兴趣，充实课余生活

误入邪教的大学生往往对自己的学习、生活感到迷茫，不知道自己的理想与追求是什么，正是在这样的情况之下，被邪教钻了空子。大学生培养健康的兴趣爱好，投身实践，充实自己的生活，不仅是抵制邪教的有效途径，更有利于身心健康发展。对当代大学生而言，加强社会实践是锻炼自我、拓宽交际面的有效途径，也能有助于通过对外界正确的认识，树立正确的人生观、价值观，从而增强对邪教等不良文化的辨别能力。

当今的邪教组织，宣扬与传播其歪理邪说的方法和途径越来越多，甚至与高新技术结合，无孔不入。大学生日常生活中接触网络等高科技频率较高，更容易成为受害者。这就需要大学生时刻保持头脑清醒，提高自身素质，拒绝低俗网络文化的影响。面对邪教信息时，更要懂得辨别真假，远离邪教侵害。

（六）追求高品位文化生活，做"四有"人才

面对周边纷繁的诱惑与低俗文化的影响，大学生应主动去追求高品位的文化生活，自觉摒弃各种低级的、腐朽的、愚昧的甚至反动的"垃圾文化"，培养主动追求高品位文化生活素质，树立做"四有"人才的目标。

　　远大的理想是人们开拓进取的不竭动力,大学生要找准自己的位置,学习科学的人生理论,树立正确的人生理想,做一个"有理想"的人。只有具备良好的思想道德素质,才能更好地抵御各种腐朽思想的侵蚀。大学生要坚持自我学习、自我教育、自我调控、自我修养,努力提高思想道德素质,做一个"有道德"的人。新时代的大学生要成为适应 21 世纪发展需要的人才,就必须不断地培养自己运用知识解决问题的能力和开拓进取的创新精神,做一个"有文化"的人。大学生要有自我约束、自我管理的意识,在学习和生活中严格要求自己,规范自己的言行,做一个"有纪律"的人。

参考文献

1."法轮功"现象评析[M].北京:社会科学出版社,2001.

2.王清淮,朱玫,等.中国邪教史[M].北京:群众出版社,2007.

3.欺世害人的李洪志及其"法轮功"[M].北京:新星出版社,1999.

4.陈智敏,张翔麟.邪教真相(上、下)[M].北京:当代世界出版社,2001.

思 考 题

1.什么是邪教? 邪教的本质和基本特征是什么?

2.宗教与邪教的本质区别是什么?

3.当前中国主要邪教组织有哪些?

4.邪教对大学生的危害和影响是什么?

5.大学生应该如何抵制邪教?

第十二章 如何理解和执行宗教 信仰自由政策

尊重和保护宗教信仰自由,是我们党和国家对待宗教问题的一项长期政策,是社会主义国家最为基本、最为核心的宗教政策,其最基本的目标在于维护公民宗教信仰的自由权利。中国共产党作为一个主张无神论的执政党,为什么要制定宗教信仰自由政策呢?宗教信仰自由政策的基本内容是什么?大学生应该如何自觉遵守这一政策呢?这是本章所要阐述的主要内容。

第一节 我国坚持宗教信仰自由政策的依据

坚持宗教信仰自由政策,有着坚实的理论基础、群众基础、法律依据、现实依据和国际背景;坚持宗教信仰政策和坚持四项基本原则、坚持无神论是辩证统一的。

一、坚持宗教信仰自由的理论依据

在很长的时期里,我国仍然处在社会主义初级阶段,社会的主要矛盾仍然是落后的社会生产与人民群众日益增长的物质文化需要之间的矛盾。为了解决这一矛盾,我国建立了社会主义市场经济制度并努力地加以完善。在这样的大背景下,人们依然不能摆脱自然力量的束缚和压迫,依然不能摆脱人与人之间事实上的不平等,依然不能准确地预测自然的变化和社会的变迁,依然不能很好地把握自己的前途和命运。换句话说,在社会主义初级阶段,宗教赖以存在的自然根源、社会根源、认识根源和心理根源还将长期存在。因此,宗教信仰、宗教感情，以及同这种信仰和感情相适应的宗教仪式和宗教组织，将作为一部分人的精神需求长期存在。群众中必然有信教者和不信教者的区分，而在信教者当中，又必然有信仰不同宗教的信徒。这种情况，在广大的农村显得更加突出。

宗教信仰的问题在我国属于人民内部的思想认识差异问题。新中国成立以后，经过社会经济政治制度的重大改革，我国宗教的状况已经发生了根本的变化，信教群众与不信教群众之间的矛盾、信仰不同宗教及不同教派的群众之间的矛盾主要是人民内部矛盾。这种矛盾的根源不是经济政治利益的根本对立，而是思想认识上的差异。对于人民内部的思想认识问题，对于精神世界的问题，只能通过摆事实、讲道理的办法来解决，只有通过实践的发展才能最后解决，而这种解决是一个自觉自愿的过程。"我们不能用行政命令去消灭宗教，不能强制人们不信教。不能强制人们放弃唯心主义，也不能强制人们相信马克思主义。"①如果在思想上片面急躁，方法上简单粗暴，认为可以依靠行政手段或其他强制手段来任意地解决，不但不会生效，而且会非常有害。

根据实践唯物主义的基本立场和一切从实际出发、实事求是的根本原则，我们必须尊重宗教发生、发展和消亡的客观规律，必须尊重宗教在社会主义初级阶段以至整个社会主义时期长期存在的客观事实，必须尊重信教者与不信教者将长期共存的客观事实，在此基础上制定和执行正确的政策，也就是宗教信仰自由政策。由此可见，宗教信仰自由政策是整个社会主义时期宗教现实的正确反映，它绝不是一项权宜之计，而是一项只要宗教还存在就会执行的长期政策。

二、坚持宗教信仰自由政策的群众基础

在我国，信仰宗教的公民和不信仰宗教的公民在政治上、经济上的根本利益是一致的，这种一致是主要的，而他们在思想信仰上的差异是次要的。这体现在中国的各种宗教都拥护共产党的领导，拥护社会主义制度，都在同广大的不信仰宗教的公民一起努力建设中国特色的社会主义，努力实现中华民族的伟大复兴。

建设富强、民主、文明、和谐的国家，实现中华民族的伟大复兴，这既是广大不信仰宗教的群众的根本愿望，也是信仰宗教的群众的根本愿望。它和佛教的

---

① 毛泽东选集：第五卷[M].北京：人民出版社，1977：368.

"庄严国土、利乐有情"，基督教的"荣神益人"，道教的"慈爱和同、济世度人"，伊斯兰教的"两世吉庆"具有同样的情怀和追求。正因为如此，长期以来，我国的各宗教发扬爱国爱教的优良传统，积极倡导服务社会，造福人民，各民族的信教群众努力投身于中国特色社会主义的经济、政治、文化和社会事业。他们为维护国家安定团结的政治局面，为推动社会主义的物质文明、政治文明、精神文明和生态文明建设，做出了很大的贡献。各种宗教当中都涌现出了一大批先进人物和先进典型，受到了各级政府的表彰。

既然信仰宗教的公民和不信仰宗教的公民根本利益是一致的，那么，不信仰宗教的公民和信仰宗教的公民之间就应该求同存异，在追求共同目标的过程中相互尊重。正是根据这样的道理，中国共产党提出了处理与宗教界人士关系的基本原则："政治上团结合作，信仰上相互尊重。"只有坚持这一原则，才能结成广大不信仰宗教的民众和信仰宗教的民众的爱国统一战线，共同致力于建设中国特色社会主义，实现中华民族的伟大复兴。为了实现这样的目标，需要两个方面的努力。一方面，从党和政府来说，坚持尊重和保护公民的宗教信仰自由权利，保护正常的宗教活动，保护宗教界合法权益这样一些长期不变的基本政策；另一方面，从宗教界来说，要拥护党的领导，拥护社会主义，坚持在法律政策规定的范围内活动。有了这样两个方面的共同配合，信教民众和不信教民众的爱国统一战线就可以不断巩固和扩大。

总之，在我国的社会主义社会，信仰宗教的民众和不信仰宗教的民众的根本利益一致是主要的方面，而思想信仰上的不一致是次要的方面，只有求同存异，才能结成广泛的爱国统一战线，去实现双方的共同目标。这种共同的利益和要求，是我们坚持宗教信仰自由政策的群众基础。

三、坚持宗教信仰自由的法律依据

没有民主，就没有社会主义。建设高度的社会主义民主，是我国社会主义现代化建设的一个重要目标和根本任务。社会主义民主的领域十分广泛，涉及政治生活、经济生活、文化生活和社会生活的各个方面。公民享有宗教信仰自由，这是宪法赋予我国公民的一项重要的民主权利。

一切为了群众，全心全意为人民服务，这是中国共产党的根本宗旨。这就要求我们，一方面要努力为人民群众办好事、办实事，给人民群众看得见、摸得着的物质利益，另一方面还要切实维护和保障人民群众的基本权利。宗教信仰自由涉及全体公民的基本权利，是一个群众问题，因此，能否充分保障人民群众的宗教信仰自由权利,将会直接影响到党的群众路线的贯彻执行,对于中国特色社会主义事业具有极其重要而广泛的影响。因此,不论是信仰宗教的自由,还是不信仰宗教的自由,都必须得到充分保障。

我国宪法和一些重要的法律都有关于宗教信仰自由的条文,这是公民行使宗教信仰自由权利的重要保障。但是,宗教信仰自由政策要真正落到实处,公民宗教信仰自由的权利要真正落到实处,需要政府和民众的极大努力。一方面,党和政府要对党员和干部进行宗教政策和有关法律规章的宣传教育,使他们充分认识到宗教问题的群众性、宗教信仰自由政策的长期性和正确处理宗教问题的重要性,从而在实际工作中自觉地执行相关法规。另一方面,要坚决纠正一切侵犯公民信仰自由权利的现象,使所有信仰宗教的公民和不信仰宗教的公民感到党和政府的宗教信仰自由政策是真正落到实处的,而不只是一种口头的许诺。

四、坚持宗教信仰自由政策的现实依据

中共中央在 1982 年印发的 19 号文件《关于我国社会主义时期宗教问题的基本观点和基本政策》中指出:"使全体信教和不信教的群众联合起来,把他们的意志和力量集中到建设现代化的社会主义强国这个共同目标上来,这是我们贯彻执行宗教信仰自由政策,处理一切宗教问题的根本出发点和落脚点。"

党和政府的各项具体工作都是服务于中心工作的,党和政府的各项具体政策都是从属于党的总路线、总政策,都是为实现党的总任务、总目标服务的,宗教工作和宗教政策也不例外。我们党和国家今后一个时期的根本目标就是建设中国特色社会主义,实现中国梦,而长远目标则是实现人的自由全面发展,建立自由人的联合体。无论是为了实现需要几十代人为之努力的目标,还是为了完成最终的目标,都需要信仰宗教的民众和不信仰宗教的民众共同努力。因此,党和政府必须全面、正确地执行宗教信仰自由政策,只有这样,才能调动一切积极因素,把所有信教和不信教的人们的意志和力量,都集中到建设中国特色社会主义的伟大事业上来,集中到中国特色社会主义的经济、政治、文化、社会和生态建设的各项事业中来。由此可见,建设中国特色社会主义事业的内在要求是坚持宗教信仰自由政策的现实依据,而坚持宗教信仰自由政策,是宗教工作服务于党和政府的中心工作的集中体现。

五、坚持宗教信仰自由政策的国际背景

长期以来,宗教都是在全世界普遍存在的文化现象,世界人口的 80％ 以上都是宗教徒,虽然他们信仰的宗教各不相同。如前所述,基督教、佛教和伊斯兰教是世界性的宗教,它们在许多国家拥有数亿甚至十几亿的教徒。除此以外,还有各种各样的地区性宗教、民族性宗教也拥有大量的教徒。可以预见,在长远的将来,宗教仍然是一种世界性的文化现象,而全世界的大多数人口也依然是各种宗教的信徒。这是一种现实,是我们必须面对的现实。

这一现实表明,坚持宗教信仰自由政策不仅是对中国公民的民主权利的尊重,也是对全世界人民思想和情感的尊重。有了这种尊重,我们的事业才能赢得全世界人民的理解和支持,中国的发展才能获得一种和平友好的环境。在经济日益全球化的当代,中国不可能关起门来搞建设,必须实行全方位、多层次的对外开放。在这样的大背景下面,营造和平友好的国际环境,赢得全世界人民的理解和支持,对于中国特色社会主义伟大事业的成功显得更加重要,而坚持宗教信仰自由政策的意义也变得更加深远。

目前的世界依然是资本主义制度占优势的世界,世界上的发达国家都是资本主义国家。这些发达的资本主义国家中的绝大多数如今的日子都不太好过。与此形成鲜明对比的是,改革开放以来,社会主义的中国迅速发展,GDP 的总量已经在 2011 年上升到全球第二位。制度之争加上国力之争,使得发达资本主义国家焦躁不安。在这种情况下,它们必然想方设法阻挠中国特色社会主义事业。在经济的、政治的、军事的手段日益萎缩、日益难以奏效的情况下,它们必然会更多地运用文化的手段。

从文化的角度看,中国与西方发达国家相比,除了基本的意识形态、核心价值的差异之外,一个很重要的不同就是马克思主义主张无神论,而中国人口的大部分不是宗教徒。西方发达国家必然会利用这种差异。他们会借口这种差异把中国说成一个没有宗教信仰自由的国家,并借此把中国放在世界各国的对立面,把中国描绘成一个另类国家。他们会利用这种差异以及"文革"期间宗教政策的偏离攻击中国政府侵犯公民的基本人权。当然他们也会千方百计地利用传教来推广他们的价值观和政治、经济和文化制度。

因此,我们必须向全世界宣告,虽然共产党人是无神论者,虽然中国的大多数人不是宗教徒,但是宗教信仰自由是我们的长期政策,只有这样我们才能树立保持中国的良好形象,打破西方发达国家制造的谎言。我们必须坚定不移地

贯彻落实宗教信仰自由政策,保护宗教信仰者的合法权益,保护正当的宗教活动,只有这样我们才能以不容置疑的事实驳斥西方国家对我们的指责。我们必须全面准确地执行宗教信仰自由政策,坚持宗教与国家、宗教与教育的分离,保护不信仰宗教的公民的合法权益,防止任何人用任何手段强迫别人信教,只有这样,才能抵制西方发达国家利用宗教进行的渗透活动。

总之,宗教是一种世界性的文化现象,全世界的大部分人都是宗教徒,而西方资本主义国家为了阻挠中国特色的社会主义事业,一定会利用中国和其他国家在宗教问题上的差异妖魔化中国、指责中国,阻挠中国的发展。因此,坚持宗教信仰自由政策对于树立和保持中国良好的文化形象、营造良好的国际和平环境,具有重要的现实意义。

六、宗教信仰自由与四项基本原则、无神论的辩证统一

首先,坚持四项基本原则并不要求教徒放弃他们的宗教信仰,只是要求他们不得进行反对四项基本原则的宣传,不得干预政治、不得干预教育。因此,坚持宗教信仰自由政策同坚持四项基本原则是完全可以统一起来的,一方面,国家坚持宗教信仰自由政策,保护宗教组织和教徒的合法权益;另一方面,信教群众在保持自己宗教信仰的同时,积极为社会主义建设、祖国统一和世界和平服务。

其次,坚持无神论和坚持宗教信仰自由政策也是可以统一起来的。坚持无神论是坚持唯物论的必然结果。马克思主义的唯物论认为,世界是具有客观实在性的物质统一体,是自我存在和自我运动的,因此,所谓创造和支配世界运动的神灵是不存在的。坚持宗教信仰自由政策也是坚持唯物论的必然结果。马克思主义的唯物论要求必须坚持一切从实际出发、实事求是的原则。宗教的产生、发展和消亡有其自身确定不移的规律,是不以人的主观意志为转移的,在整个社会主义时期,宗教都会存在,信教群众和不信教群众长期共存,这是一种客观事实,而思想信仰自由是公民的一项基本权利,是不能剥夺的,宗教问题是不能用简单粗暴的方式来解决的,因此,只要宗教存在一天,就必须坚持宗教信仰自由政策。由此可见,虽然坚持无神论和坚持宗教信仰自由表面上大相径庭,但是它们却有着共同的理论前提,那就是唯物主义的基本原则。

第二节　宗教信仰自由政策的含义

《宪法》第 36 条规定:"中华人民共和国公民有宗教信仰自由。任何国家机关、社会团体和个人不得强制公民信仰宗教或不信仰宗教,不得歧视信仰宗教的公民或不信仰宗教的公民。国家保护正常的宗教活动。任何人不得利用宗教进行破坏社会秩序、损害公民身体健康、妨碍国家教育制度的活动。宗教团体和宗教事务不受外国势力的支配。"我国宗教信仰自由政策的基本内容主要有:

一、公民有信仰宗教和不信仰宗教的自由

每个公民既有信仰宗教的自由,也有不信仰宗教的自由;有信仰这种宗教的自由,也有信仰那种宗教的自由;在同一宗教里面,有信仰这个教派的自由,也有信仰那个教派的自由;有过去不信教而现在信的自由,也有过去信教而现在不信教的自由。其中,既尊重和保护信教的自由,也保护不信教的自由,是最基本的内容。依据我国《宪法》,信教的公民与不信教的公民享有同等的权利和义务,任何国家机关、社会团体和个人不得限制公民信仰宗教或者不信仰宗教,不得歧视信仰宗教的公民和不信宗教的公民。在强调保障人们信教自由的同时,也就强调保障人们有不信仰宗教的自由。这就是说,任何强迫不信教的人信教的行为,如同强迫信教的人不信教一样,都是侵犯别人的信仰自由。在我国,从总体上来讲,信仰宗教的人是少数,大多数人不信仰宗教。但是,具体到不同的地区、不同的民族中,情况又各不相同。在汉族地区,有多种宗教并存,真正信仰一种宗教的人在整个汉族人口所占比例不大。在少数民族地区,由于历史的原因,许多少数民族几乎全民信仰某种宗教,宗教影响深入这些民族生活的各个方面。因此,在多数群众不信教的地方,要特别注意尊重和保护少数信教群众的权利。在多数群众信教的地方,要特别注意尊重和保护少数不信教群众的权利。要在社会上造成一种讲团结的风气,信教的和不信教的群众之间要相互尊重,和睦相处。

二、宗教必须在宪法、法律和政策范围内活动

公民在行使宗教信仰自由的权利的同时,有遵守宪法和法律的义务。任何

国家机关、社会团体和个人不得损害宗教界的合法权益,干预正常的宗教活动;任何人也不能利用宗教破坏社会秩序、损害公民身体健康,更不允许利用宗教进行反对党的领导和社会主义制度,破坏国家统一和民族团结。

三、各宗教一律平等

我国的佛教、道教、伊斯兰教、天主教和基督教不论信众多寡、影响大小,在法律面前一律平等,没有占统治地位的宗教。政府对这些宗教一视同仁,不加歧视。

四、宗教与国家政权分离

按照这个原则,任何人都不得利用宗教干预国家的行政;不得利用宗教干预司法、学校教育和社会公共教育;不得利用宗教干预婚姻、计划生育;等等。国家政权也不能用来推行或禁止某种宗教。

五、国家保护一切在宪法、法律和政策范围内的正常的宗教活动

确定公民有宗教信仰自由的权利,也就包括承认各教依法成立的宗教组织及其正常的宗教活动,承认经政府批准登记的宗教活动场所。各宗教团体自主地办理各自的教务,并根据需要开办宗教院校印发宗教经典,出版宗教刊物,举办各种公益服务事业。在登记的宗教活动场所内和按宗教习惯在教徒自己家里进行的正常宗教活动,受到国家法律保护,任何人不得干涉。国家保护宗教团体的合法权益,保护宗教教职人员履行正常教务的权利。

六、有神论者和无神论者要相互尊重

任何人都不得到宗教活动场所进行无神论的宣传,或者在信教群众中展开有神还是无神的辩论;任何宗教组织和教徒也不应在宗教活动场所外布道、传教、宣传有神论、散发宗教传单和其他未经政府主管部门出版发行的宗教书刊。

七、宗教团体和宗教事务不受外国势力的支配

中国的宗教事务由中国人自己来办,不受外国势力的干涉和控制,是中国各宗教共同遵循的一个原则。几十年来,中国宗教的这一原则立场,越来越得

到世界上其他国家宗教组织和人士的理解和尊重。中国的宗教团体在坚持独立自主自办的方针下,实行自养、自治、自传。独立自主自办的方针并不排斥在相互尊重、平等友好的基础上与各国宗教组织或宗教人士进行交往。对出于宗教感情的外来援助、捐赠等只要不附带干涉我国内部事务包括宗教事务的条件,宗教组织可以接受。

除了《宪法》对宗教信仰自由的规定外,到目前为止,我国有 30 多件法律、法规在条文中明确规定保护公民的宗教信仰自由。这些关于宗教信仰自由的条款,散见在《中华人民共和国刑法》、《中华人民共和国民法通则》、《中华人民共和国民族区域自治法》、《中华人民共和国全国人民代表大会和地方各级人民代表大会选举法》、《中华人民共和国境内外国人宗教活动管理规定》、《宗教事务条例》等法律和法规之中。

第三节　自觉遵守宗教信仰自由政策

上述法律条文为宗教信仰自由政策的落实提供了法律保障,使公民的宗教信仰自由权的行使有了法律保护。但是,无论是不信教的人,还是信教的人,在行使这项权利时,都必须注意将自己的行为限制在法律许可的范围之内。

一、国家和不信教公民必须尊重信教公民的宗教信仰自由权利

对于不信教的大学生来说,在用法律来保证自己不信教自由的权利的同时,必须尊重信教公民的宗教信仰自由权利。这就要求不信教的大学生做到以下几个方面。

(一)尊重信教公民的宗教信仰

《宪法》第 36 条规定:"中华人民共和国公民有宗教信仰自由。任何国家机关、社会团体和个人不得强制公民信仰宗教或者不信仰宗教,不得歧视信仰宗教的公民和不信仰宗教的公民。"是否信仰宗教,完全是个人的私事,可以自由选择,任何组织、任何人都不应该干涉。因此,不信教的大学生应该尊重信教大学生,和他们平等相待,不排斥、不歧视,团结互助,和平共处。共同营造和谐的校园,共同谱写美好的校园生活。

(二)尊重信教公民的宗教活动

宗教活动是人们举行宗教仪式和参加宗教团体的行为,是内心信仰的外部

表达,是信仰宗教的公民表达他们宗教信仰或进行修行的方式。各个宗教在长期的发展过程中,都形成了各自的一整套宗教仪式,每个教徒都会在规定的时间从事一定的宗教行为。宗教活动是信教者宗教生活的重要组成部分,比如烧香、拜佛、讲经、诵经、礼拜、祈祷、受洗、受戒、过节、庆典等。这些宗教活动对于不信教的人而言,未免会有诸多的不解,甚至会觉得荒唐和无意义,但对于教徒而言,他们需要通过宗教活动来表达其内心深处的宗教意识,升华其宗教情感。这些活动只要不违反法律、法规、不违背公序良俗,信教公民无论采取哪一种形式,无论在什么地方举行仪式,都值得其他公民的尊重。宗教活动是一种社会行为,和其他各种社会活动一样需要有秩序地进行。我国《宪法》、《自治法》、《宗教事务条例》等法律法规都明确规定,国家保护正常的宗教活动。因此,不信教的大学生对于信教大学生的宗教活动,要给予理解,不能干涉。

(三)尊重信教公民的基本权利

我国《宪法》第 33 条规定:凡具有中华人民共和国国籍的人都是中华人民共和国公民。中华人民共和国公民在法律面前一律平等。国家尊重和保障人权。任何公民享有宪法和法律规定的权利,同时必须履行宪法和法律规定的义务。该条明确地规定了我国公民不分信教与不信教以及宗教信仰的差别,都平等地享有我国宪法和法律规定的权利。根据我国《宪法》的规定,我国公民不分宗教信仰的差异,平等地享有选举权和被选举权,政治自由的权利,人身自由不受侵犯的权利,人格尊严不受侵犯的权利,住宅不受侵犯的权利,通信自由和通信秘密受保护的权利,劳动权、受教育权,文化活动权,获得物质帮助权等。所有的这些权利都是法律赋予并受法律保护,任何人都不得侵犯。

(四)尊重宗教习俗

我国《宪法》规定不得歧视信仰宗教的公民和不信仰宗教的公民。也就是说,国家尊重各个宗教的习俗。我国宗教有佛教、道教、伊斯兰教、天主教、基督教等多种宗教,另外还有一部分少数民族信仰本民族的民间信仰。而每个宗教又都有自己的禁忌、礼仪,像烧香、拜佛、讲经、诵经、讲道、礼拜、祈祷、受洗、受戒、过节、封斋、过宗教节日、追思等。国家尊重每个宗教自己的习俗。不信教的大学生对于信教大学生所恪守的宗教习俗必须给予尊重。

(五)尊重外国人的宗教信仰

根据我国《中华人民共和国境内外国人宗教活动管理规定实施细则》的精神,我国尊重在华外国人的宗教信仰自由,这种自由主要有,信仰宗教自由,参加宗教活动自由,依法进行宗教文化学术交流的自由,依法携带用于宗教文化学术交流的宗教用品自由等。如《中华人民共和国境内外国人宗教活动管理规定实施细则》第 4 条规定:中华人民共和国尊重在中国境内的外国人的宗教信仰自由,依法保护和管理中国境内外国人的宗教活动,中华人民共和国保护境内外国人在宗教方面同中国宗教界进行的友好往来和文化学术交流。第 5 条规定:外国人在中国境内可以根据自己的宗教信仰在依法登记的寺院、宫观、清真寺、教堂参加宗教活动。第 6 条规定:以宗教教职人员身份来访的外国人,经省、自治区、直辖市以上宗教社会团体的邀请,可以在依法登记的宗教活动场所讲经讲道。以其他身份入境的外国宗教教职人员,经省、自治区、直辖市以上的宗教社会团体邀请,可以在依法登记的宗教活动场所讲经、讲道。

现在的大学校园里,经常会见到外国留学生,这些留学生当中,会有一部分有宗教信仰。大学生对于这些外国人士的宗教信仰必须予以尊重。

二、信教的公民必须遵守国家法律、维护公共利益和秩序

对于信仰宗教的公民而言,行使宗教信仰自由的权利必须以遵守法律为前提。宗教信仰自由作为公民的一种权利,也有其相对应的义务,即在享受权利的同时也必须履行相应的义务。对此,宪法、法律、法规做了原则性规定,如《宪法》第 51 条规定:中华人民共和国公民在行使自由和权利的时候,不得损害国家的、社会的、集体的利益和其他公民的合法的自由和权利。《民族区域自治法》第 1 条规定:任何人不得利用宗教进行破坏社会秩序、损害公民身体健康、妨碍国家教育制度的活动。《宗教事务条例》则做了更加详细的一系列规定,如:宗教团体、宗教活动场所和信教公民不得破坏社会秩序、损害公民身体健康、妨碍国家教育制度以及其他损害国家利益、社会公共利益和公民合法权益的活动;宗教团体出版宗教出版物的规定;信教公民的集体宗教活动的规定;筹备设立宗教活动场所的规定;设立宗教活动场所的规定;宗教活动管理组织设立的规定;对宗教活动场所的管理的规定;大型宗教活动需要申请、批准;宗教教职人员技能宗教团体认定;宗教团体、宗教活动场所所有的房屋和使用的土地等财产的规定,等等。这些自由度的限定和义务的设立,并不是为了限制公民的宗教信仰自由的权利的行使,而是为了更好地保障公民的宗教信仰自由权利的实现。

信教公民,包括信教大学生,在行使宗教信仰自由权利的时候必须注意以下几方面。

（一）宗教信仰自由权利的行使不能违反法律

宗教信仰自由权利的行使不能违反法律,是当今世界绝大多数国家立宪的重要原则。法律具有至高无上的地位,法律不承认宗教的特殊性,对公民的约束不论其信教与否,具有等同效力。不仅在世俗国家如此,就是在宗教至上的国家也如此。佛教是斯里兰卡的国教,斯里兰卡宪法赋予佛教很高的地位,但同时也规定,各项基本权利的行使都应遵守根据国家安全、公共秩序和维护公共卫生、公共道德的需要,或为他人的权利和自由得到应有的承认和尊重,或为适应民主社会普遍福利的合理要求而以法律规定的限制。荷兰宪法规定,每个人都有单独或与他人一起自由表达自己的宗教信仰的权利,但不得违反法律规定的个人责任。印度宪法规定:宗教自由权不得影响任何现行法律之施行,或妨碍国家制定任何法律。

（二）宗教活动不能损害国家安全和社会公共利益

国家安全是指与国家的兴衰存亡、国土的安全、发展战略乃至政治社会稳定等有关的利益,如政治、经济和军事计划,民族感情,对外关系,法律的实施等。公共利益是指关系群众共享的利益,如环境、公共设施、交通等。国家安全和社会公共利益关系到国家的生死存亡和人民大众的幸福安康,不容任何人加以破坏。因此,许多国家宪法在规定宗教信仰自由时,在这方面都有限制性规定。如阿富汗宪法规定:任何阿富汗公民无权利用宗教进行反民族的宣传、敌视或从事其他违背阿富汗民主共和国利益的活动。希腊是个信奉东正教的国家,在宪法中赋予东正教很高的政治地位,但在宪法中规定:一切被承认的宗教的教士必须和主要宗教的教士一样地遵守国家的同一规定,履行同样的义务。任何人均不得以其宗教信仰为理由,拒绝履行对国家的义务。

（三）宗教信仰自由不能违反公共秩序和公共道德

公共秩序是人们在日常生活中由法律、纪律以及社会习惯等构成的必须共同遵守的秩序,包括公共场所的活动秩序、交通秩序、社会管理秩序、工作秩序、教育秩序、居民生活秩序等。公共道德是指为了维护社会的正常秩序,公民必须遵从的社会生活的一般准则。这些都属于人们行为规范的一部分。遵守公共秩序、社会公德对保证社会稳定有着很重要的积极意义。无论是国际公约还是各国宪法,在这个问题上的限制性规定基本上是一致的。如阿拉伯联合酋长国宪法规定伊斯兰教是联邦的正式宗教,但如不违反公共秩序与公共道德,根据常规举行宗教仪式的自由受到保护。换句话说,如果宗教仪式违反公共秩序和公共道德,则不予保护。巴基斯坦宪法规定:伊斯兰教是巴基斯坦国教,要求穆斯林能依照《古兰经》和《圣训》所规定的伊斯兰教教义和要求,在个人和集体领域内安排其生活。与此同时,巴基斯坦宪法也规定:不得要求在任何教育机构学校的人接受不是他所信奉的宗教教育。

(四)宗教信仰自由不能侵害他人的基本权利和自由

这也是国际人权公约和各国立宪的重要原则。《世界人权宣言》规定:人人在行使他的权利和自由时,只受法律所确定的限制,确定此种限制的唯一目的在于保证对旁人的权利和自由给予应有的承认和尊重,并在一个民主的社会中适应道德、公共秩序和普遍福利的正当需要。

近年来,有些信仰宗教的家长经常向自己的孩子灌输宗教思想,带孩子参加宗教活动;一些宗教组织开办各种培训班,向中小学生灌输宗教思想;更有一些非法组织利用宗教引诱中小学生。这种做法侵害了青少年的基本权利和自由。1982年中央下发的《关于我国社会主义时期宗教问题的基本观点和基本政策》明确规定:"绝不允许宗教干预国家行政、干预司法、干预学校教育和社会共同教育,绝不允许强迫任何人特别是十八岁以下少年儿童入教、出家和到寺庙学经。"根据宪法规定,强迫不信教的人信教,如同强迫信教的人不信教一样,都是侵犯别人的宗教信仰自由权利,因而都是极端错误和绝对不容许的。青少年是未成年的公民,其不信教的权利应该受到保护,因此不要强迫他们信教,也不要让他们去参加宗教活动。因此,信教的家长不要把孩子带到宗教活动场所去参加宗教活动,不要强迫他们信教,更不能因此而影响他们接受国家义务教育和社会教育;各宗教团体和组织要严禁举办各种形式的少儿宗教培训班;对那些利用宗教引诱或拉拢青少年学生,严重妨碍学校教育和损害青少年身心健康的非法组织,政府要坚决打击。

从世界其他国家的司法实践看,宗教信仰自由也基本体现了个人信仰绝对自由与宗教活动相对自由的精神。比如,美国在多年的裁决中,最高法院逐步确立了宪法第一修正案涉及宗教的两个分句的解释原则:即立法的世俗性(意图)、不偏不倚性(效果)。同时又做出了两项重要的裁决原则:第一,任何宗教行为都不得违反公共法律,但专门针对宗教、教派或教会的法律将是违宪的;第二,政府有权对宗教实践进行限制,只要这种限制是中立的,是对所有人都有效的,而不是专门针对宗教实践的。也就是说,法律不承认宗教的特殊性。因此,摩门教的一夫多妻制因同联邦法律冲突而被取缔;印第安人在宗教仪式中使用具有致幻作用的草药与联邦的禁毒法律相冲突而被禁止。

我国《宪法》区分了宗教行为自由和信仰自由。我国《宪法》对宗教信仰自由的法律保护在术语上选择了"宗教信仰自由"的表述方式,宪法对宗教活动自由和信仰自由的宪法保护有所区分。如《宪法》第 36 条第 2 款规定"任何国家机关、社会团体和个人不得强制公民信仰宗教或者不信仰宗教,不得歧视信仰宗教的公民和不信仰宗教的公民",其实质是对公民信仰自由的规定。公民在宗教信仰方面的自由是绝对的,任何机关、团体和个人都不得干涉。而第 36 条第 3 款则规定了公民在宗教行为方面的自由。该款规定:国家保护正常的宗教活动,因而公民进行宗教活动的自由是有限的。破坏社会秩序、损害公民身体健康和妨碍国家教育制度的宗教行为将受到法律的限制和制裁,同时,宗教活动也不得违反《宪法》第 51 条对公民行使宪法权利的总体限制,即公民在进行宗教活动的时候,不得损害国家的、社会的、集体的利益和其他公民的合法的自由和权利。

总之,没有无义务的权利,也没有无权利的义务。在社会主义制度下,每个公民所享受的信仰自由的权利,是与其所应尽的相关义务密切联系在一起的。国家的宗教法规必然要指导每个公民在享受信仰自由或行使这一权利的同时尽好相应的义务。宗教信仰自由就是权利与义务的统一。一方面信仰或不信仰宗教是公民的基本权利,任何人不得干涉,另一方面宗教活动必须在宪法和法律范围内进行。服从法律是宗教活动者必须履行的义务。

参考文献

1.王作安.宗教信仰自由在中国[J].中国宗教,2009(3).

2.赵川东.依法确保公民宗教信仰自由[J].人权,2006(3).

3.杜量.浅析我国宗教信仰自由的法律限制[J].湘潮(下半月)(理论),2008(7).

4.王作安.中国的宗教信仰自由政策[J].中国宗教,2003(11).

5.李瑞环.我们实行宗教信仰自由政策是真诚的[J].中国宗教,2005(10).

6.沈桂萍.宗教信仰自由是权利与义务的统一[J].湖北民族学院学报(哲学社会科学版),2005(6).

7.牛玉萍.如何对大学生进行宗教信仰自由教育[J].辽宁商务职业学院学报(社会科学版),2004(2).

8.郑思同.党的宗教信仰自由政策的基本内容有哪些[J].中国统一战线，2004(11).

9.马岭.论我国公民宗教信仰自由的法律限制[J].法律科学：西北政法学院学报,1999(2).

10.刘书祥.正确认识宗教信仰自由的内涵[J].瞭望新闻周刊,1999(25).

11.叶小文.我们为什么主张宗教信仰自由[J].中国宗教,1999(1).

12.王作安.中国的宗教信仰自由得到尊重与保护[J].世界宗教文化,1998(2).

思 考 题

1.我国为什么要坚持宗教信仰自由政策？

2.如何理解我国的宗教信仰自由政策？

3.不信教公民和信教公民应该如何自觉遵守宗教信仰自由政策？

附录：

《宗教事务条例》

中华人民共和国国务院令第686号

（2004年11月30日中华人民共和国国务院令第426号公布 2017年6月14日国务院第176次常务会议修订通过）

第一章 总 则

第一条 为了保障公民宗教信仰自由，维护宗教和睦与社会和谐，规范宗教事务管理，提高宗教工作法治化水平，根据宪法和有关法律，制定本条例。

第二条 公民有宗教信仰自由。

任何组织或者个人不得强制公民信仰宗教或者不信仰宗教，不得歧视信仰宗教的公民（以下称信教公民）或者不信仰宗教的公民（以下称不信教公民）。

信教公民和不信教公民、信仰不同宗教的公民应当相互尊重、和睦相处。

第三条 宗教事务管理坚持保护合法、制止非法、遏制极端、抵御渗透、打击犯罪的原则。

第四条 国家依法保护正常的宗教活动，积极引导宗教与社会主义社会相适应，维护宗教团体、宗教院校、宗教活动场所和信教公民的合法权益。

宗教团体、宗教院校、宗教活动场所和信教公民应当遵守宪法、法律、法规和规章，践行社会主义核心价值观，维护国家统一、民族团结、宗教和睦与社会稳定。

任何组织或者个人不得利用宗教进行危害国家安全、破坏社会秩序、损害公民身体健康、妨碍国家教育制度，以及其他损害国家利益、社会公共利益和公民合法权益等违法活动。

任何组织或者个人不得在不同宗教之间、同一宗教内部以及信教公民与不信教公民之间制造矛盾与冲突，不得宣扬、支持、资助宗教极端主义，不得利用宗教破坏民族团结、分裂国家和进行恐怖活动。

第五条　各宗教坚持独立自主自办的原则，宗教团体、宗教院校、宗教活动场所和宗教事务不受外国势力的支配。

宗教团体、宗教院校、宗教活动场所、宗教教职人员在相互尊重、平等、友好的基础上开展对外交往；其他组织或者个人在对外经济、文化等合作、交流活动中不得接受附加的宗教条件。

第六条　各级人民政府应当加强宗教工作，建立健全宗教工作机制，保障工作力量和必要的工作条件。

县级以上人民政府宗教事务部门依法对涉及国家利益和社会公共利益的宗教事务进行行政管理，县级以上人民政府其他有关部门在各自职责范围内依法负责有关的行政管理工作。

乡级人民政府应当做好本行政区域的宗教事务管理工作。村民委员会、居民委员会应当依法协助人民政府管理宗教事务。

各级人民政府应当听取宗教团体、宗教院校、宗教活动场所和信教公民的意见，协调宗教事务管理工作，为宗教团体、宗教院校和宗教活动场所提供公共服务。

第二章　宗教团体

第七条　宗教团体的成立、变更和注销，应当依照国家社会团体管理的有关规定办理登记。

宗教团体章程应当符合国家社会团体管理的有关规定。

宗教团体按照章程开展活动，受法律保护。

第八条　宗教团体具有下列职能：

（一）协助人民政府贯彻落实法律、法规、规章和政策，维护信教公民的合法权益；

（二）指导宗教教务，制定规章制度并督促落实；

（三）从事宗教文化研究，阐释宗教教义教规，开展宗教思想建设；

（四）开展宗教教育培训，培养宗教教职人员，认定、管理宗教教职人员；

（五）法律、法规、规章和宗教团体章程规定的其他职能。

第九条　全国性宗教团体和省、自治区、直辖市宗教团体可以根据本宗教的需要按照规定选派和接收宗教留学人员，其他任何组织或者个人不得选派和接收宗教留学人员。

第十条　宗教院校、宗教活动场所和宗教教职人员应当遵守宗教团体制定的规章制度。

第三章　宗教院校

第十一条　宗教院校由全国性宗教团体或者省、自治区、直辖市宗教团体设立。其他任何组织或者个人不得设立宗教院校。

第十二条　设立宗教院校，应当由全国性宗教团体向国务院宗教事务部门提出申请，或者由省、自治区、直辖市宗教团体向拟设立的宗教院校所在地的省、自治区、直辖市人民政府宗教事务部门提出申请。省、自治区、直辖市人民政府宗教事务部门应当自收到申请之日起 30 日内提出意见，报国务院宗教事务部门审批。

国务院宗教事务部门应当自收到全国性宗教团体的申请或者省、自治区、直辖市人民政府宗教事务部门报送的材料之日起 60 日内，作出批准或者不予批准的决定。

第十三条　设立宗教院校，应当具备下列条件：

（一）有明确的培养目标、办学章程和课程设置计划；

（二）有符合培养条件的生源；

（三）有必要的办学资金和稳定的经费来源；

（四）有教学任务和办学规模所必需的教学场所、设施设备；

（五）有专职的院校负责人、合格的专职教师和内部管理组织；

（六）布局合理。

第十四条　经批准设立的宗教院校，可以按照有关规定申请法人登记。

第十五条　宗教院校变更校址、校名、隶属关系、培养目标、学制、办学规模等以及合并、分设和终止，应当按照本条例第十二条规定的程序办理。

第十六条　宗教院校实行特定的教师资格认定、职称评审聘任和学生学位授予制度，具体办法由国务院宗教事务部门另行制定。

第十七条　宗教院校聘用外籍专业人员，应当经国务院宗教事务部门同意后，到所在地外国人工作管理部门办理相关手续。

第十八条　宗教团体和寺院、宫观、清真寺、教堂（以下称寺观教堂）开展培养宗教教职人员、学习时间在 3 个月以上的宗教教育培训，应当报设区的市级以上地方人民政府宗教事务部门审批。

第四章　宗教活动场所

第十九条　宗教活动场所包括寺观教堂和其他固定宗教活动处所。

寺观教堂和其他固定宗教活动处所的区分标准由省、自治区、直辖市人民政府宗教事务部门制定，报国务院宗教事务部门备案。

第二十条　设立宗教活动场所，应当具备下列条件：

（一）设立宗旨不违背本条例第四条、第五条的规定；

（二）当地信教公民有经常进行集体宗教活动的需要；

（三）有拟主持宗教活动的宗教教职人员或者符合本宗教规定的其他人员；

（四）有必要的资金，资金来源渠道合法；

（五）布局合理，符合城乡规划要求，不妨碍周围单位和居民的正常生产、生活。

第二十一条　筹备设立宗教活动场所，由宗教团体向拟设立的宗教活动场所所在地的县级人民政府宗教事务部门提出申请。县级人民政府宗教事务部门应当自收到申请之日起 30 日内提出审核意见，报设区的市级人民政府宗教事务部门。

设区的市级人民政府宗教事务部门应当自收到县级人民政府宗教事务部门报送的材料之日起 30 日内，对申请设立其他固定宗教活动处所的，作出批准或者不予批准的决定；对申请设立寺观教堂的，提出审核意见，报省、自治区、直辖市人民政府宗教事务部门审批。

省、自治区、直辖市人民政府宗教事务部门应当自收到设区的市级人民政府宗教事务部门报送的材料之日起 30 日内，作出批准或者不予批准的决定。

宗教活动场所的设立申请获批准后，方可办理该宗教活动场所的筹建事项。

第二十二条　宗教活动场所经批准筹备并建设完工后，应当向所在地的县级人民政府宗教事务部门申请登记。县级人民政府宗教事务部门应当自收到申请之日起 30 日内对该宗教活动场所的管理组织、规章制度建设等情况进行审核，对符合条件的予以登记，发给《宗教活动场所登记证》。

第二十三条　宗教活动场所符合法人条件的，经所在地宗教团体同意，并报县级人民政府宗教事务部门审查同意后，可以到民政部门办理法人登记。

第二十四条　宗教活动场所终止或者变更登记内容的，应当到原登记管理机关办理相应的注销或者变更登记手续。

第二十五条　宗教活动场所应当成立管理组织，实行民主管理。宗教活动场所管理组织的成员,经民主协商推选,并报该场所的登记管理机关备案。

第二十六条 宗教活动场所应当加强内部管理,依照有关法律、法规、规章的规定,建立健全人员、财务、资产、会计、治安、消防、文物保护、卫生防疫等管理制度,接受当地人民政府有关部门的指导、监督、检查。

第二十七条 宗教事务部门应当对宗教活动场所遵守法律、法规、规章情况,建立和执行场所管理制度情况,登记项目变更情况,以及宗教活动和涉外活动情况进行监督检查。宗教活动场所应当接受宗教事务部门的监督检查。

第二十八条 宗教活动场所内可以经销宗教用品、宗教艺术品和宗教出版物。

第二十九条 宗教活动场所应当防范本场所内发生重大事故或者发生违犯宗教禁忌等伤害信教公民宗教感情、破坏民族团结、影响社会稳定的事件。

发生前款所列事故或者事件时,宗教活动场所应当立即报告所在地的县级人民政府宗教事务部门。

第三十条 宗教团体、寺观教堂拟在寺观教堂内修建大型露天宗教造像,应当由省、自治区、直辖市宗教团体向省、自治区、直辖市人民政府宗教事务部门提出申请。省、自治区、直辖市人民政府宗教事务部门应当自收到申请之日起30日内提出意见,报国务院宗教事务部门审批。

国务院宗教事务部门应当自收到修建大型露天宗教造像报告之日起60日内,作出批准或者不予批准的决定。

宗教团体、寺观教堂以外的组织以及个人不得修建大型露天宗教造像。

禁止在寺观教堂外修建大型露天宗教造像。

第三十一条 有关单位和个人在宗教活动场所内设立商业服务网点、举办陈列展览、拍摄电影电视片和开展其他活动,应当事先征得该宗教活动场所同意。

第三十二条 地方各级人民政府应当根据实际需要,将宗教活动场所建设纳入土地利用总体规划和城乡规划。

宗教活动场所、大型露天宗教造像的建设应当符合土地利用总体规划、城乡规划和工程建设、文物保护等有关法律、法规。

第三十三条 在宗教活动场所内改建或者新建建筑物,应当经所在地县级以上地方人民政府宗教事务部门批准后,依法办理规划、建设等手续。

宗教活动场所扩建、异地重建的,应当按照本条例第二十一条规定的程序办理。

第三十四条　景区内有宗教活动场所的,其所在地的县级以上地方人民政府应当协调、处理宗教活动场所与景区管理组织及园林、林业、文物、旅游等方面的利益关系,维护宗教活动场所、宗教教职人员和信教公民的合法权益,保护正常的宗教活动。

以宗教活动场所为主要游览内容的景区的规划建设,应当与宗教活动场所的风格、环境相协调。

第三十五条　信教公民有进行经常性集体宗教活动需要,尚不具备条件申请设立宗教活动场所的,由信教公民代表向县级人民政府宗教事务部门提出申请,县级人民政府宗教事务部门征求所在地宗教团体和乡级人民政府意见后,可以为其指定临时活动地点。

在县级人民政府宗教事务部门指导下,所在地乡级人民政府对临时活动地点的活动进行监管。具备设立宗教活动场所条件后,办理宗教活动场所设立审批和登记手续。

临时活动地点的宗教活动应当符合本条例的相关规定。

第五章　宗教教职人员

第三十六条　宗教教职人员经宗教团体认定,报县级以上人民政府宗教事务部门备案,可以从事宗教教务活动。

藏传佛教活佛传承继位,在佛教团体的指导下,依照宗教仪轨和历史定制办理,报省级以上人民政府宗教事务部门或者省级以上人民政府批准。天主教的主教由天主教的全国性宗教团体报国务院宗教事务部门备案。

未取得或者已丧失宗教教职人员资格的,不得以宗教教职人员的身份从事活动。

第三十七条　宗教教职人员担任或者离任宗教活动场所主要教职,经本宗教的宗教团体同意后,报县级以上人民政府宗教事务部门备案。

第三十八条　宗教教职人员主持宗教活动、举行宗教仪式、从事宗教典籍整理、进行宗教文化研究、开展公益慈善等活动,受法律保护。

第三十九条　宗教教职人员依法参加社会保障并享有相关权利。宗教团体、宗教院校、宗教活动场所应当按照规定为宗教教职人员办理社会保险登记。

第六章　宗教活动

第四十条　信教公民的集体宗教活动,一般应当在宗教活动场所内举行,由宗教活动场所、宗教团体或者宗教院校组织,由宗教教职人员或者符合本宗教规定的其他人员主持,按照教义教规进行。

第四十一条　非宗教团体、非宗教院校、非宗教活动场所、非指定的临时活动地点不得组织、举行宗教活动,不得接受宗教性的捐赠。

非宗教团体、非宗教院校、非宗教活动场所不得开展宗教教育培训,不得组织公民出境参加宗教方面的培训、会议、活动等。

第四十二条　跨省、自治区、直辖市举行超过宗教活动场所容纳规模的大型宗教活动,或者在宗教活动场所外举行大型宗教活动,应当由主办的宗教团体、寺观教堂在拟举行日的 30 日前,向大型宗教活动举办地的设区的市级人民政府宗教事务部门提出申请。设区的市级人民政府宗教事务部门应当自受理之日起 15 日内,在征求本级人民政府公安机关意见后,作出批准或者不予批准的决定。作出批准决定的,由批准机关向省级人民政府宗教事务部门备案。

大型宗教活动应当按照批准通知书载明的要求依宗教仪轨进行,不得违反本条例第四条、第五条的有关规定。主办的宗教团体、寺观教堂应当采取有效措施防止意外事故的发生,保证大型宗教活动安全、有序进行。大型宗教活动举办地的乡级人民政府和县级以上地方人民政府有关部门应当依据各自职责实施必要的管理和指导。

第四十三条　信仰伊斯兰教的中国公民前往国外朝觐,由伊斯兰教全国性宗教团体负责组织。

第四十四条　禁止在宗教院校以外的学校及其他教育机构传教、举行宗教活动、成立宗教组织、设立宗教活动场所。

第四十五条　宗教团体、宗教院校和寺观教堂按照国家有关规定可以编印、发送宗教内部资料性出版物。出版公开发行的宗教出版物,按照国家出版管理的规定办理。

涉及宗教内容的出版物,应当符合国家出版管理的规定,并不得含有下列内容:

(一)破坏信教公民与不信教公民和睦相处的;

(二)破坏不同宗教之间和睦以及宗教内部和睦的;

(三)歧视、侮辱信教公民或者不信教公民的;

(四)宣扬宗教极端主义的;

(五)违背宗教的独立自主自办原则的。

第四十六条　超出个人自用、合理数量的宗教类出版物及印刷品进境,或者以其他方式进口宗教类出版物及印刷品,应当按照国家有关规定办理。

第四十七条　从事互联网宗教信息服务,应当经省级以上人民政府宗教事务部门审核同意后,按照国家互联网信息服务管理有关规定办理。

第四十八条　互联网宗教信息服务的内容应当符合有关法律、法规、规章和宗教事务管理的相关规定。

互联网宗教信息服务的内容,不得违反本条例第四十五条第二款的规定。

第七章　宗教财产

第四十九条　宗教团体、宗教院校、宗教活动场所对依法占有的属于国家、集体所有的财产,依照法律和国家有关规定管理和使用;对其他合法财产,依法享有所有权或者其他财产权利。

第五十条　宗教团体、宗教院校、宗教活动场所合法使用的土地,合法所有或者使用的房屋、构筑物、设施,以及其他合法财产、收益,受法律保护。

任何组织或者个人不得侵占、哄抢、私分、损毁或者非法查封、扣押、冻结、没收、处分宗教团体、宗教院校、宗教活动场所的合法财产,不得损毁宗教团体、宗教院校、宗教活动场所占有、使用的文物。

第五十一条　宗教团体、宗教院校、宗教活动场所所有的房屋和使用的土地等不动产,应当依法向县级以上地方人民政府不动产登记机构申请不动产登记,领取不动产权证书;产权变更、转移的,应当及时办理变更、转移登记。

涉及宗教团体、宗教院校、宗教活动场所土地使用权变更或者转移时,不动产登记机构应当征求本级人民政府宗教事务部门的意见。

第五十二条　宗教团体、宗教院校、宗教活动场所是非营利性组织,其财产和收入应当用于与其宗旨相符的活动以及公益慈善事业,不得用于分配。

第五十三条　任何组织或者个人捐资修建宗教活动场所,不享有该宗教活动场所的所有权、使用权,不得从该宗教活动场所获得经济收益。

禁止投资、承包经营宗教活动场所或者大型露天宗教造像,禁止以宗教名义进行商业宣传。

第五十四条　宗教活动场所用于宗教活动的房屋、构筑物及其附属的宗教教职人员生活用房不得转让、抵押或者作为实物投资。

第五十五条　为了公共利益需要,征收宗教团体、宗教院校或者宗教活动场所房屋的,应当按照国家房屋征收的有关规定执行。宗教团体、宗教院校或者宗教活动场所可以选择货币补偿,也可以选择房屋产权调换或者重建。

第五十六条　宗教团体、宗教院校、宗教活动场所、宗教教职人员可以依法兴办公益慈善事业。

任何组织或者个人不得利用公益慈善活动传教。

第五十七条　宗教团体、宗教院校、宗教活动场所可以按照国家有关规定接受境内外组织和个人的捐赠,用于与其宗旨相符的活动。

宗教团体、宗教院校、宗教活动场所不得接受境外组织和个人附带条件的捐赠,接受捐赠金额超过10万元的,应当报县级以上人民政府宗教事务部门审批。

宗教团体、宗教院校、宗教活动场所可以按照宗教习惯接受公民的捐赠,但不得强迫或者摊派。

第五十八条　宗教团体、宗教院校、宗教活动场所应当执行国家统一的财务、资产、会计制度,向所在地的县级以上人民政府宗教事务部门报告财务状况、收支情况和接受、使用捐赠情况,接受其监督管理,并以适当方式向信教公民公布。宗教事务部门应当与有关部门共享相关管理信息。

宗教团体、宗教院校、宗教活动场所应当按照国家有关财务、会计制度,建立健全会计核算、财务报告、财务公开等制度,建立健全财务管理机构,配备必要的财务会计人员,加强财务管理。

政府有关部门可以组织对宗教团体、宗教院校、宗教活动场所进行财务、资产检查和审计。

第五十九条　宗教团体、宗教院校、宗教活动场所应当依法办理税务登记。

宗教团体、宗教院校、宗教活动场所和宗教教职人员应当依法办理纳税申报,按照国家有关规定享受税收优惠。

税务部门应当依法对宗教团体、宗教院校、宗教活动场所和宗教教职人员实施税收管理。

第六十条　宗教团体、宗教院校、宗教活动场所注销或者终止的,应当进行财产清算,清算后的剩余财产应当用于与其宗旨相符的事业。

第八章　法律责任

第六十一条　国家工作人员在宗教事务管理工作中滥用职权、玩忽职守、徇私舞弊,应当给予处分的,依法给予处分;构成犯罪的,依法追究刑事责任。

第六十二条　强制公民信仰宗教或者不信仰宗教,或者干扰宗教团体、宗教院校、宗教活动场所正常的宗教活动的,由宗教事务部门责令改正;有违反治安管理行为的,依法给予治安管理处罚。

侵犯宗教团体、宗教院校、宗教活动场所和信教公民合法权益的,依法承担民事责任;构成犯罪的,依法追究刑事责任。

第六十三条　宣扬、支持、资助宗教极端主义,或者利用宗教进行危害国家安全、公共安全,破坏民族团结、分裂国家和恐怖活动,侵犯公民人身权利、民主权利,妨害社会管理秩序,侵犯公私财产等违法活动,构成犯罪的,依法追究刑事责任;尚不构成犯罪的,由有关部门依法给予行政处罚;对公民、法人或者其他组织造成损失的,依法承担民事责任。

宗教团体、宗教院校或者宗教活动场所有前款行为,情节严重的,有关部门应当采取必要的措施对其进行整顿,拒不接受整顿的,由登记管理机关或者批准设立机关依法吊销其登记证书或者设立许可。

第六十四条　大型宗教活动过程中发生危害国家安全、公共安全或者严重破坏社会秩序情况的,由有关部门依照法律、法规进行处置和处罚;主办的宗教团体、寺观教堂负有责任的,由登记管理机关责令其撤换主要负责人,情节严重的,由登记管理机关吊销其登记证书。

擅自举行大型宗教活动的,由宗教事务部门会同有关部门责令停止活动,可以并处10万元以上30万元以下的罚款;有违法所得、非法财物的,没收违法所得和非法财物。其中,大型宗教活动是宗教团体、宗教活动场所擅自举办的,登记管理机关还可以责令该宗教团体、宗教活动场所撤换直接负责的主管人员。

第六十五条　宗教团体、宗教院校、宗教活动场所有下列行为之一的,由宗教事务部门责令改正;情节较重的,由登记管理机关或者批准设立机关责令该宗教团体、宗教院校、宗教活动场所撤换直接负责的主管人员;情节严重的,由登记管理机关或者批准设立机关责令停止日常活动,改组管理组织,限期整改,拒不整改的,依法吊销其登记证书或者设立许可;有违法所得、非法财物的,予以没收:

(一)未按规定办理变更登记或者备案手续的;

(二)宗教院校违反培养目标、办学章程和课程设置要求的;

(三)宗教活动场所违反本条例第二十六条规定,未建立有关管理制度或者管理制度不符合要求的;

(四)宗教活动场所违反本条例第五十四条规定,将用于宗教活动的房屋、构筑物及其附属的宗教教职人员生活用房转让、抵押或者作为实物投资的;

(五)宗教活动场所内发生重大事故、重大事件未及时报告,造成严重后果的;

(六)违反本条例第五条规定,违背宗教的独立自主自办原则的;

(七)违反国家有关规定接受境内外捐赠的;

（八）拒不接受行政管理机关依法实施的监督管理的。

第六十六条　临时活动地点的活动违反本条例相关规定的，由宗教事务部门责令改正；情节严重的，责令停止活动，撤销该临时活动地点；有违法所得、非法财物的，予以没收。

第六十七条　宗教团体、宗教院校、宗教活动场所违反国家有关财务、会计、资产、税收管理规定的，由财政、税务等部门依据相关规定进行处罚；情节严重的，经财政、税务部门提出，由登记管理机关或者批准设立机关吊销其登记证书或者设立许可。

第六十八条　涉及宗教内容的出版物或者互联网宗教信息服务有本条例第四十五条第二款禁止内容的，由有关部门对相关责任单位及人员依法给予行政处罚；构成犯罪的，依法追究刑事责任。

擅自从事互联网宗教信息服务或者超出批准或备案项目提供服务的，由有关部门根据相关法律、法规处理。

第六十九条　擅自设立宗教活动场所的，宗教活动场所已被撤销登记或者吊销登记证书仍然进行宗教活动的，或者擅自设立宗教院校的，由宗教事务部门会同有关部门予以取缔，有违法所得、非法财物的，没收违法所得和非法财物，违法所得无法确定的，处5万元以下的罚款；有违法房屋、构筑物的，由规划、建设等部门依法处理；有违反治安管理行为的，依法给予治安管理处罚。

非宗教团体、非宗教院校、非宗教活动场所、非指定的临时活动地点组织、举行宗教活动，接受宗教性捐赠的，由宗教事务部门会同公安、民政、建设、教育、文化、旅游、文物等有关部门责令停止活动；有违法所得、非法财物的，没收违法所得和非法财物，可以并处违法所得1倍以上3倍以下的罚款；违法所得无法确定的，处5万元以下的罚款；构成犯罪的，依法追究刑事责任。

第七十条　擅自组织公民出境参加宗教方面的培训、会议、朝觐等活动的，或者擅自开展宗教教育培训的，由宗教事务部门会同有关部门责令停止活动，可以并处2万元以上20万元以下的罚款；有违法所得的，没收违法所得；构成犯罪的，依法追究刑事责任。

在宗教院校以外的学校及其他教育机构传教、举行宗教活动、成立宗教组织、设立宗教活动场所的，由其审批机关或者其他有关部门责令限期改正并予以警告；有违法所得的，没收违法所得；情节严重的，责令停止招生、吊销办学许可；构成犯罪的，依法追究刑事责任。

第七十一条　为违法宗教活动提供条件的，由宗教事务部门给予警告，有违法所得、非法财物的,没收违法所得和非法财物,情节严重的,并处 2 万元以上 20 万元以下的罚款;有违法房屋、构筑物的,由规划、建设等部门依法处理;有违反治安管理行为的,依法给予治安管理处罚。

第七十二条　违反本条例规定修建大型露天宗教造像的,由宗教事务部门会同国土、规划、建设、旅游等部门责令停止施工,限期拆除,有违法所得的,没收违法所得;情节严重的,并处造像建设工程造价百分之五以上百分之十以下的罚款。

投资、承包经营宗教活动场所或者大型露天宗教造像的,由宗教事务部门会同工商、规划、建设等部门责令改正,并没收违法所得;情节严重的,由登记管理机关吊销该宗教活动场所的登记证书,并依法追究相关人员的责任。

第七十三条　宗教教职人员有下列行为之一的,由宗教事务部门给予警告,没收违法所得和非法财物;情节严重的,由宗教事务部门建议有关宗教团体、宗教院校或者宗教活动场所暂停其主持教务活动或者取消其宗教教职人员身份,并追究有关宗教团体、宗教院校或者宗教活动场所负责人的责任;有违反治安管理行为的,依法给予治安管理处罚;构成犯罪的,依法追究刑事责任:

(一)宣扬、支持、资助宗教极端主义,破坏民族团结、分裂国家和进行恐怖活动或者参与相关活动的;

(二)受境外势力支配,擅自接受境外宗教团体或者机构委任教职,以及其他违背宗教的独立自主自办原则的;

(三)违反国家有关规定接受境内外捐赠的;

(四)组织、主持未经批准的在宗教活动场所外举行的宗教活动的;

(五)其他违反法律、法规、规章的行为。

第七十四条　假冒宗教教职人员进行宗教活动或者骗取钱财等违法活动的,由宗教事务部门责令停止活动;有违法所得、非法财物的,没收违法所得和非法财物,并处 1 万元以下的罚款;有违反治安管理行为的,依法给予治安管理处罚;构成犯罪的,依法追究刑事责任。

第七十五条　对宗教事务部门的行政行为不服的,可以依法申请行政复议;对行政复议决定不服的,可以依法提起行政诉讼。

第九章　附　　则

第七十六条　内地与香港特别行政区、澳门特别行政区和台湾地区进行宗教交往,按照法律、行政法规和国家有关规定办理。

第七十七条　本条例自 2018 年 2 月 1 日起施行。

后　　记

　　本教材是根据浙江省委书记夏宝龙的指示,为浙江省高校思想政治理论课教学编写的配套教材之一,是为了配合"马克思主义基本原理概论"课程的教学,由浙江省教育厅组织编写的。编写组成员来自浙江省相关高校和部门,长期从事马克思主义宗教观、宗教学教学或研究。为了保证教材的科学规范,专门聘请我国著名的马克思主义宗教观研究专家、浙江工商大学原人文社会科学部主任陈荣富教授担任顾问。本教材的主编由浙江工商大学马克思主义学院院长王来法教授担任,副主编由中国计量学院人文学院院长邱高兴教授、浙江理工大学马克思主义学院副院长陈雷教授担任。编写组成员还有浙江大学马克思主义学院黄铭教授、张新樟副教授,浙江工商大学邱环副教授、陆丽青副教授,浙江省防范和处理邪教问题办公室卢林方副教授。

　　本教材各章编写人员为:绪论:王来法;第一、二章:陆丽青;第三章:邱高兴;第四、五章:黄铭;第六章:邱环;第七、八章:陈雷;第九、十章:张新樟;第十一章:卢林方;第十二章:王来法、陆丽青。

　　本教材的编写得到了浙江省教育厅领导及宣教处的支持和指导,得到了浙江省防范和处理邪教问题办公室领导的支持,得到了中共浙江省委宣传部理论处领导的指导,也得到了作者所在单位和领导的支持,还得到了浙江大学出版社黄娟琴编辑、徐霞编辑的指点和帮助。在此,编写组成员一并表示衷心感谢!由于我本人的原因,本教材直到现在才和大家见面。在此,我向所有关心和支持本教材编写的领导、专家,也向本教材编写组的同仁表示诚挚的歉意!

　　衷心希望得到各位读者的批评指正,尤其希望得到方家的指点。

王来法

2016 年 5 月于启真名苑